Alexandra David-Néel (1939)

Alexandra David-Néel

Land der Is

In Chinas wildem Westen

Mit einem Nachwort von Walter Raunig
Mit 15 Abbildungen und 1 Karte

Ullstein

Ullstein Taschenbuchverlag 2000
Der Ullstein Taschenbuchverlag ist ein Unternehmen
der Econ Ullstein List Verlag GmbH & Co. KG, München
Ungekürzte Ausgabe

Titel der französischen Originalausgabe: A l'Ouest barbare de la vaste Chine
Übersetzung: Herbert Furreg
Umschlagkonzept: Lohmüller Werbeagentur GmbH & Co.KG, Berlin
Umschlaggestaltung: Morian & Bayer-Eynck
Titelabbildung: Fondation Alexandra David-Néel
Frontispiz: Ullstein Bilderdienst
Mit zwei Abbildungen aus dem Tibet-Film „Lhasa-Lo“
Foto: Sascha
Alle übrigen Abbildungen: Alexandra David-Néel
Druck und Bindearbeiten: Ebner Ulm
Printed in Germany
ISBN 3-548-35968-X

INHALT

VORWORT

Nun bin ich also im Lande Kham, wieder einmal auf tibetischem Boden! Das sagte ich wiederholt im stillen vor mich hin, als ich nach einer anstrengenden Irrfahrt, die in der Nähe der Mongolei begonnen und mich im Verlaufe von fast zwei Jahren quer durch das teilweise vom Feind besetzte und von Bombenangriffen heimgesuchte China geführt hatte, ziemlich mitgenommen in Ta-tsien-lu ankam.

Nach dem östlichen Tibet zu reisen, war ganz und gar nicht in meinen Plänen enthalten, als ich Frankreich verließ, um mich noch einmal nach Asien zu begeben. Ich hätte mich also eigentlich wundern müssen, in dieser Gegend zu sein, aber ich hatte die Fähigkeit, mich zu wundern, vollkommen verloren. Seit dem Beginn des Chinesisch-Japanischen Krieges hatten mich die Ereignisse bald dahin, bald dorthin geworfen, ohne daß ich meine Bewegungen hätte lenken oder ihr schließliches Ziel hätte voraussehen können.

Der übliche Vergleich mit einem Kork, der mitten im Ozean treibt und von den Wellen herumgewirbelt wird, schien so recht auf mich zu passen, und ich hatte mitunter darüber lachen müssen, in Augenblicken, die manche Leute vielleicht als tragisch bezeichnet hätten. Die Wellen hatten es jedoch mit einem kleinen »denkenden Kork«, nämlich mit mir, gut gemeint; sie hatten mich in der Regel in Gegenden verschlagen, wo es an interessanten Dingen und Erlebnissen nicht fehlte.

Zweifellos war dies auch in jenem abenteuerlich bunten Grenzgebiet der Fall, wo China aufhört, rein chinesisch, und Tibet, rein tibetisch zu sein, und wo der prickelnde Reiz der gleichsam chaotischen Umwelt sich noch dadurch steigert, daß die Lolo und andere Eingeborene ständig zu ihrer Fremdartigkeit beitragen.

Kurz und gut, ich hatte, auf dieser wie auch auf meinen früheren Reisen, nichts zu bedauern, ich durfte dem Schicksal vielmehr dankbar sein, daß es mich hierher geführt hatte, wo ich nun einmal war.

I

AUS GESCHICHTE UND SAGE

Is, Tibeter und Chinesen. Alte Legenden und erste historische Berichte. Chinas Westen, ein Land ewiger Kämpfe. König Sron-Tsan-Gam-Po von Tibet. Seine Werbung um die chinesische Prinzessin Tsin-Tsen in Geschichte und Dichtung. Lonpo Garas Abenteuer am chinesischen Hof. Tibet auf der Höhe seiner kriegerischen Macht. Die Chinesen als zähe Angreifer. Übergang zur Neuzeit: Chinas Vormacht. Sching-hai und Si-kang als chinesische Provinzen. Kämpfe im 20. Jahrhundert. Streitbare tibetische Klöster. Die Geschichte des letzten Panschen-Lama. Die Vernichtung der Ngolog. Die Lage nach dem Chinesisch-Japanischen Krieg.

Gibt es unter den Bewohnern der unmittelbar an der Westgrenze Chinas liegenden Gebiete solche, die man als echte Eingeborene ansehen darf? Würde man bei gründlichen Nachforschungen in Tibet oder in den unermeßlichen Einöden des Kuku-nor (in der neuen Provinz Sching-hai) auf irgendwelche Überreste ihrer Vorfahren stoßen oder auf Spuren ihrer Tätigkeit aus einer Epoche, in der der Mensch noch kaum »Mensch« geworden war? Wanderten ehedem Lebewesen vom Schlage des »Peking-Menschen«, asiatische Verwandte unseres Neandertalers, in jenen Gegenden umher? Darüber wissen wir derzeit nichts.

Sollten andererseits die Bewohner dieses Landes durchwegs von Eingewanderten abstammen, so sind uns wiederum deren ursprüngliche Heimatgebiete und die Wege, auf denen sie hierher gelangten, in sehr vielen Fällen nur spärlich oder überhaupt nicht bekannt.

Über einen Umstand geben uns jedoch die alten chinesischen Chroniken Auskunft. Wer auch immer die ältesten Vorfahren der Chinesen gewesen sein mögen, ob Eingeborene im Stromland des Hoang-ho, des »Gelben Flusses«, oder etwa Einwanderer aus Zentralasien oder aus den südlichen Gebieten in der Nachbarschaft des heutigen Burma – jedenfalls war China zur Zeit der chinesischen Wanderungen keineswegs unbewohnt. Die wandernden Chinesen jener Frühzeit stießen auf Menschen einer ihnen fremden Rasse. Gestützt auf die chinesischen Chroniken können wir annehmen, daß diese »Wilden«, wie die Chinesen sie nennen, China schon um 2700 v. Chr. bevölkerten.*

Die »Is« – das war der Name jener Vorgänger der Chinesen. Ob sie sich selbst so nannten, ist durchaus nicht sicher. Die alten Chroniken bezeichnen sie so, und »I« bedeutet »wild«. Vielleicht wurde aber für die Chinesen das Wort »I« zum Synonym von »wild«, weil jene Eingeborenen, die auf einer tieferen Kulturstufe standen als sie, sich selber die »Is« nannten.

Die Is werden als ein Menschenschlag von hohem Wuchs und brauner Hautfarbe, mit langem, schwarzem Haar, vorstehenden Backenknochen und gerader Nase beschrieben. Infolge ihrer großen, nicht schräggestellten Augen hatten ihre Gesichter einen ganz anderen Charakter als die Gesichter der Menschen mongolischer Herkunft. Im Grunde ähnelten sie also den indianischen Rothäuten Amerikas.

Vielleicht sollte man richtiger sagen, die Indianer Amerikas ähnelten ihnen, weil sie umgekehrt von ihnen abstammten. Man meint nämlich tatsächlich, irgendwelche Stämme der Is seien von Asien nach Amerika gewandert, zu einer Zeit, da die beiden Kontinente noch nicht durch die Beringstraße voneinander getrennt waren, also in irgendeiner Periode der jüngeren Steinzeit. Es wäre sogar denkbar, daß eine solche Wanderung noch später stattgefunden hätte, denn die Beringstraße ist für Menschen mit Wasserfahrzeugen kein unüberwindliches Hindernis. Noch heutzutage setzen die Eskimos aus Alaska in ihren Kanus von Amerika nach Asien über.

Es hat nicht den Anschein, als hätten die Is schon immer jene Gebiete bewohnt, in denen die Chinesen sie antrafen. Die alten Geschichtsschreiber glaubten vielmehr, einige ihrer Stämme

* In allem Folgenden muß sich der Leser vor Augen halten, daß die Datierungen in den Zeiten vor Christus im allgemeinen auf bloßen Vermutungen beruhen. Sie dienen lediglich dazu, die betreffenden Ereignisse zeitlich annähernd zu fixieren. Vorsichtshalber wird man auch zahlreiche Daten bis zum Jahre 1000 unserer Zeitrechnung noch nicht als unbedingt exakt ansehen. Viele davon sind bis heute Gegenstand der Diskussion der chinesischen Historiker.

seien vom Norden oder vom Nordosten her nach und nach in die zentralen Teile Chinas vorgedrungen. Wie dem auch sei, Abkömmlinge von ihnen leben auch heute noch im östlichen Tibet, und zwar im Lande Kham, von dem ein Stück der chinesischen Provinz Si-kang einverleibt wurde.

Trotz der Rassenkreuzungen in jenem Grenzgebiet, in dem Mischehen sehr häufig sind, haben die Urenkel der Is noch alle von den alten chinesischen Chronisten erwähnten charakteristischen Züge bewahrt.

In Ta-tsien-lu*, der Hauptstadt von Si-kang, fallen einem als besondere Eigentümlichkeit immer wieder diese hochgewachsenen, kräftigen Menschen auf, die so ganz den indianischen Rothäuten gleichen; wenn sie in ihren weiten Überröcken aus Schaffell selbstbewußt durch die engen Gassen schreiten und im Gehen da und dort an die kleinen Chinesen anstoßen, ist es, als bahnten sich gewaltige Nilpferde den Weg durch eine Antilopenherde.

Bei den Tibetern wiederum, die an der Westgrenze Chinas eine so bedeutsame Rolle spielten, hat sich ein sonderbarer Mythos ihrer Herkunft erhalten.

In grauer Vorzeit – so berichten ihre Chroniken – waren die Bewohner von Tibet noch keine menschlichen Wesen, sondern blutdürstige Dämonen. In der Absicht, ihre wilde Natur zu veredeln, nahm ein Bodhisattva** die Gestalt eines Affen an und begab sich in ihr Land. Dort richtete er sich irgendwo im Gebirge nach Einsiedlerart in einer Höhle ein. Eine Dämonin entbrannte in Liebe zu ihm, und der göttliche Affe vermählte sich mit ihr, um ein künftiges besseres Geschlecht mit ihr zu zeugen. Die Abkommen dieses Paares sind die heutigen Tibeter.

Auf diese Legende spielen die Tibeter häufig an, wenn sie jemand als einen so recht von Herzen guten Menschen bezeichnen wollen. »Der ist wirklich ein menschliches Wesen«, sagen sie dann. Sie nehmen dabei als gegeben an, daß die meisten von ihnen

* Ich behalte den Namen Ta-tsien-lu bei, weil er auf den Karten figuriert. Der eigentliche tibetische Name des Ortes ist Dartsedo. Die Chinesen haben Ta-tsien-lu in Kang-ting umgetauft.

** Ein Bodhisattva ist im Buddhismus eine sehr vollkommene, noch über den Göttern stehende Persönlichkeit; er kann in seiner nächsten Existenz ein Buddha werden.

– und die meisten Menschen überhaupt – noch von tierischen Instinkten beherrscht sind und noch lange nicht eine Stufe der Entwicklung erreicht haben, auf der sie reiner Menschlichkeit teilhaft wären.

Vielleicht leitet sich die Legende von undeutlichen Überlieferungen her und geht auf uralte Zeiten zurück, da eine noch halb affenartige Menschenrasse Tibet bevölkerte. Oder wenn man den Tibetern einen so alten Stammbaum nicht zugestehen will, kann man sie doch immerhin durchaus glaubhaft schon zu einer Zeit in Zentraltibet annehmen, da die Is im Osten des Landes lebten.

Laut ihren Legenden nährten sich die Tibeter ursprünglich von Luft. Atmen allein genügte ihnen.

Aus diesem Anlaß sei hier flüchtig erwähnt, daß die taoistischen Mystiker es sich unter anderem seit vielen Jahrhunderten zum Ziel gesetzt haben, sich von Luft zu nähren. Sie halten dies für eines der wesentlichsten Mittel zur Erlangung der Unsterblichkeit.

Die klassische Übung hierzu geht folgenden Weg: zuerst sich aller kompakten Nahrung enthalten, wie zum Beispiel des Fleisches der Tiere, dann immer mehr auch auf Gemüse und Früchte verzichten, dabei nach und nach die Nahrungsmenge vermindern und sie schließlich bis auf fast nichts herabsetzen. Im weiteren Verlauf vermeidet man jede feste Nahrung überhaupt und beschränkt sich darauf, nur reines Wasser zu trinken. Zuletzt, auf dem Gipfel der Entwöhnung, genügt es dem Einsiedler, der sich im Gebirge den Übungen unterzogen hat, nur noch zu atmen, um die in der Luft enthaltenen Nahrungsstoffe aufzunehmen und so für unbegrenzte Zeit, vielleicht für immer, sein Dasein zu fristen.

Unter »Atmen« hat man hier jedoch eine besondere Art der Atmung zu verstehen, anders als wir sie unbewußt unser Leben lang vollziehen. Die Luft auf diese besondere Art einzusaugen und ihr die nährenden Bestandteile zu entnehmen, sie zum Zweck der Unsterblichkeit oder wenigstens einer ungewöhnlichen Langlebigkeit einzuatmen, bedarf einer vieljährigen Übung.

Die Tibeter haben nach ihren eigenen Chroniken offenbar den umgekehrten Weg durchlaufen. Ursprünglich bildete die Luft ihre einzige Nahrung. Damals waren ihre Körper ungemein leicht; sie konnten nach Belieben frei durch den Raum schweben.

Diese Fähigkeit schreibt man übrigens auch den taoistischen Einsiedlern und Magiern zu.*

Irgendwelche Leute nun führten einmal von ungefähr etwas Erde zum Munde und fanden sie wohlschmeckend. Das teilten sie den anderen mit, und daraufhin begannen alle von dieser Erde zu essen, die eine Art Gallerte war und in der Sonne schmolz. Nach anderen Versionen war die Erde allmorgendlich von einer tauähnlichen Körnerschicht bedeckt, die sich unter der Einwirkung der Sonne verflüchtigte. Als die Tibeter einmal begonnen hatten, Nahrung zu sich zu nehmen, verloren sie ihre Leichtigkeit und die Fähigkeit, sich schwebend durch den Raum zu bewegen. Auch hatten sie nun das Bedürfnis, immer wieder zu essen. Später kosteten sie auch den Reis, der wild wuchs, und da er ihnen schmeckte, nährten sie sich davon. Von da an trocknete die gallertartige Erde ein. Der Reis, den sie abschnitten, wuchs zwar von selber wieder nach; trotzdem tauchten Gedanken der Vorsorge in den Köpfen einiger auf. Könnte es nicht sein, fragten sie sich, daß der abgeschnittene Reis einmal nicht mehr nachwüchse? Wäre es nicht klug, einen Vorrat davon anzulegen? Sie taten es, und von diesem Augenblick an wuchsen die abgeschnittenen Körner tatsächlich nicht mehr nach.

Dann kam es unter ihnen zu Streitigkeiten wegen des Besitzes der Reisvorräte, und sie wählten Häuptlinge, die Gesetze bezüglich des Eigentumsrechts und des gegenseitigen Verhaltens erlassen und den Gesetzen Geltung verschaffen sollten.

In den phantastischen Erzählungen der Legende kann man die verschiedenen Entwicklungsstufen sehr primitiver Menschen

* Die Bekenner der Religion, die in Tibet vor dem Eindringen des Buddhismus bestand, heißen »Bön«. Die Chinesen halten sie für identisch mit ihren Taoisten, und im Grunde wohl mit vollem Recht. Dabei muß man allerdings wissen, daß die chinesischen Autoren den Begriff »Taoist« in einem weiteren Sinne gebrauchen, der auch Menschen aus der Zeit vor Lao-Tse einschließt, nämlich vor der für diese legendäre Persönlichkeit angenommenen Zeit.

unterscheiden, die damit begannen, sich von wildwachsenden Kräutern und dem Ertrag ihrer Jagd zu nähren, und allmählich dahin gelangten, den Boden zu bebauen und Viehherden zu halten. Noch heute beschränkt sich eine große Anzahl von Tibetern auf die Viehzucht. Die hochgelegenen Gebiete, in denen sie leben, eignen sich schlecht für den Ackerbau, doch abgesehen davon legen die in Zelten lebenden Hirten an und für sich eine gewisse Geringschätzung für den Ackerbau an den Tag. Hingegen sammeln alle Tibeter, soweit sie dazu Gelegenheit haben, genießbare Früchte, Wurzeln und wildwachsende Kräuter.

Die von mir zuletzt zitierte Legende enthält überdies jedoch eine Darstellung nicht einer fortschrittlichen Entwicklung, so wie die Geschichte von dem göttlichen Affen und der Dämonin, sondern im Gegenteil einer rückschrittlichen, eines Niederganges. Den Erfindern dieser Märchen gilt die Zivilisation, die ein durch Gesetze und Häuptlinge gewährleistetes autoritatives Prinzip zur Grundlage hat, als eine entschieden geringwertige Gesellschaftsform, verglichen mit einem Zustand, in dem brutaler Egoismus gar nicht in Erscheinung tritt und infolgedessen eine Notwendigkeit, ihn zu unterdrücken, sich überhaupt nicht fühlbar macht.

Um übrigens nochmals auf die Fähigkeit, sich freischwebend durch den Raum zu bewegen, zurückzukommen, so glauben die Tibeter nicht nur, daß ihre Vorfahren diese Gabe besessen hätten, sondern sind auch der festen Meinung, sie sei eine ständige Begleiterscheinung aller außerordentlichen Menschen: der Magier und der heiligen Einsiedler. So heißt es, der berühmte Anachoret und Dichter Milarepa (10. bis 11. Jahrhundert) habe mehrere Reisen durch die Luft gemacht, und auch verschiedenen heute lebenden Lamas sagt man nach, sie seien auf dieselbe Art gereist. Zwei solche habe ich persönlich gekannt. Der eine von ihnen, der manchmal recht witzig sein konnte, sagte mir eines Tages, als die Rede darauf kam: »O ja, viele Leute sahen mich schon durch die Luft schweben; nur ich selber habe mich noch nie so gesehen.«

Die Wundermänner in Tibet wie auch in anderen Ländern hegen nämlich hinsichtlich der Wunder, die sie vollbringen, auch sich selbst gegenüber gern einen liebenswürdigen Skeptizismus.

Die Is, denen die Vorfahren der Chinesen begegneten, waren richtige »Primitive«. Sie jagten mit Bogen und Pfeilen, deren Spitzen aus zugeschliffenen Kieselsteinen bestanden*, und bedienten sich steinerner Werkzeuge. Sie trieben weder Ackerbau noch Viehzucht.

Bei den alten chinesischen Chronisten ist von den Is vor allem im Norden Chinas die Rede. Zur Zeit des Kaisers Yao (2357-2286 v. Chr.) lebten Is in dem Gebiet, das die heutige Provinz Schan-tung bildet. Unter der Regierung Schuns (2255-2224 v. Chr.) wurde die Haltung dieser wilden Stämme bedrohlich. Sie beunruhigten die Chinesen durch häufige Einfälle in die von ihnen bewohnten Landstriche.

Damit beginnen Kämpfe, die sich dann durch viele Jahrhunderte fortsetzten und die selbst heute noch nicht völlig zur Ruhe gekommen sind.

Die wilden Stämme der Is waren übrigens nicht die einzigen, von denen die Chinesen bedrängt wurden. Die Chroniken erwähnen außer ihnen noch die Man, die Dschun, die Ti und andere. Später, als diese zurückgeschlagen, unterworfen oder einigermaßen assimiliert waren, waren es die Tibeter, die, in mehreren Stämmen auftretend und zusammen mit verschiedenen, den Hunnen und den Mongolen verwandten Horden, ihre Tätigkeit in den westlichen Gebieten Chinas entfalteten.

Ein detaillierter Bericht über die von den Chinesen gegen diese fremden Völkergruppen geführten Kämpfe würde viele Bände füllen. Hier soll bloß die eine oder andere Begebenheit herausgegriffen werden, um eine Vorstellung von der politischen Atmosphäre der neuen westlichen Provinzen Chinas, Si-kang und Sching-hai, zu vermitteln.

Schon mehr als zweitausend Jahre vor Christus war es den Chinesen gelungen, die Is in eine Art Vasallenverhältnis zu zwingen. Bald jedoch versuchten diese das Joch wieder abzuschütteln, das sie als drückend empfanden. Unter der Regierung des Kaisers Schao-Kang (2079-2058 v. Chr.) mußte ein Heer gegen sie ausgerüstet werden, um sie wieder in Botmäßigkeit zu bringen. Un-

* Die Eingeborenen in den Gebieten des Himalaja verwenden auf der Jagd noch heute Pfeile mit Bambusspitzen. Sie sind jedoch durchaus keine »Wilden«.

ter Koëi-Ki (1818-1767 v. Chr.) kam es zu einem neuen Aufstand. Damals drangen die Is in das Tal des Wei ein. – Der Wei ist jener Fluß, der quer durch die Provinz Schen-si und an ihrer Hauptstadt Sian-fu vorüberfließt. Mit ihrem Einbruch in dieses Tal waren die Fremdlinge also im Begriff, gegen das Herz Chinas vorzustoßen.

Unter der Regierung Tschëu-Sins (1154-1123 v. Chr.) stand das an die Provinzen Schan-si*, Kan-su und Sching-hai angrenzende, im Bogen des Gelben Flusses gelegene Gebiet unter chinesischer Verwaltung. Die Amtsgewalt war einem Präfekten übertragen. Sein Einfluß war indessen nur gering.

Im Jahre 376 v. Chr. erklärten sich die in Jün-nan, östlich des Berglands am linken Ufer des Jang-tse-kiang ansässigen Is als Vasallen des chinesischen Königreiches Tsin. China bestand damals aus mehreren Einzelreichen, die häufig im Krieg miteinander lagen. Dieser Zustand hat sich übrigens im Laufe der Jahrhunderte im wesentlichen kaum geändert. Obwohl China nominell *ein* Staat ist, nur in verschiedene Provinzen unterteilt, waren diese Provinzen doch immer mehr oder weniger selbständig. So kündigte die Regierung am 23. November 1945 an, sie habe die große, reiche Provinz Se-tschwan zu dem Versuch ausersehen, dort eine autonome Regierung zu errichten. In Wirklichkeit hatte Se-tschwan beschlossen, sich selbständig zu machen, und die Regierung trug mit ihrer Maßnahme nur einer Sachlage Rechnung, die zu ändern ihr unmöglich war.

Die Tibeter waren den Chinesen als Nachbarn weitaus unangenehmer als die alten Is, und die bei ihnen immer wieder ausbrechenden Unruhen hörten nie auf, sie zu belästigen.

Schon ein Jahrhundert vor Christus lebten die Tibeter entlang den Westgrenzen Chinas in denselben Gegenden, wo wir sie heute antreffen. Ihre verschiedenen Stämme hatten das Land in Besitz, das sich vom Kuku-nor (dem großen »Blauen See«) bis über Tsaidam und die Seen Oring und Noring erstreckt. Auch in den Gebieten am Oberlauf des Mekong und des Salwin traf man auf ihr Lager. Mit einem Wort, außerhalb des eigentlichen Tibet waren die Tibeter über den größten Teil jener Gebiete verstreut,

* Nicht zu verwechseln mit der Provinz Schen-si.

die jetzt innerhalb der beiden neuen Provinzen des westlichsten China liegen, Sching-hais und Si-kangs.

Um die Tibeter in den Gegenden des Tsaidam und des Kukunor im Zaume zu halten, hatte Kaiser Wu-Ti im Jahre 118 v. Chr. den Gebirgszug Nan (Nan-schan) entlang Präfekturen, zugleich Sitze chinesischer Garnisonen, errichtet, und zwar an den Stellen, wo jetzt die Städte Liang-tschau, Kan-tschau und Sü-tschau* liegen. Den Chinesen war hauptsächlich darum zu tun, die Tibeter südlich des Nan-Gebirges daran zu hindern, sich mit den hunnischen Horden, die das Land nördlich des Gebirges durchzogen, zu vereinigen.

Im Jahre 61 v. Chr. schöpfte der chinesische General Nan-kau, ob nun mit Recht oder Unrecht, den Verdacht, die Tibeter hätten einen Angriff vor, und lockte einen ihrer Führer unter dem Vorwand diplomatischer Besprechungen in einen befestigten Grenzort. Dort ließ er ihn enthaupten und rund tausend Tibeter, die seine Bedeckung gebildet hatten, hinmetzeln. Als die Tibeter der umliegenden Gebiete dies erfuhren, überfielen sie den Grenzposten und töteten alle dort befindlichen Chinesen.

Daraufhin wurde General Tschao-Tschung-Kuo mit dem Befehl an die Grenze entsandt, die Tibeter zu unterwerfen. Seine Armee zählte ungefähr 60 000 Mann.

Der arglistige Tschao-Tschung-Kuo ließ sich Zeit; er setzte allerhand Intrigen in Gang, bis es ihm glückte, die Stämme gegeneinander aufzubringen und sie voneinander zu trennen. Als er es dann nur noch mit dem unbotmäßigsten Stamm zu tun hatte, wandte er sich mit seinem gesamten Heer gegen ihn. Die Tibeter flüchteten in regelloser Unordnung, wobei sie ihr Vieh und ihre Wagen zurückließen.

Die Erwähnung der Wagen ist merkwürdig. Wenn sie stimmt, müßten die Tibeter Wagen nach Art der Hunnen verwendet haben. Das erscheint mir jedoch in der gebirgigen Gegend, die sie bewohnten, zweifelhaft. Heutzutage trifft man in Si-kang und Sching-hai kein Fahrzeug mit Rädern, außer auf einigen seit 1940 angelegten Straßen.

* Die chinesische Aussprache ist: Liang-du, Kan-du, Sü-du.

Viele der Flüchtenden ertranken beim Übersetzen der Flüsse. Einige hundert wurden gefangen und auf der Stelle geköpft. Die Beute belief sich auf mehr als 100 000 Stück Vieh und 4000 Wagen. Diese Ziffern scheinen allerdings stark übertrieben.

Diejenigen Tibeter, die entkommen waren, irrten in der Einöde umher, ausgestoßen von ihren übrigen Landsleuten, die sich den Chinesen unterworfen hatten und Vergeltungsmaßnahmen fürchteten, wenn sie die flüchtigen Rebellen bei sich aufnähmen. Viele der Unglücklichen starben vor Hunger oder Kälte. In seinem Bericht an den Kaiser meldete Tschao-Tschung-Kuo, von den 50 000 Menschen des besiegten Stammes seien kaum 4000 am Leben geblieben.

Etwas später schnitten diese ihren Anführern die Köpfe ab und übersandten sie den Chinesen zum Zeichen ihrer Unterwerfung. Das eroberte Gebiet wurde zu einer chinesischen Provinz und landwirtschaftlichen Kolonie gemacht. Die besiegten Tibeter mußten als Leibeigene auf den Feldern arbeiten.

Wieder eine überraschende Angabe für den, der den in Rede stehenden Landstrich kennt. Die Höhe der Hochebenen und der Täler wechselt zwischen 3000 und 4500 Metern; normalerweise wächst dort nur Gras. Wir werden jedoch später hören, daß man vor etwa zwanzig Jahren zum Zweck der Versorgung eines chinesischen militärischen Expeditionskorps in jener Gegend den Versuch machte, das Land zu bebauen. Nach Beendigung des Aufenthalts der Truppe fielen die bebauten Felder aber in ihren unkultivierten Zustand zurück.

Zur Zeit, als ich mich in der Großlamaserie von Kum-bum am Rande des Ödlandes um den Kuku-nor aufhielt, war die Rede davon, man wolle chinesische Soldaten als Bauern in der Umgebung des großen »Blauen Sees« ansiedeln. Die Wut, die dieses Projekt bei den tibetischen Hirten auslöste, war grenzenlos. »Sie sollen nur kommen, diese Chinesen!« sagten sie. »Sie sollen es nur wagen, sich auf unserem Grund und Boden niederzulassen!« Und jeder dieser primitiven Leute hielt seine Flinte für alle Fälle bereit. Es kam dann allerdings nicht zu diesem Versuch einer großzügigen Kolonisierung.

Kehren wir nun wieder zu geschichtlichen Daten zurück. Im

Jahre 115 erhielt ein chinesischer Präfekt zugleich mit seiner Ernennung den Auftrag, die Tibeter, die in das Tal des Wei eingedrungen waren, zu unterwerfen und den an das Quellgebiet des Flusses angrenzenden westlichen Teil der Talsenke zu verwalten, das heißt das Gebiet nordwestlich von Tsin-tschau in der Provinz Kan-su.

Kaum an seinem Amtssitz angelangt, wurde der Präfekt von zehntausend Tibetern eingeschlossen. Die weiteren Ereignisse erzählen die chinesischen Chronisten folgendermaßen: Als die Tibeter sich den Befestigungswällen der Stadt näherten, befahl der Präfekt seinen Soldaten, nur »kleine Pfeile« von geringer Reichweite abzuschießen. Als die Angreifer merkten, daß die Geschosse sie nicht erreichten, kamen sie näher; da erhielten die Truppen Befehl, mit den Armbrüsten starke Pfeile zu schießen. Die Tibeter wogten zurück, hoben die Belagerung jedoch nicht auf.

Der General und Präfekt – sein Name war Wu-hu – ersann eine Kriegslist. Er ließ seine Truppen außerhalb der Wälle defilieren. Die Soldaten marschierten aus einem der Stadttore hinaus, zogen draußen den Wall entlang, kehrten durch ein anderes Tor zurück, wechselten schnell ihre Kleidung, nahmen andere Standarten und erschienen neuerlich draußen. Die naiven Barbaren durchschauten diesen ununterbrochenen Zug der Soldaten, den sie defilieren sahen, nicht, glaubten, eine starke Armee halte die Stadt besetzt, und traten den Rückzug an. Wu-hu bezog auf dem Weg, den sie nahmen, einen Hinterhalt, tötete viele und machte eine große Anzahl Gefangene. In der Folgezeit errichtete er, über das ganze Land verstreut, eine Reihe kleiner befestigter Posten, unter deren Schutz die chinesischen Bauern wieder ihre Felder bestellen konnten.

Trotz wiederholter Niederlagen und der Massaker, die jedesmal auf sie folgten, waren die Tibeter nicht zu bändigen. Im Jahre 320 verbündeten sie sich mit verschiedenen Stämmen mongolischer Herkunft, stellten eine Armee von über 300 000 Mann auf und belagerten Tschang-nang. Da der König von Han, Liu-Yao, sich nicht stark genug fühlte, ihnen Widerstand zu leisten, amnestierte er die Rebellen und reihte 200 000 von ihnen in seine eigene Armee ein. Dann siedelte er sie in der Umgebung der Stadt an, mit der Verpflichtung, sie im Falle eines Angriffs zu verteidigen. Das taten sie auch – eine Zeitlang.

So wie die anderen Städte, die irgendwann einmal den Rang der Hauptstadt des Reiches hatten, war auch Sian (Tschangnang) der Schauplatz vieler Kämpfe und wiederholt Belagerungen ausgesetzt, sogar in moderner Zeit.

Als ich mich während des Bürgerkrieges zwischen den Anhängern der Nordregierung und der Südregierung im Jahre 1918 von Peking nach Kan-su begab, war ich vorübergehend in dem belagerten Sian eingeschlossen.

Während vor den Befestigungslinien der Stadt die Schlacht tobte, hatte der Gouverneur einen Kreis wissenschaftlich gebildeter Leute um sich versammelt, und ich bewunderte die Kaltblütigkeit der Gäste, die ruhig ihre Tasse Tee tranken und dabei philosophische Themen diskutierten.

Unser Gouverneur reihte nicht wie sein königlicher Vorgänger im 4. Jahrhundert die Angreifer unter seine eigenen Truppen ein. Er verfiel auf einen anderen Schachzug. Es war ihm gelungen, den Vater des feindlichen Anführers in seine Gewalt zu bekommen. Der feindliche Anführer galt als »Räuber«, doch zu jener Zeit beehrten die Gegner einander wechselweise mit diesem Titel, und die schmeichelhafte Meinung, die sie voneinander hegten, war oft beiderseits nur allzu gerechtfertigt.*

Der Führer der Angreifer hieß Go-dsche, so sprachen wenigstens die Ausländer seinen Namen aus. Den Gouverneur nannten alle »Snow Tooth« (Schneezahn), obwohl das wahrscheinlich auf chinesisch nicht sein Name war.

Nachdem »Schneezahn« also den Vater Go-dsches ergriffen hatte, ließ er diesen wissen, er werde den Alten köpfen lassen, wenn er, Go-dsche, sich nicht selber stelle.

Wenn Go-dsche nun vielleicht auch ein »Räuber« war, so war er doch Chinese, und als solcher kannte er seine Sohnespflichten. Er stellte sich und wurde erschossen.

Sobald in China der Anführer einer Bande stirbt, zerstreuen sich in der Regel seine Leute. Das hat verschiedene Gründe. Ein

* Pearl S. Buck hat in einem ihrer Bücher diese Kriegsherren (war lords), wie sie damals in China am Ruder waren, sehr hübsch und wahrheitsgetreu geschildert.

Hauptgrund ist, daß der Sold der Soldaten aus den Geldern fließt, die ihr Anführer besitzt oder die er geschickt genug ist, sich zu verschaffen.

Als Go-dsche tot war, konnte Schneezahn ohne Zweifel aufatmen. Was er mit dem Vater seines Feindes tat, weiß ich nicht. Ich war schon in Sching-hai, weit von Sian, als diese Dinge mir berichtet wurden.

Nebenbei sei hier vermerkt, daß die Vorschriften der chinesischen Moral, die dem Sohn gebieten, sich zu opfern, um das Leben seines Vaters zu retten, über diese Pflicht noch das Opfer der eigenen Person für die Heimat und den Herrscher stellen. Die Chronisten wissen von vielen Fällen, in denen der Vater oder die Mutter eines Generals als Geisel festgehalten und mit dem Tode bedroht wurden, wenn ihr Sohn dem Feind nicht weiche, dieser aber trotzdem die Schlacht fortsetzte. Mitunter ermahnten die gefangenen Eltern selbst ihren Sohn, wenn man sie vor ihm zur Schau stellte, seine Pflicht zu tun, ohne auf sie Rücksicht zu nehmen.

Kein Zweifel, die Geschichte zeigt uns die Chinesen oft nicht gerade im besten Licht. Doch welches Volk darf sich rühmen, immer nur edle Beispiele gegeben zu haben? Andererseits finden wir in den chinesischen Chroniken gar manche Züge von stoischem Heroismus, von hoher Weisheit und von rührender Selbstaufopferung.

Die gebotene Kürze nötigt mich, in der Geschichte der Kämpfe im westlichen China mehrere Jahrhunderte zu überschlagen. Im Jahre 634 schickte der in Lhasa regierende König Sron-Tsan-Gam-Po Gesandte nach China.

Zu jener Zeit war Tibet für die Chinesen noch ein fast völlig unbekanntes Land. Selbst heute noch kennen sie es – abgesehen von Lhasa und den nach Lhasa führenden Straßen – kaum. Die Eingeborenen in vielen tibetischen Gegenden, durch die ich reiste, versicherten mir, es hätten sich niemals Fremde, weder Weiße noch Chinesen, bei ihnen sehen lassen. Aus dieser Erklärung kann man mindestens schließen, daß chinesische Reisende dort zweifellos eine große Seltenheit waren. Von Weißen konnte gar nicht die Rede sein.

Die Gesandten Sron-Tsan-Gam-Pos waren in den Augen des Kaisers Tai-Tsung sicherlich nur verächtliche Wilde. Indessen wußte er nur allzu gut, daß der in Lhasa regierende »Barbar« über ein Heer von mehr als 100 000 Mann verfügte. Das nötigte ihm einen gewissen Respekt auf. Als die Gesandten in ihre Heimat zurückkehrten, gab Tai-Tsung ihnen einen chinesischen Würdenträger zur Begleitung mit, der den Auftrag hatte, diplomatische Beziehungen mit Sron-Tsan-Gam-Po anzuknüpfen.

Als letzterer stark genug geworden war, um bei den Chinesen etwas zu gelten, erbat er im Jahre 641 eine Prinzessin aus kaiserlichem Geblüt zur Frau. Um einen Konflikt zu vermeiden, mußte Tai-Tsung der Verbindung zustimmen, obwohl sie wahrscheinlich seinen Stolz verletzte. Er ließ die Prinzessin Tsin-Tsen nach Lhasa geleiten.

Nach seiner Heirat schickte Sron-Tsan-Gam-Po junge Tibeter aus vornehmen Familien zum Studium der chinesischen Literatur und der chinesischen Gesetze an die Hohe Schule von Sian.

Das sind die von den Chronisten berichteten Fakten. Ihre Nüchternheit befriedigte indes die Tibeter nicht. Ihre lebhafte Phantasie schmückte den realen Sachverhalt der Heirat ihres Königs weitläufig aus und machte sie zum Thema einer Dichtung, die bei ihnen fast ebenso berühmt ist wie das Heldengedicht von Gesar von Ling.

In dieser Dichtung trägt die Prinzessin Tsin-Tsen den Namen Pumo Gyatsa (in tibetischer Schreibweise: Bumo rgya bzah); Pumo bedeutet: »junges Mädchen«, Gya: »China«, Tsa: »Prinzessin«. Der Gesandte Sron-Tsan-Gam-Pos hat den Titel »Minister«: Lonpo. Sein vollständiger Name in tibetischer Schreibweise war: Mgar rtsen gnia Womba, doch heißt er allgemein nur Gara oder Lonpo Gara. Gara bedeutet einen Handwerker, der mit Metallen zu tun hat, also einen Schmied, Schlosser oder Goldschmied. Daraus folgt nicht, daß der Würdenträger tatsächlich ein Handwerker gewesen sei, ebensowenig wie bei uns ein »Herr Schlosser« oder »Herr Schmid« ein solcher sein muß.

Dem tibetischen Gedicht gemäß widerstrebte es dem chinesischen Kaiser höchlichst, dem König eines barbarischen Landes eine chinesische Prinzessin zur Frau zu geben, doch fürchtete er die Folgen einer unverblümten Weigerung. Daher kam er auf den Gedanken, dem Gesandten nacheinander eine lange Reihe von Proben aufzuerlegen, wobei er ihm immer wieder versprach, wenn er diesmal die Probe bestehe, dürfe er Tsin-Tsen nach Lhasa führen. Dabei hoffte er, Gara werde schließlich einmal das Verlangte nicht ausführen können und ihm so den Vorwand für eine Weigerung liefern.

Eine dieser Proben, die übrigens mehr die Sitten Tibets als Chinas widerspiegelt, bestand darin, daß Gara nach einem Bankett, das der Kaiser gab, ohne fremde Hilfe sein Quartier wiederfinden sollte. In Tibet ist es bei den reichlichen Getränken, die zu einem solchen Festschmaus gehören, selbstverständlich, daß die Gäste mit unsicheren Beinen und benebeltem Kopf zuletzt nicht mehr recht gehen können, soweit sie nicht überhaupt stockbetrunken im Bankettsaal liegenbleiben. Damit rechnete der Kaiser.

Gara nun, der als ein prächtiger Kerl von hohem Wuchs geschildert wird, hatte wahrscheinlich eine ausgepichte Kehle und vertrug den Alkohol, ohne daß er ihm in die Beine ging. Sicherheitshalber hatte er aber außerdem an der Tür seiner Wohnung einen Faden befestigt und ihn auf dem Weg zum kaiserlichen Palast von der Spule, auf der er aufgewickelt war, abrollen lassen. Am Ende des Gastmahls brauchte er nur seine Spule wieder aufzunehmen und dem Faden zu folgen, der ihn nach Hause leitete. In einer anderen Version ist nicht von einem Faden die Rede, sondern statt dessen von Zeichen, die Gara sich angeblich längs des Weges an den Mauern gemacht hatte.

Bei einer anderen Probe handelte es sich darum, einen Faden durch einen großen Türkis zu führen, durch den ein dünner Kanal in Zickzacklinie lief. Gara befestigte den Faden an einer Ameise, bestrich die Öffnung des Kanals auf der einen Seite des Türkises mit Honig und setzte das Tierchen in die Öffnung auf der anderen Seite. Von dem Geruch des Honigs angezogen, lief die Ameise den gewundenen Gang entlang und kam, den Faden hinter sich herziehend, drüben heraus.

Der Proben wurden immer mehr, doch obwohl Gara sie stets bestand, hielt der Kaiser nicht Wort und verschob die Abreise der

Prinzessin jedesmal auf später. Endlich verlangte Tai-Tsung von dem Gesandten eine letzte Probe. Gara sollte Pumo Gyatsa (Tsin-Tsen) unter einigen hundert Mädchen erkennen, die durch verschiedene Tore der Stadt hinausgehen würden, und sie auf ihrem Wege anhalten.

Diesmal hielt Gara sich für verloren. Wie sollte er ein junges Mädchen »erkennen«, das er nie gesehen hatte, und wie erraten, durch welches Tor sie hinausgehen würde?

Wie er so recht bekümmert war, erbot sich eine Magd der Prinzessin, die sich zufällig in der Fremdenherberge aufhielt, wo er wohnte, ihm gegen eine ansehnliche Belohnung zu helfen. Gara gab ihr Gold und versprach ihr noch mehr, wenn es ihm gelingen würde, die Aufgabe zu lösen.

»Nach den Merkmalen, die ich Euch angeben werde, wird es Euch ein leichtes sein, Pumo Gyatsa zu erkennen«, sagte die Magd. »Aber ich fürchte unsere Seher, die von allen Sehern der Welt die tüchtigsten sind. Die werden gleich dahinterkommen, daß ich Euch Mitteilungen gemacht habe, von denen Ihr Euch leiten ließet, und dann wird man mich töten. Wir müssen eine List gebrauchen.«

Gara gehorchte den Weisungen, die die Magd ihm gab: Er begab sich an einen einsamen Ort und grub dort ein tiefes Loch in die Erde. Die Magd kauerte sich in das Loch, eine Muschel in der Hand. Dann befahl sie Gara, einen Korb über ihren Kopf zu stülpen, Grasnarben über den Korb zu legen und überdies noch Federn darauf zu stecken. Von unten aus der Grube durch ihre Muschel sprechend, beschrieb sie Gara das Gesicht Pumo Gyatsas, das Kleid, das sie tragen, die Juwelen, mit denen sie geschmückt sein würde, und bezeichnete ihm das Stadttor, an dem er sie erwarten müßte.

Mit solchem heimlichen Wissen gerüstet, ging Gara, als der Tag der Probe gekommen war, geradewegs zu dem Tor, das die Magd ihm bezeichnet hatte, und als die Prinzessin erschien, faßte er sie an der Hand und forderte sie zur Frau für Sron-Tsan-Gam-Po, seinen König.

Der Kaiser mußte willfahren. Doch die Neugierde ließ ihm keine Ruhe. Wie hatte Gara die Prinzessin erkennen können?

Wer im Palast hatte sie ihm beschrieben? Er berief seine Seher, deren Kunst er zutiefst vertraute, und gebot ihnen, die Quelle zu entdecken, aus der Gara sein Wissen geschöpft hatte.

Die Seher befragten ihre Zauberbücher, nahmen eine Unzahl magischer Operationen vor und erklärten schließlich: »Gara hat sein Wissen von einem Wesen, das unter der Erde lebt. Dieses Wesen hat einen Kopf aus Rutengeflecht, auf dem – anstelle der Haare – Gras und Federn wachsen. Es hat weder Augen noch Nase, noch Mund, und aus seinem Korbkopf tönt eine Stimme, ähnlich dem Brausen der Muscheln.«

Mochte der Kaiser auch noch so leichtgläubig sein, dieses Märchen seiner Seher glaubte er nicht. »Solche Wesen gibt es nicht«, sagte er. »Ihr seid Nichtswisser, und eure Wahrsagebücher sind eine elende Sammlung von Dummheiten.« Darauf ließ er ihnen eine Tracht Prügel verabreichen und ihre Bücher ins Feuer werfen.

Während nun aber Tai-Tsung den Gesandten Sron-Tsan-Gam-Pos an seinem Hofe zurückgehalten hatte, um seinen Scharfsinn immer wieder auf die Probe zu stellen, war er dahin gekommen, seinen Verstand aufrichtig zu bewundern. Nicht weniger bewunderte er seine robuste Natur und seine imposante Gestalt. So war der Wunsch in ihm erwacht, Gara nicht mehr fortzulassen, damit er der Stammvater einer kräftigen Rasse würde, und als die Prinzessin mit ihrem Gefolge nach Tibet aufbrach, mußte Gara in China zurückbleiben.

Von da an erzählt das Gedicht eine weitere Folge von Abenteuern, die dem tibetischen Minister begegneten.

Fürs erste beschenkte ihn der Kaiser mit einem Harem von hundert hübschen Mädchen und versprach ihm außerdem jedes Mädchen oder jede Frau, die er sonst bevorzugen und begehren würde. Gara durchschaute jedoch die Absichten des Kaisers und hütete sich, den Chinesen tapfere und gescheite Soldaten zu liefern, Hilfstruppen, die den Tibetern zu gefährlichen Gegnern hätten werden können. Die schönen Mädchen seines Harems wurden nicht Mütter.

Lonpo Gara wünschte von Herzen, dem goldenen Käfig zu entfliehen, in dem man ihn zurückhielt. Andererseits hegte er einen heimlichen Groll gegen den Kaiser, wegen der Proben, die er ihm auferlegt, und weil er danach wiederholt sein Wort nicht gehalten hatte. Dafür wollte er sich an ihm rächen.

Er ließ sagen, er sei krank. Aufs höchste beunruhigt, schickte ihm der Kaiser die besten Ärzte seines Hofes. Ihre Mittel schienen unwirksam. Dem Kaiser kamen Zweifel. Er ließ einen noch berühmteren Arzt rufen und trug ihm auf, sich persönlich zu vergewissern, ob Gara wirklich krank sei.

Von der bevorstehenden Visite des Arztes benachrichtigt, legte Gara verfaultes Fleisch unter seine Matratze. Als der Arzt an sein Lager trat, benahm ihm der Gestank, den der Kranke auszudünsten schien, fast den Atem, und er berichtete dem Kaiser, ein Mensch, der einen derartigen Verwesungsgeruch um sich verbreite, müsse dem Tod ganz nahe sein.

Daraufhin schloß sich Gara in seinem Gemach ein, und als man einen neuen Arzt zu ihm schickte, um ihm den Puls zu fühlen, erklärte er, sich dies nur auf tibetische Art gefallen lassen zu wollen, das heißt mittels eines Fadens, den er um sein Handgelenk binden werde*; das andere Ende des Fadens, der durch ein Loch in der Mauer hinausgeführt werde, bekomme der Arzt zu halten, müsse aber draußen bleiben. Die Bedingung wurde angenommen. Anstatt nun den Faden um sein Handgelenk zu binden, band Gara ihn um das Bein eines kleinen Hühnchens. Der Arzt, der das andere Ende hielt, spürte nur die schwachen Pulsschläge, die das kleine Tier dem Faden mitteilte.

»Der Kranke ist vollkommen erschöpft«, berichtete er dem Kaiser. »Seine Kräfte sind nicht größer als die eines Hühnchens.«

Immer bekümmerter, ließ der Kaiser Gara fragen, ob er denn keine Mittel wüßte, die ihn heilen könnten.

»O ja, ich kenne welche«, antwortete dieser, »aber ich bin Tibeter, und die chinesischen Medikamente taugen nicht für

* Ein Vorgang dieser Art ist in Tibet im Rahmen bestimmter Riten der mystischen Einweihung gebräuchlich. Er dient dazu, die psychischen Regungen des Kandidaten festzustellen. Noch allgemeiner bedienen sich die Lamas seiner, um das von ihnen ausgehende Fluidum auf Personen oder Dinge zu übertragen, die sie segnen oder denen sie irgendeine Macht einflößen wollen.

meine Natur. Ich brauche Mittel, wie man sie in meiner Heimat anwendet.«

Was das für Mittel wären?

Da bat Gara, man möge mehrere große Truhen, wie man sie zur Aufbewahrung von Getreide verwendet, mit der Asche kostbarer Seide anfüllen. Und man verbrannte Tausende Bahnen Seide, ohne daß die Truhen davon voll wurden.

Nun kamen andere wertvolle Dinge dran, deren Vernichtung Gara verlangte. Dann erklärte er, wenn die Köhler einen großen Baum in Holzkohle verwandelten, jedoch so, daß er dabei ganz, das heißt ein einziges Stück bliebe, und wenn man dann Wasser über diesen verkohlten Baum laufen ließe, dann wäre dies ein wirksames Medikament.

Die Köhler rodeten ganze Wälder aus; wenn aber die Bäume bis zu dem geforderten Grad verkohlt waren, zerfielen sie immer in Stücke.

Schließlich sagte Gara, da keines der von ihm erbetenen Mittel zu beschaffen sei, bleibe ihm nichts übrig, als die Hilfe der Götter anzurufen. Doch er müsse sich an die Gottheiten seines Landes wenden und sie besänftigen, so wie man es in Tibet tue. Auch das gewährte ihm der Kaiser.

Jetzt verlangte Gara die Ingredienzien für ein großes Opfer: Fleisch, Mehl, Salz, Butter und verschiedene andere Nahrungsmittel, auch alkoholische Getränke. Alles erhielt er in reicher Menge. Begleitet von Dienern und Tragtieren, die die Lasten trugen, brach er auf und gewann, mehrere Tagesmärsche von der kaiserlichen Residenz entfernt, die Höhe eines Gebirges. Dort pflanzte er seine Fahnen auf und tat, als schickte er sich an, das Opfer vorzubereiten; dabei schüttete er, ohne daß seine Begleiter es merkten, Salz in den Branntwein und lud dann die Chinesen ein, sich gütlich zu tun. Die ließen sich nicht lange bitten. Sie aßen üppig und tranken noch mehr. Das dem Alkohol beigemengte Salz erhöhte ihren Durst, und um ihn zu löschen, ließen sie einen vollen Becher dem andern folgen. Es dauerte nicht lange, und alle lagen stockbetrunken auf der Erde.

Diese Gelegenheit benützte Gara, um sich davonzumachen. Wohlversorgt mit Lebensmitteln, nahm er im Galopp die Straße nach Tibet und holte noch die Prinzessin ein, die durch verschiedene Abenteuer unterwegs aufgehalten worden war.

Das Gedicht ist sehr lang, und die Abenteuer Pumo Gyatsas auf ihrem Weg nach Lhasa sind zahlreich. Ich beschränke mich darauf, nur das von den Schafen zu erzählen, die die Prinzessin mitgenommen hatte.

Zu jener Zeit, heißt es in dem Gedicht, habe es in Tibet keine zahmen Schafe gegeben. Pumo Gyatsa wollte das nützliche Haustier dort einführen und nahm daher, als sie China verließ, drei Schafe mit. Eines war schwarz, das andere weiß, das dritte rot. Das rote ertrank leider beim Übersetzen eines Flusses. Darum können die Tibeter heute zwar schwarze und weiße Stoffe aus naturfarbener Wolle weben, um aber rote herzustellen, müssen sie sie färben, was sie nicht nötig hätten, wenn das rote Schaf heil und gesund an seinem Bestimmungsort angelangt wäre.

Wie die drei verschiedenfarbigen Tiere, deren Geschlecht nicht erwähnt wird und denen kein männliches oder weibliches Exemplar derselben Art mitgegeben war, sich hätten vermehren sollen, ohne sich zu kreuzen, diese Frage stellen sich die Tibeter – die an Märchen glauben – nicht. Der kritische Sinn ist bei den meisten von ihnen nur wenig entwickelt. Aber seien wir ihnen gegenüber nicht zu streng: Viele Menschen, die auf einer höheren Kulturstufe stehen, haben diesen Fehler mit ihnen gemein.

Ein Faktum, das wohl als historisch gelten kann, ist, daß Tsin-Tsen die Statue des Jowo (»Prinz«), die im großen Tempel von Lhasa verehrt wird, nach Tibet mitbrachte. Die Statue stellt angeblich Siddharta Gautama als jungen Prinzen dar, bevor er sich dem frommen Leben zuwandte und ein Buddha wurde. Über tausend mit Butter gespeiste Lampen brennen dauernd vor ihr, und inmitten dieses Lichterglanzes ziehen zahllose Pilger aus allen Teilen Tibets an ihr vorbei und werfen sich in Verehrung vor ihr nieder.

Die Tibeter waren nun im Begriff, den Höhepunkt ihrer kriegerischen Macht zu erreichen. Die ins Sagenhafte umgestalteten Ereignisse dieser Ära, mit mythologischen Elementen vermischt, bilden den heroischen Stoffkreis des Gesar von Ling.

Im Jahre 670 bemächtigten sie sich des ganzen westlichen Teiles der heutigen Provinz Sin-kiang (der alten Dsungarei). Die Städte Chotan, Jarkend, Kaschgar und Kutscha kamen in ihren Besitz. Kaiser Kao-Tsung wollte sie ihnen wieder entreißen und schickte ein Heer gegen sie. Die Tibeter warfen sich ihm auf seinem Wege durch die hochgelegenen Steppen in der Nähe des Kuku-nor entgegen und vernichteten es vollständig. Einige Jahre später (678) brach ein zweites chinesisches Heer auf, um die Niederlage des ersten zu rächen. Nach der Mitteilung der Chronisten zählte es an die 200 000 Mann. Auch dieses Heer schlugen die Tibeter.

Die Ausdehnung des von den Tibetern bis zum Jahre 680 eroberten Landes war erstaunlich. Heute eines der kleinsten Völker überhaupt, beherrschten die Tibeter damals das ungeheure Gebiet vom Himalaja bis zum Altaigebirge und vom Pamirplateau bis zur heutigen Provinz Schan-si.

Vom Beginn des 8. Jahrhunderts an nahm ihre kriegerische Stärke mehr und mehr ab.

Die Ära der großen Kriege an der Westgrenze war zu Ende, doch herrschte dort trotzdem auch weiterhin kein Friede.

Es ist anzunehmen, daß die Chroniken nur Einfälle von wirklicher Bedeutung erwähnen; so wie auch heute noch müssen indes kleine Grenzzwischenfälle sehr häufig gewesen sein.

Im Jahre 1700 nahmen die zähen Chinesen, die sich aus den Gebieten der »Barbaren« zurückgezogen hatten, ihre Versuche wieder auf, nach Südwesten vorzudringen, und dehnten ihren Machtbereich über das Gebiet von Nyarong aus, das heute einen Teil der Provinz Si-kang bildet, wo aus dem goldhaltigen Sand der Gegend Gold gewonnen wird, das als besonders hochwertig gilt. Achtzehn Jahre später setzten die Chinesen ihren Marsch fort und drangen weiter nach Tibet vor, wurden dort jedoch vollständig aufgerieben. Kurz darauf nahmen sie hierfür Rache. Ihr Heer eroberte ein großes Stück der tibetischen Provinz Kham, durchquerte das Gebiet der Popa (der Stämme, die den Landstrich Po bewohnen) und zog triumphal in Lhasa ein. An diese chinesische Invasion hat sich bei den barbarischen Stämmen der Popa nicht die geringste Erinnerung erhalten. Das konnte ich selbst feststellen, als ich auf meiner seinerzeitigen Wanderung von Jün-nan nach Lhasa der gleichen Route folgte.

So ist es mit fast allen alten geschichtlichen Ereignissen; die Tibeter wissen nicht das mindeste von ihnen. Wenn man zu ihnen zum Beispiel von dem Aufenthalt der katholischen Missionare in Lhasa in den Jahren 1715 bis 1740 spricht oder von dem Aufenthalt des Engländers Thomas Manning im Jahre 1811, oder jenem der Franzosen Huc und Gabet im Jahre 1846, so antworten sie, das seien »Märchen«, die die Ausländer »erfunden« hätten.

Von der britischen Expedition von 1904 ist, außer in Zentraltibet, wo die Leute sie unmittelbar zu Gesicht bekamen, der Mehrzahl der Tibeter so gut wie nichts oder überhaupt nichts bekannt, und diejenigen, die sich ihrer noch erinnern oder die aus dem Munde älterer Leute von ihr hörten, haben ein ganz falsches Bild von ihr. Die Bevölkerung glaubt jetzt, die Engländer seien damals gekommen, um dem Dalai-Lama ihre Ehrfurcht zu bezeigen, seinen Schutz zu erflehen und seine Befehle entgegenzunehmen. Das sagten mir die guten Leute von Lhasa, als ich sie, im Gewande einer bettelnden Pilgerin, über die Sache befragte. Immerhin hat sich die öffentliche Meinung in Tibet seither, unter dem Eindruck der Ereignisse in Indien, wesentlich geändert.

Im Waldland von Po behauptete man in meiner Gegenwart aufs entschiedenste, kein Chinese und vor allem kein Weißer sei je in die dortige Gegend gekommen. Das war allerdings, wenigstens was die Weißen betraf, für den Ort, wo ich damals eben war, richtig – bis zu dem Augenblick, da ich selber mich dorthin gewagt hatte, und man kann sich vorstellen, mit welchem inneren Schmunzeln ich diese gerade vor mir geäußerte Behauptung aufnahm.

Auf den siegreichen Einzug der Chinesen in Lhasa folgte keineswegs die Unterwerfung Tibets durch sie. Sie brachten es gerade nur so weit, dort eine recht unsichere Lehenshoheit ohne besondere praktische Auswirkungen zu errichten.

Obwohl die Kämpfe, die in der Folgezeit zwischen Chinesen und Tibetern in Zentraltibet stattfanden, reich an interessanten Episoden sind, muß ich hier auf ihre Darstellung verzichten, weil sie außerhalb meines gegenwärtigen Themenkreises liegen.

Ich überspringe also einen langen Zeitraum und komme zu den Kämpfen, die sich in moderner Zeit in dem Gebiet der beiden neuen Provinzen Sching-hai und Si-kang abspielten.

Unmittelbar nach dem Einmarsch der britischen Expedition in Lhasa (August 1904) brachen im östlichen Tibet Unruhen aus. Dem Anschein nach entstanden sie aufgrund ziemlich nichtiger Anlässe, ihre wahre Ursache war jedoch der Prestigeverlust, den China durch den Sieg der Engländer erlitten hatte. Bei den Tibetern war eine sehr feindselige Stimmung gegen ihre früheren Herren erwacht. Sie warfen den Chinesen vor, sie gegen die britischen Eindringlinge nicht verteidigt zu haben. In ganz Tibet hieß es, die chinesischen Truppen hätten der Überwältigung der Tibeter ruhig zugesehen, und der »Amban« (der Repräsentant Chinas in Lhasa) habe die fremden Offiziere freundschaftlich empfangen und mit ihnen getafelt.

Feindselige Gefühle halten bei den Tibetern lange an. Noch zwanzig Jahre nach jenen Geschehnissen hörte ich die gleichen Anschuldigungen mit nicht minder lebhaften Empfindungen äußern, als ob alles sich erst gestern ereignet hätte.

Was die »Barbaren« von Kham betrifft, die Abkömmlinge der Is, so hegten diese zwar stets nur geringe Sympathien für ihre offiziellen Mitbürger in den zentralen Provinzen U und Tsang*, liebten aber die Chinesen ebensowenig. Ihre Einstellung erinnerte mich an das Wort eines Elsässers, der mir eines Tages in Straßburg sagte: »Wir hassen die Deutschen, lieben aber auch die Franzosen nicht.« Im Grunde lehnen eben die Khampa alles, was irgendwie einer Abhängigkeit gleichkommt, entschieden ab.

Gegen Ende des Jahres 1904 nun entschlossen sich die Chinesen, um ihre Rechte auf das Gebiet von Batang (Provinz Si-kang) geltend zu machen, das Land zu kolonisieren. Es darf nicht vergessen werden, daß derartige Kolonisationsversuche zum erstenmal schon ein volles Jahrtausend vor Christus unternommen wurden, jedoch ständig an dem Widerstand der Eingeborenen scheiterten.

Die Leute in Batang hatten nicht die geringste Neigung zum

* U mit der Hauptstadt Lhasa, Tsang mit der Hauptstadt Schi-ga-tse.

Ackerbau und begriffen nicht, warum die Fremden ihn gerade auf ihrem Grund und Boden einführen und das Weideland, das sie für ihre Viehherden brauchten, dazu verwenden wollten. Sie griffen zu den Waffen; es kam zu Zusammenstößen zwischen ihnen und den chinesischen Soldaten, die man hingeschickt hatte, um das Land zu besetzen. Da diese zahlenmäßig nicht genügend stark waren, zogen sie sich zurück.

Im Jahre 1915 kam es in der Gegend zu neuen Unruhen. Die Chinesen wurden geschlagen und auf ihrem Rückzug vollständig aufgerieben.

Im selben Jahre wurden am Oberlauf des Mekong (Jün-nan)* bei einem Aufstand der Eingeborenen drei Franzosen, katholische Missionare namens Soulié, Bourdonnec und Dubernard, getötet. Schon früher, im Jahre 1865, war in derselben Gegend ein Missionar namens Durand ermordet worden, und vor nicht langer Zeit, 1940, widerfuhr einem anderen, mit Namen Nußbaum, in der Nähe von Pame auf der Straße, die dem Lauf des Mekong am linken Ufer folgt, das gleiche Schicksal.

Religiöse Motive spielen in der Geschichte dieser Morde keine besondere Rolle. Vielmehr muß man den Grund für die feindseligen Gefühle gegenüber diesen Ausländern wohl in ihren Kolonisationsversuchen und in ihrem Landbesitz sehen. Auch das aufdringlich zelotische Verhalten einiger unter ihnen war dazu angetan, den Zorn der primitiven, rustikalen Khampa zu erregen: Durand hatte sich gerühmt, die Statuen der lamaistischen Tempel zerschlagen und mit den daraus verfertigten Brettern den Boden seiner Küche belegt zu haben.

Vor allem aber zogen sich die Missionare die Feindschaft der Bevölkerung dadurch zu, daß sie Großgrundbesitzer waren und in ihrer Neuerungssucht mit den örtlichen Sitten und Gepflogenheiten in Konflikt kamen.

Diese Sitten sind übrigens nichts weniger als sanft. Zahlreiche Morde, die in der Gegend begangen wurden, entsprangen der

* Ich spreche immer vom »Oberlauf des Mekong«, weil die wenigen fremden Reisenden, die das Gebiet besuchten, diesen von seiner Mündung sehr weit entfernten Teil des Flusses so bezeichnen; darnach müßte der Mekong dort schon nahe bei seinen Quellen sein. Diese liegen jedoch noch sehr weit ab, im Süden der Provinz Sching-hai.

Absicht, die Fremden an ihrem weiteren Vordringen im Lande zu hindern oder sie dafür zu strafen, daß sie überhaupt hergekommen waren. Andere wieder waren Raubmorde aus gewinnsüchtigen Motiven. Vor solchen sind die Chinesen und Tibeter selbst nicht sicherer als die Fremden.

Im Jahre 1911 wurden zwei deutsche Reisende namens Brunnhuber und Schmidt in der Nähe von Schang-pa am Salwin ermordet. Im Februar 1922 wurde ein gewisser Doktor Shelton, Doktor der amerikanischen protestantischen ärztlichen Mission in Batang, getötet, während er nachts kampierte. Doktor Shelton hatte unklugerweise die Absicht geäußert, sich nach Lhasa zu begeben, und war wie manche andere Fremde so naiv gewesen zu glauben, die tibetische Regierung werde ihm dazu die Genehmigung erteilen. Er erhielt einen formellen abschlägigen Bescheid. Wahrscheinlich hätte er nun ohnehin seinen Plan aufgegeben, aber die primitiven Naturmenschen des Landes hielten es wohl für probater, ihm das Lebenslicht auszublasen, um ihn an allen weiteren Versuchen, sein Ziel trotzdem zu erreichen, zu hindern. Daß sie ihn gleichzeitig auch beraubten, versteht sich von selbst.

Im Jahre 1939 wurden zwei Norweger mit Namen Alsen und Westborg, die nach Der-ge unterwegs waren, nördlich von Batang überfallen. Sie wurden beschossen, aber glücklicherweise nicht verwundet, und entrannen dem Abenteuer mit heiler Haut, um den Preis freilich, daß sie umkehren und ihr gesamtes Gepäck zurücklassen mußten.

Weniger glücklich war der Franzose Liotard, der im Jahre 1940 auf der Reise von Si-kang nach Sching-hai getötet wurde.

Im Jahre 1905, während die Eingeborenen im Tal des Mekong und in der Gegend von Batang sich rührten, kam es außerdem zu einem Aufstand unweit von Ta-tsien-lu, in Garta, wo Gold gewaschen wird. Die Tibeter begannen Händel mit den chinesischen Goldsuchern und wollten sie von den Goldfeldern vertreiben. Es folgten Schießereien, in denen die Chinesen unterlagen und gezwungen wurden, sich davonzumachen. Damit hatte der Präfekt von Ta-tsien-lu einen Vorwand, Truppen in die Gegend zu entsenden. Der Feldzug, der in keiner Hinsicht den großen

Expeditionen von einst glich, dauerte zwei oder drei Wochen, dann kehrten die Soldaten, überall auf ihrem Weg plündernd, zurück.

Zu gleicher Zeit bewegte sich eine andere chinesische Expedition in Richtung Batang und zog nach einigen unbedeutenden Kämpfen, die sie unterwegs zu bestehen hatte, in der Stadt ein.

Der Kommissar Tsao-öl-Fong folgte den Truppen auf dem Fuße. Dieser Mann wurde eine Art legendärer Held im östlichen Tibet. Die unruhigen Khampa hatten ihren Meister gefunden. Zunächst kannten sie ihn noch nicht und versuchten ihn auf seinem Weg nach Batang aufzuhalten. Tsao ließ sich auf keinerlei Erklärungen ein, sondern köpfte zwei Rädelsführer der Eingeborenen und setzte andere Widerspenstige gefangen.

In Batang hatte sich General Ma, der Tsao vorausmarschiert war, nicht weniger energisch gezeigt. Auch dort waren Köpfe gefallen, und das lamaistische Kloster war in Brand gesteckt worden.

Zwei Persönlichkeiten von solchem Schlag konnten sich nicht miteinander vertragen, es erhoben sich Meinungsverschiedenheiten zwischen ihnen. Ma rückte mit einem Teil der Truppen ab, indes Tsao, nun allein geblieben, die Hinrichtungen fortsetzte. Als praktischer Verwaltungsmann vergaß er nicht, aus dem Schrecken, der sich unter den Eingeborenen verbreitet hatte, Nutzen zu ziehen und der ganzen Gegend Steuern aufzuerlegen.

Das Echo der Vorgänge in Batang drang bis an den Oberlauf des Mekong (Jün-nan). Die Stämme, die sich erhoben und Banden gebildet hatten, zerstreuten sich wieder. Der dortige Aufstand hatte sich nicht direkt gegen die Chinesen gerichtet. Wie erwähnt, galt die Feindschaft der Tibeter hauptsächlich den Ausländern, die Land erworben und darauf katholische Konvertiten angesiedelt hatten. Hingegen war die Bewegung in Batang und im Distrikt von Tschag-teng ausgesprochen chinesenfeindlich.

Da die Lamas des Klosters Sampeling sich weigerten, die Autorität der chinesischen Beamten anzuerkennen, entsandte Tsao Truppen, um sie zur Vernunft zu bringen. Die Lamas waren an Zahl nicht stark genug, um mit ihren Gegnern im offenen Gelände fertig zu werden, und schlossen sich daher in ihrem Kloster

Mitglieder der Familie Kezang: links Kezang Yesches, rechts sein Bruder Kezang Tsering. Von links nach rechts (sitzend): die Frau Kezang Yesches', die zweite Frau Kezang Tserings, die Mutter der beiden Kezang, die erste Frau Kezang Tserings, eine junge Verwandte.

Detschen Wangmo, Prinzessin von Kan-tse, eine Nachkommin Dschingis-Khans.

ein. Sie hatten schon seit geraumer Zeit mit einem Angriff gerechnet und Proviant für mehrere Jahre aufgestapelt, um eine längere Belagerung aushalten zu können.

Die Soldaten Tsaos waren nicht so gut versorgt, so daß ihnen die Lebensmittel und die Munition bald ausgingen. Von Hunger gequält, revoltierten viele von ihnen und verlangten, nach Hause geschickt zu werden. Der unbarmherzige Tsao ließ die Rädelsführer der Revolte hinrichten.

Schließlich entdeckten die Chinesen die Kanäle, die Sampeling mit Wasser versorgten, und zerstörten sie. Als die Belagerten sahen, daß sie sich nicht mehr würden halten können, schickten sie Boten aus, die in den Lamaserien der weiteren Umgebung Hilfe erbitten sollten. Sie hatten gehofft, die Boten würden von den Chinesen unbemerkt durchkommen, die Chinesen fingen sie jedoch ab.

Einige Tage später mimte eine Abteilung verkleideter Chinesen die erwarteten Verstärkungen. Die Lamas, die keine Ahnung hatten, daß ihre Boten gefangen worden waren, ließen sich durch die Kriegslist täuschen. Sie öffneten den Ankömmlingen ein Tor ihrer Festung. Im Augenblick, da die Abteilung eingelassen wurde, drängten die Soldaten Tsaos ihr nach. Das Kloster wurde bis in den letzten Winkel durchsucht, und alle Lamas, die man fand, wurden an Ort und Stelle umgebracht. Der Abt des Klosters beging Selbstmord. Vor ihrem Abzug zündeten die Chinesen Sampeling an. Die Belagerung hatte sechs Monate gedauert.

Tsao kehrte bald darauf nach Se-tschwan zurück, und ein Teil seiner Truppen machte sich davon.

Tsao-öl-Fong war nicht nur General, sondern besaß auch als Verwaltungsmann ausgezeichnete Fähigkeiten. Ihm ist der Bau einer Telegraphenleitung zwischen Ta-tsien-lu und Batang zu danken. Er ließ neue Straßen anlegen und andere verbessern. Ferner nahm er das alte Projekt der Kolonisation der westlichen Gebiete wieder auf; über das ganze Gebiet verstreute Militärposten sollten die Bauern und Handwerker schützen, die er selbst rekrutiert hatte, um sie in Kham anzusiedeln. Der Versuch scheiterte wie die früheren.

Schließlich war es Tsao-öl-Fang, der die Errichtung der Provinz Si-kang beantragte; sie wurde offiziell jedoch erst dreißig Jahre später, 1939, zur Zeit meines Aufenthaltes in Ta-tsien-lu, gegründet.

Zur Zeit Tsao-öl-Fongs umfaßte die projektierte Provinz Si-kang die Stadt Scham-Do und das Gebiet von Taya. Auch den Distrikt Nyarong erschloß Tsao den Chinesen. Das war auch schon im Jahre 1700 geschehen, aber ohne endgültigen Erfolg, denn Nyarong war unter der alten Oberhoheit der Regierung von Lhasa wieder fast selbständig geworden.

Im Jahre 1909 unternahm Tsao-öl-Fong eine Expedition nach Lhasa, um dort das chinesische Prestige wiederherzustellen. Das Resultat war jämmerlich; die Chinesen wurden vollständig geschlagen und aus Tibet verjagt.

Der Sturz der Mandschu-Dynastie und die im Gefolge der Revolution sich verbreitende Unordnung begünstigten neue Unruhen an der westlichen Grenze.

Der eingeborene Kleinkönig von Ta-tsien-lu erklärte sich selbständig. Während er die umliegenden Gebiete durchzog, um Partisanen zu rekrutieren, wurde sein Bruder enthauptet.

Die chinesischen Soldaten der Garnison ihrerseits ermordeten ihren Befehlshaber, der ihnen den Sold längere Zeit nicht gezahlt hatte. Kurz darauf wurden zur Strafe viele von ihnen hingerichtet.

Als die weiter im Westen stationierten chinesischen Verbände an andere Bestimmungsorte abgezogen wurden und das Land teilweise von Truppen entblößt war, griffen die Tibeter zu den Waffen. Es kam zu Massakern chinesischer Soldaten und Bauern, und der Präfekt von Li-tang wurde ermordet.

Dann belagerten die Tibeter Batang, wurden jedoch von neuanrückenden Truppen geschlagen. Die Chinesen steckten die Stadt Gartok und die Lamaserien von Taya und Scham-do in Brand. Der gegenseitige Haß stieg mehr und mehr.

Im Jahre 1912 wurde eine chinesische Expedition in die Unruhegebiete entsandt, um die Ordnung wiederherzustellen und die von den Tibetern vertriebenen chinesischen Beamten wieder in ihre Stellungen einzusetzen. Der Erfolg der Expedition war recht mittelmäßig. Wie fast immer in moderner Zeit waren die gegen die »Barbaren« entsandten Kräfte unzureichend. Wo eine richtige Armee hätte eingreifen müssen, operierten Verbände von zwei- bis dreitausend Mann oder überhaupt nur ein paar hundert Soldaten.

Diese plünderten nach Herzenslust überall, wohin sie kamen, und wenn sie genug Beute errafft hatten, dachten sie oft an nichts anderes mehr als sie fortzubringen, ohne sich darum zu kümmern, wie sie einen errungenen Sieg weiter ausnützen könnten.

Die Unordnung trat immer deutlicher in Erscheinung. Die aus verschiedenen Provinzen stammenden Generale bekriegten sich gegenseitig, anstatt die Tibeter zu bekämpfen. Morde und Hinrichtungen jagten einander und verschärften die Lage.

Im Jahre 1914 setzte General Ki den Befehlshaber und Unterpräfekten von Ting-hiang, Tsen-Pu-San, ab und drohte sogar, ihn erschießen zu lassen, obwohl Tsen in hohem Ansehen stand und im Lande beliebt war. Die Gefahr, in der er sich befand, veranlaßte den Unterpräfekten, seinem Gegner zuvorzukommen, um sein eigenes Leben zu retten. Auf seinen Befehl wurde Ki samt seiner Familie und seinen Anhängern hingerichtet. Darauf sammelte Tsen Freischärler, zog gegen Ta-tsien-lu und quartierte sich einige Kilometer von der Stadt im Sommerpalast des Kleinkönigs von Dschala ein.

Die in Ta-tsien-lu kantonierten Soldaten leisteten wenig Widerstand. Nach einem Kampf von nur einigen Stunden drangen Tsens Leute in die Stadt ein und plünderten nach allgemeiner Gepflogenheit.

Unterdessen waren andere seiner Trupps an verschiedenen Orten auf Beute aus. Schließlich wurde Tsen-Pu-San besiegt, gefangen, in Ketten nach Kia-ting gebracht und hingerichtet. Mehrere hundert seiner Soldaten wurden geköpft oder füsiliert.

Während die Chinesen sich untereinander bekriegten, sammelten sich die Tibeter am Mekong. Diesmal handelte es sich nicht mehr um wilde Stämme aus Kham, sondern um Truppen aus Lhasa, die mit Waffen europäischer Herkunft ausgerüstet waren. Solche regulären Truppen waren es auch, die 1918 Scham-do zurückeroberten.

Der englische Konsul in Ta-tsien-lu unterstützte die Tibeter. Er scheint auch ihre Truppen in Scham-do inspiziert zu haben. Das war während des Ersten Weltkriegs; die Chinesen hatten für die Alliierten Partei genommen und stellten ihnen Arbeiter zur Verfügung. Wenn jemand daher ihre Gegner unterstützte, mußte sie das wohl befremden. Aber was sich in den entlegenen Gebieten des riesigen China abspielt, wissen doch die meisten nicht; außerdem haben die Chinesen zumeist gar keinen Sinn für die Interessen ihres Landes und kümmern sich selbst heute nur wenig um dessen Angelegenheiten, wenn auch ein Erwachen des Nationalgefühls zu konstatieren ist.

Die Intervention des englischen Konsuls Mr. Teichman hatte eine Korrektur der tibetischen Grenze zur Folge, und zwar eine erhebliche Abtrennung chinesischen Territoriums. Kurz gesagt: China verlor das ganze Gebiet, das Tsao-öl-Fong zehn Jahre vorher erobert hatte.

Die tibetischen Siege von 1918 brachten keinen Frieden. Tibeter und Chinesen bekämpften einander auch weiterhin in der Gegend um Batang und im Tal des oberen Mekong.

Im Jahre 1932 wurde ein aus Batang stammender Tibeter namens Kezang Tsering von der chinesischen Regierung beauftragt, die Ordnung im dortigen Gebiet wiederherzustellen. Von verschiedenen Seiten wurde behauptet, es hätten ihm die nötigen Fähigkeiten zur Durchführung seiner Mission gefehlt, und er habe seine Macht nach außen hin allzu demonstrativ betont. Der Abt einer Großlamaserie, der Lama Kong Kar, gegen den er sich herausfordernd benommen hatte, alarmierte die am rechten Ufer des Mekong stationierten Truppen von Lhasa, die daraufhin den Fluß überschritten. Von ihnen angegriffen, nahmen die Soldaten Kezangs Reißaus.

Der Lama, der die Truppen von Lhasa mobilisiert hatte, zog kaum einen Vorteil aus ihrer Aktion. Die tibetische Regierung verlieh ihm einen Titel, der das ihm aufgenötigte Abhängigkeitsverhältnis bemäntelte, und nahm die Salinen von Jerkalo in Besitz, die innerhalb der von Kezang verlorenen Zone lagen. Auf diese Weise war die Grenze wiederum weiter in chinesisches Gebiet vorgeschoben.

Ich hörte Kezang Tsering die Geschichte in einer anderen Version erzählen, Tatsache ist aber, daß die Tibeter 1945 noch immer im Besitz der Salinen waren.

Nach Beginn der japanischen Invasion zog sich Kezang, der sich eine Zeitlang in Peking und Nanking aufgehalten hatte, auf seinen Großgrundbesitz in Batang zurück.

Vor einigen Jahren wurde seine Frau Lu-Ma-Dsching mit einer diplomatischen Mission in Lhasa betraut. Sie ist vermutlich die einzige Frau ihres Landes, die eine solche Funktion innehatte, obwohl tibetische Fürstinnen in feudaler Zeit ihre kleinen Staaten regierten, politische Intrigen spannen und sogar Kriege führten.

Die näheren Umstände, die zu der Tragödie führten, deren Zeuge ich im Jahre 1940 wurde, reichen in ihrer Wurzel etwa dreißig Jahre zurück. Damals wurde die Armee, die die Chinesen nach Lhasa geschickt hatten, um ihre Hoheitsrechte dort geltend zu machen, vollständig geschlagen, und im Jahre 1912 mußte der traditionelle Repräsentant Chinas in Tibet, der »Amban«, das Land verlassen.

Der Bruch mit China wurde jedoch von der Bevölkerung Tibets keineswegs einmütig gutgeheißen. Viele Leute sahen mit Bedauern, wie an die Stelle des Einflusses, den die Chinesen jahrhundertelang ohne fühlbare Belastungen ausgeübt hatten, nunmehr der englische Einfluß trat. Zu den »Chinafreunden« zählte unter anderen eine hervorragende Persönlichkeit, die an Rang und Ansehen fast dem Dalai-Lama, dem Staatsoberhaupt Tibets, gleichkam: der Taschi Panschen, Großlama des Klosters Taschi-Lonpo in Schi-ga-tse und, wenigstens dem Namen nach, Regent der Provinz Tsang. Unter Hinweis darauf, daß die buddhistische Lehre, zu der er sich bekannte, es verbietet, zu töten, hatte er es abgelehnt, für den Kampf gegen die Chinesen Truppen zu stellen, was ihm der Dalai-Lama niemals verzieh.

Nach der Niederlage der Chinesen gab der Dalai-Lama in zunehmendem Maße seine tiefe Verstimmung zu erkennen, indem er vom Taschi-Lama und dem Adel von Tsang drückende Steuern forderte. Als ich im Jahre 1916 in Schi-ga-tse Gast des Taschi-Lama und seiner Mutter war, hatten politische Intrigen die Beziehungen zwischen den beiden Großlamas bereits vergiftet.

Etwa sieben Jahre später wurde der Taschi-Lama in Befehlsform aufgefordert, seine Residenz in ein speziell für ihn erbautes Haus nach Lhasa zu verlegen. Mit Recht oder Unrecht argwöhnte er einen Anschlag auf sein Leben und floh nach China.

Um seine Flucht zu bemänteln, kündigte er an, er wolle sich eine Zeitlang der Meditation widmen und sich deshalb in seinen Gemächern einschließen. Das ist in Tibet eine durchaus übliche Gepflogenheit; daher wunderte sich niemand, daß der Lama unsichtbar blieb.

Der Leibarzt des Taschi-Lama, der später in Ta-tsien-lu mein Nachbar werden sollte, besaß ein Landhaus inmitten des Weidelandes an der Straße, die der Flüchtende zu benützen beabsichtigte. Er begab sich dorthin, und am Abend des folgenden Tages verließ der Taschi-Lama, von sechs seiner Freunde begleitet, heimlich seinen Palast. In ununterbrochenem Ritt erreichten sie den Landsitz des Arztes, und nach kurzem Aufenthalt, der zur Einnahme einer eiligen Mahlzeit und zum Pferdewechsel genügte, setzte die kleine Gruppe, der sich der Arzt anschloß, ihren Weg durch die einsame Gegend fort.

Ein paar Tage später stieß ein Trupp von etwa hundert Soldaten aus Tsang zu den Flüchtlingen, um sie im Falle eines Angriffs zu schützen; es ereignete sich aber nichts dergleichen.

Geraume Zeit verging, ehe die Flucht des Taschi-Lama entdeckt wurde; als die Regierung von Lhasa ihm eine Truppenabteilung nachsandte, um ihn aufzuhalten, war er schon weit; er hatte fast schon die chinesische Grenze erreicht.

Das ist der wahre Sachverhalt, wie er mir von mehreren Teilnehmern an der Flucht des Lamas erzählt wurde.

Die Tibeter indessen, die für Wunder unerhört viel übrig haben, bildeten sich ein, ihr verehrter Lama habe ein Wunder vollbracht.

Er habe, sagten sie, ein Phantom geschaffen, das ihm vollkommen ähnlich gewesen sei. Das Phantom sei in Schi-ga-tse gesehen worden, es habe sich in seinem Palast genauso benommen, wie der Lama selbst es zu tun pflegte. Dieses Trugbild sei entschwunden, sobald der Lama in China in Sicherheit war.

Ich befand mich gerade in Tibet, nicht weit von dem Distrikt

Kongbu, auf dem Wege nach Lhasa, als vage Gerüchte mir zu Ohren kamen, der Taschi-Lama habe Tibet verlassen. Trotzdem versicherten mir Leute aus Tsang, denen ich auf meiner weiteren Wanderung begegnete, das sei bloßer Klatsch ohne jede Grundlage, denn die Einwohner von Schi-ga-tse sähen den Lama dort nach wie vor.

Sie hatten das »Phantom« gesehen oder, was wahrscheinlicher ist, einen Freund des Großlamas, der seine Rolle übernommen hatte.

Die chinesische Regierung bereitete dem hochangesehenen Flüchtling einen großartigen Empfang. Sie sah in seiner Person, die den Tibetern für noch geheiligter gilt als die des Dalai-Lama, ein brauchbares Werkzeug, um ihre Macht über Tibet wiederzugewinnen.

Das hätte, wenigstens bis zu einem gewissen Punkt, auch durchaus der Fall sein können, aber den Chinesen mangelte es an der erforderlichen Geschicklichkeit. Sie verstanden es nicht, ihre Maßnahmen richtig aufeinander abzustimmen. Noch einmal: Die Chinesen »kennen« weder Tibet noch die Mentalität seiner Bewohner und haben bis auf den heutigen Tag kaum irgendwelche Anstrengungen gemacht, sie kennenzulernen. Das ist in ihrem Interesse sehr zu bedauern, denn diese Unwissenheit bringt ihnen große Nachteile.

Das Exil des Taschi-Panschen-Lama dauerte nahe an fünfzehn Jahre. Während dieser Zeit gewährte ihm die chinesische Regierung fürstliche Gastfreundschaft und mit ihm einer ganzen Armee von Anhängern, die nach und nach von Tibet herüberkamen und sich ihm anschlossen.

Als Residenz wies man ihm den riesigen »Südlichen Park« in Peking zu, der ehedem einen Teil der verbotenen kaiserlichen Stadt gebildet hatte und der zahlreiche Wohnkomplexe sowie große Seen enthält. In dieser Märchendekoration ließ sich der Großlama in einer Sänfte spazierentragen, oder er begab sich in einem luxuriösen Kraftwagen von goldgelber Farbe in die Stadt. Nach seiner Rückkehr hörte er dann ein Konzert seines Privatorchesters an, dessen sämtliche Blasinstrumente aus Silber waren.

Dieses sybaritische Leben befriedigte den Taschi-Lama jedoch nicht. Der Mann, der in Schi-ga-tse auf mich den Eindruck eines beschaulichen Gelehrten gemacht hatte, war ein ehrgeiziger Politiker geworden. Er hatte den Gedanken gefaßt – oder vielleicht war er ihm eingeflüstert worden –, die Provinz Tsang mit Gewalt wiederzugewinnen und dort nicht nur wie früher Regent dem Namen nach, sondern wirklicher Herrscher zu werden, vollkommen unabhängig von der Regierung in Lhasa.

Von diesem Augenblick an wurde eine Art »Exilregierung des Taschi-Panschen-Lama« gebildet. Zu ihr gehörten zahlreiche Ämter in verschiedenen chinesischen Orten; manche waren in weitläufigen Gebäuden, andere bescheiden untergebracht. Geldmittel, über die der Taschi-Lama verfügte, hatten zum Erwerb einiger dieser Baulichkeiten gedient, der größte Teil jedoch war von reichen Glaubensgenossen gespendet oder von den chinesischen Behörden zur Verfügung gestellt worden. Nach echt orientalischer Art waren die Funktionen dieser Ämter recht kompliziert und undurchsichtig; viele ihrer leitenden Männer hatten dem ehemaligen Hof des Großlamas angehört und waren mit ihm emigriert. Mit reichlichen Mitteln versehen – denn die Freigebigkeit der Glaubensgenossen in der Mongolei und der chinesischen Regierung ließ den Geldstrom nicht versiegen –, trieben die Chefs der Ämter allerlei Handel – dem kann kein Tibeter widerstehen –, wobei die erzielten Gewinne selbstverständlich dem Schatzamt des Lamas abgeführt werden sollten. Das angehäufte Geld war für den Einkauf von Waffen und Munition bestimmt, die an verschiedene Punkte der tibetischen Grenze verlagert werden sollten; dort sollten sie dann an die Truppen verteilt werden, die die Aufgabe haben würden, anläßlich der Rückkehr des Lamas vor ihm einzumarschieren und ihm die Wege zu ebnen. Muß man ausdrücklich sagen, daß ein Teil der eingegangenen Gelder nach beliebter asiatischer Gepflogenheit nicht in die Schatzkisten des Lamas, sondern in die Taschen der Beamten floß, die damit zu tun hatten?

Am 17. Dezember 1933 starb der Dalai-Lama. Er war anscheinend schon längere Zeit krank gewesen, und die Leute seiner Umgebung hatten seinen Gesundheitszustand verheimlicht. Anderen Gerüchten zufolge soll ihn der beamtete Erste Seher seines

Hofes mit einem Medikament, das er ihm verabreichte, vergiftet haben. Wie dem auch gewesen sei, jedenfalls zeigte sich eine gewisse Unruhe in den tibetischen Regierungskreisen. Ein paar Leute wurden ins Gefängnis geworfen, andere gefoltert; einem Günstling des verstorbenen Lamas stach man die Augen aus. Er hatte in England Studien betrieben und mußte es nun wohl bedauern, nicht dort geblieben zu sein; doch das hätte man ihm zweifellos nicht gestattet.

Der Augenblick schien einem Erfolg der Pläne des Taschi-Lama günstig. Die Verehrung, die die Tibeter für ihre beiden noch über den Göttern stehenden Lamas hegen, konnte sich nun ausschließlich dem Taschi-Panschen zuwenden. Der Regent und seine Minister hätten es wahrscheinlich recht schwer gehabt, die fanatische Begeisterung der Tibeter anläßlich der Rückkehr eines »teuren Beschützers« zu unterdrücken, der imstande war, die Fruchtbarkeit der Felder, die Vermehrung der Herden und den allgemeinen Wohlstand der Bevölkerung zu sichern.

Warum ließen der Taschi-Lama und seine Anhänger mehrere Jahre verstreichen, ohne den entscheidenden Schritt zu unternehmen? . . . Erst 1936 wurde die Rückkehr des Lamas von seiner Umgebung ernstlich in Erwägung gezogen. Alle glaubten an einen sicheren Erfolg und rechneten mit der Unterstützung chinesischer Truppen zur Verstärkung der etlichen tausend Soldaten des Lamas im Falle irgendeiner Opposition, die sich hätte ergeben können.

Zu ihrem Unglück traten, während sie noch zauderten, schwerwiegende Ereignisse ein. Die Aggression der Japaner im Juli 1937 zwang die Chinesen, alle ihre Kräfte gegen diese einzusetzen und ihre Aufmerksamkeit nicht mehr Tibet zuzuwenden.

Eine starke Eskorte – aber nicht eine Armee, wie er gehofft hatte – wurde dem Taschi-Lama mitgegeben, als er sich auf den Weg machte. Obwohl die Zahl der chinesischen Soldaten nicht groß war, widersetzte sich die Regierung von Lhasa ihrem Einmarsch in Tibet. Man ließ den Lama wissen, man werde ihn mit der größten Achtung empfangen und ihn ungehindert nach Tsang zurückkehren lassen, doch dürften die chinesischen Truppen die Grenze nicht überschreiten.

Kurz vorher war ein Waffen- und Munitionstransport, den die Leute des Taschi-Lama dummerweise über die Grenze nach Tsang instradiert hatten, von den Tibetern von Lhasa beschlagnahmt worden.

Man hat mir berichtet, der Taschi-Lama sei geneigt gewesen, sich von seiner chinesischen Eskorte zu trennen, doch die Chinesen hätten es ihm unter keinen Umständen gestattet. Er blieb daher in Jakyendo, der Garnison eines chinesischen Vorpostens im äußersten Süden der Provinz Sching-hai, und richtete sich dort in dem malerischen Kloster ein, das über dem kleinen Ort aufragt.

Ich kann mir ihn gut dort vorstellen, wartend – wer weiß worauf? – aus seinen Fenstern auf die Straße hinaussehend, die ins Innere Tibets führte, so wie ich während meines Aufenthalts in Jakyendo oft lange meinen Blick nicht von ihr abwenden konnte, damals, als ich meine Wanderung nach Lhasa plante. Doch weniger glücklich als ich, sollte der Taschi-Panschen Lhasa nie wiedersehen und auch nicht seinen Palast in Schi-ga-tse. Er starb in Jakyendo im November 1937.

Ohne ihren Herrn konnte die Schar der tibetischen Emigranten den Zielen der chinesischen Politik im Augenblick wohl nicht mehr dienen. Nichtsdestoweniger hielten es die chinesischen Politiker anscheinend für klug, an die Zukunft zu denken.

Für alle war der Taschi-Lama nun tot, nicht aber für die Tibeter, denn ebenso wie der Dalai-Lama und die anderen Tulkus niederen Ranges stirbt ein Taschi-Panschen nicht. Wenn er einen Körper verläßt, reinkarniert er sich in einem andern. Irgendein Kind wird also in der Folgezeit für diese Reinkarnation gehalten, genießt in solcher Eigenschaft alle Vorrechte seines »Vorgängers« und erweckt bei den Tibetern die gleiche Begeisterung wie jener.

Wußte man ein solches Kind richtig zu leiten, dann konnte es in Zukunft in den Händen der Chinesen ein ebenso nützliches Werkzeug werden wie der Verstorbene, ja vielleicht ein noch nützlicheres, denn seine Jugend erlaubte ihm auf lange Zeit hinaus nicht, auf die Pläne Einfluß zu nehmen, die man in seiner Umgebung schmiedete.

Ob dies nun die Überlegung der Chinesen war oder ob andere Motive sie dazu veranlaßten, jedenfalls ließen sie der »Smala« des verstorbenen Lamas* auch weiterhin Hilfsgelder zukommen.

Der Leichnam des Lamas wurde von Jakyendo nach Kan-tse überführt, einer Stadt der Provinz Si-kang, im Innern Chinas. Dort wurde er, mit untergeschlagenen Beinen aufrecht sitzend, in der Haltung der Meditation, in einem mit Salz gefüllten Schrein konserviert.** Dies ist eine Methode, die das Austrocknen des Körpers und daher seine Mumifizierung zur Folge hat; sie wird bei Leichen hochgestellter geistlicher Personen häufig angewendet. Das Salz, das die bei der Verwesung der Gewebe erzeugte Flüssigkeit aufgesaugt hat, wird, sobald es feucht geworden ist, durch neues ersetzt und an die Gläubigen verkauft, die dafür einen hohen Preis zahlen und es als Medikament, vor allem zu äußerlichem Gebrauch, verwenden.

Unter den in den verschiedenen Ämtern sitzenden Tibetern kam es zu Zwistigkeiten. Die höheren Funktionäre wurden beschuldigt, fast die ganzen von der chinesischen Regierung ausgeworfenen Hilfsgelder eingesteckt und die kleinen Leute, die Sekretäre, Redakteure, Soldaten und Bediensteten sowie das Personal der Radiotelegraphie – denn der Lama hatte seine eigene Funkstation, und zwar einen Sender und einen Empfänger – ihrer jämmerlichen Lage überlassen zu haben.

Die Mehrzahl dieser unruhigen Gesellschaft war nach Kan-tse expediert worden, wo der in seiner Salzpackung sitzende Leichnam ihres Herrn inmitten einer Illumination von buttergespeisten ewigen Lichtern thronte und sich jeden Morgen und Abend an einem Konzert seines Orchesters mit den silbernen Instrumenten ergötzen durfte.

Die hochgestellten Persönlichkeiten vom ehemaligen Hof des Taschi-Lama hatten sich in Ta-tsien-lu niedergelassen oder hielten sich häufig vorübergehend dort auf; auf diese Weise erneu-

* »Smala«, im eigentlichen Sinne der Hofstaat eines arabischen Fürsten, wird im übertragenen Sinne auch als Bezeichnung für eine zahlreiche Familie verwendet. – Anm. d. Übers.
** Weitere Vorgänge, die sich im Zusammenhang mit der »Reinkarnation« des Taschi-Panschen in Kan-tse abspielten, in Kapitel VII dieses Buches.

erte ich die Bekanntschaft mit einigen von ihnen, die ich ehedem in Schi-ga-tse kennengelernt hatte, und erfuhr in gemeinsamen Gesprächen Einzelheiten über die zunehmende Desorganisation der einst hochtrabend angekündigten »Regierung des Taschi-Panschen-Lama«.

Eine »Reinkarnation« des Verstorbenen hätte der absterbenden »Regierung« neues Leben und neue Bedeutung geben können. Ein lamaistischer Würdenträger, zugleich jovial und skeptisch, wie es die Würdenträger sämtlicher Kirchen zumeist sind, riet den Chefs der »Ämter«, möglichst schnell einen Nachfolger für den Verstorbenen zu finden. Welcher kleine Knabe zu der Rolle berufen würde, sei im Grunde gleichgültig, es käme – wie üblich – in erster Linie darauf an, daß seine Eltern arm und sozial von niederem Stande wären, damit sie sich mit einer immerhin großzügig bemessenen Rente zufriedengäben, im Hintergrund blieben und nicht auf den Gedanken kämen, sich in die Pläne, die man mit ihrem Sohn hätte, einzumischen.

Was die »Zeichen« beträfe, die das Kind als den ins Leben zurückgekehrten Taschi-Panschen beglaubigen müßten, so sei das weiter kein schwieriges Problem.

Warum folgte man diesem klugen Rate nicht gleich? Vielleicht waren gewisse Rivalitäten an der Verzögerung schuld, zum Beispiel, daß mehrere Mitglieder der Regierung den Ruhm für sich in Anspruch nehmen wollten, ihren wiedergeborenen ehemaligen Herrn und Meister entdeckt zu haben.

In diesem höchst ungeeigneten Augenblick, da überall Zwietracht und Verwirrung herrschte, stürzten ehemalige Beamte des verstorbenen Lamas die tibetischen Truppen in ein wahnsinniges Abenteuer.

In Kan-tse lebte die Prinzessin Detschen Wangmo, eine Nachkommin Dschingis-Khans und Erbin des »Gyalpo« (regierenden Fürsten) des Landes, dem sie auch auf den Thron gefolgt war. Obwohl ihr die Chinesen einen großen Teil ihres Besitzes weggenommen und ihre Macht beschränkt hatten, übte sie immer noch bestimmte Rechte im Distrikt Kan-tse aus und bewohnte einen im Tal außerhalb der Stadt gelegenen, befestigten Palast. Sie hatte zuerst unter der Vormundschaft ihres Onkels regiert, der sie noch in sehr jungen Jahren mit einem Fürsten von Der-ge verheiratet hatte.

Bald nach der Hochzeit mußte der Fürst in Geschäften nach Lhasa reisen. Sein dortiger Aufenthalt verlängerte sich auf über ein Jahr. Seine junge Gattin ertrug das Alleinsein anscheinend schlecht; als der Fürst sich bei seiner Rückkehr Der-ge näherte, mußte er erfahren, daß Detschen Wangmo einen Mönch aus dem niederen Klerus zu seinem Stellvertreter erkoren habe und daß sie schwanger sei. Es liegt den Tibetern nicht, derartige Situationen dramatisch zuzuspitzen; der Gatte der Prinzessin Detschen Wangmo kehrte zwar in seinen kleinen Staat zurück, ging aber gar nicht erst nach Kan-tse und sah seine treulose Gattin nie mehr wieder.

Der ehemalige Mönch (trapa), der zum Range eines Prinz-Gemahls* aufgestiegen war, machte sich dem Volk durch seine despotischen Allüren bald verhaßt und wurde ermordet.

Die Witwenschaft war nicht nach dem Geschmack der Prinzessin; sie wandte ihre Gunst einem Tibeter aus einer adeligen Familie von Tsang zu und wollte ihn heiraten. Ihre Untertanen billigten die Wahl, doch der chinesische Gouverneur von Si-kang, von dem Detschen Wangmo abhängig war, mißbilligte sie. Er verbot die Heirat.

Zu dieser Zeit standen die Leute des verstorbenen Taschi-Panschen im Verdacht, anstelle der von ihrem Herrn aufgegebenen Provinz die Errichtung eines neuen, halbselbständigen Staates zu beabsichtigen. Der neue Staat sollte für alle Zeit ein Lehen der künftigen Panschen-Lamas sein. Er sollte den von Tibetern bewohnten Teil Si-kangs, das Hochland von Sching-hai und vermutlich ein Stück der Umgebung von Der-ge umfassen. Die Provinz Tsang, die die Mitglieder der »Exilregierung« zurückzuerobern planten, sollte ihm später eingegliedert werden.**

* Er gehörte zu einer nicht reformierten Sekte (den »Rotmützen«), deren Klerikern das Heiraten gestattet ist.

** Wenn man auf einer Karte die respektive Lage von Schi-ga-tse im Süden Tibets, von Kan-tse in Si-kang und von Sching-hai betrachtet, mag der Gedanke, diese so weit voneinander entfernten Gebiete zu vereinigen, phantastisch erscheinen. Doch Tsang erstreckt sich von Schi-ga-tse weit gegen Osten; man kann sich vorstellen, es grenze im Nordosten irgendwo an die dort gleichfalls unbestimmt begrenzte Provinz Sching-hai. Sching-hai und Si-kang grenzen aneinander.

Die Panschen-Lamas sind zu hochgestellte Persönlichkeiten, als daß sie sich mit der praktischen Regierung eines Landes befassen würden. Daher sollte die Regierung des Staates der Prinzessin Detschen Wangmo und ihrem Gatten übertragen werden; nach ihrem Tode sollten ihre Nachkommen das Amt ausüben.

Der Gouverneur von Si-kang war der Ansicht, dieses Projekt bedrohe die Autorität Chinas, die er unter den Tibetern der westlichen Grenzgebiete pflichtgemäß zu stärken hatte. So blieb er trotz wiederholt an ihn gerichteter Ansuchen dabei, die Heirat der Prinzessin mit einem Adeligen aus Tsang zu verbieten.

Die Verhandlungen hierüber zogen sich lange hin. Aus undurchsichtigen Gründen wurde Detschen Wangmo der ihr noch verbliebenen Rechte verlustig erklärt und aus ihrem Palast in Kan-tse vertrieben. Kurz darauf entschlossen sich die Leute des verstorbenen Lamas plötzlich, zu den Waffen zu greifen, um ihr Projekt mit Gewalt durchzusetzen.

Der Gouverneur von Si-kang nahm die Herausforderung an und entsandte Truppen über die Bergpässe, die Ta-tsien-lu beherrschen.

Dies geschah zu Beginn des Jahres 1940. Die 4000 Meter hohen Pässe lagen in tiefem Schnee. Auf ihrem Marsch kamen die chinesischen Soldaten an meiner Hütte vorbei, barfuß in Strohsandalen und viel zu leicht gekleidet. »Wir gehen nur rasch ein paar Wilde abknallen«, riefen mir etliche Prahlhänse im Vorübergehen zu. Viele hatten dazu niemals Gelegenheit, denn sie erfroren in den eisigen Nächten; eine große Anzahl wurde von den Tibetern getötet, aber die Tibeter selbst hatten noch größere Verluste.

Abfall und Verrat schwächten die Partei des Taschi-Lama. Mehrere Stämme, die ihre Teilnahme zugesagt hatten, rührten sich nicht. Der Abt eines Klosters in der Gegend von Batang lieferte den Chinesen die Abgesandten aus, die zu ihm geschickt worden waren, um ihn zu ersuchen, er möge seine Sprengel für die Sache des Taschi-Lama mobilisieren.

Die verhängnisvollen Zwischenfälle mehrten sich. Ein im

Schloß der Prinzessin belagerter Trupp mußte sich wegen Wassermangels ergeben. Chinesische und tibetische Soldaten plünderten mit gleicher Brutalität. Männer einer chinesischen Abteilung waren mit ihrer Beute in eines der oberen Stockwerke eines Tempels in einem tibetischen Kloster geflüchtet und verbrannten dort bei lebendigem Leibe; von den kostbaren Dingen, die sie sich angeeignet hatten, blieb nichts als Asche zurück.

Dabei war ein »Wunder« im Spiel – denn es fehlte keineswegs an Wundern im Laufe dieses unseligen Abenteuers. Während der Nacht brach nämlich im Erdgeschoß des Gebäudes Feuer aus, obwohl sich kein Mensch dort befand, alle Türen versperrt und rings um das Gebäude Wachen postiert waren. Mit ungewöhnlicher Schnelligkeit ergriffen die Flammen die oberen Stockwerke und überraschten die Chinesen im Schlaf, so daß sie sich nicht mehr rechtzeitig in Sicherheit bringen konnten.

Angesichts der offenkundigen Unmöglichkeit, daß jemand in den Tempel hätte eindringen und den Brand legen können, sagten die Tibeter, der Schutzgeist der Besitztümer des Taschi-Panschen-Lama habe eingegriffen und die ruchlosen Diebe bestraft.

Wir wollen nicht fragen, warum dieser Geist die Plünderer nicht schon vorher daran hinderte, ihre Missetat überhaupt zu begehen, denn das wäre eine ketzerische Überlegung.

Schließlich machten sich einige von der chinesischen Regierung speziell delegierte hohe Beamte auf den Weg nach Kan-tse. In Sänften, die mit gelber Seide verhangen waren, sah ich sie an mir vorbei denselben Weg nehmen, den seinerzeit die Soldaten gegangen waren, hinauf in den Schnee, barfuß in Strohsandalen.

Die Tibeter, die sich Kan-tses bemächtigt hatten, erzählten später, die Abgesandten hätten sie ersucht, die Stadt zu räumen, und ihnen versprochen, die bestehende Meinungsverschiedenheit aus der Welt zu schaffen. Was für eine Meinungsverschiedenheit? . . . Das wurde nicht näher erklärt, und die Tibeter behaupteten, sie seien die Opfer einer unlauteren List geworden. Durch das plötzliche Eintreffen chinesischer Truppen überrumpelt, von denen, die ihnen Hilfe versprochen hatten, im Stich gelassen, ergriffen die Leute des Taschi-Panschen die Flucht. Die Chinesen drangen in die Stadt ein, beschlagnahmten den Schatz des Lamas, dessen größter Teil dorthin verlagert worden war, und bemächtigten sich auch der Waffen- und Munitionslager seiner Anhänger sowie ihres Privatbesitzes.

Die Mehrzahl der Anhänger des Taschi-Panschen hatte nichts anderes im Sinne gehabt, als ihn wieder nach Tsang zu geleiten, und wußte von dem Projekt der Errichtung eines unabhängigen Staates für die künftigen Taschi-Panschen-Lamas überhaupt nichts. Dieser Plan war nur im Kreise der hohen Beamten der »Exilregierung« ausgearbeitet und diskutiert worden.

Die große Masse des Tsangpa wiederum, die bei den Kämpfen mitmachte, hatte in der ganzen Aktion lediglich eine Gelegenheit gesehen, ein bißchen zu raufen und lustig zu plündern und nebenbei Detschen Wangmo wieder in ihre Stellung als Stammesregentin einzusetzen, womit man den Chinesen zugleich zeigen konnte, daß die Tibeter es sehr wohl verstünden, Herren im eigenen Haus zu bleiben.

Detschen Wangmo war, um nicht als Gefangene nach Tatsien-lu gebracht zu werden, nach Sching-hai geflüchtet. Bei der nur losen Verbindung der Provinzen miteinander war das ebenso, wie wenn sie ins Ausland gegangen wäre. Trotzdem suchte sie später Zuflucht in Lhasa.

Während man in Kan-tse verhandelte und sich immer noch gegenseitig umbrachte, durften die paar prominenten Mitglieder der »Exilregierung«, die in Ta-tsien-lu geblieben waren, ihre Wohnungen nicht verlassen und erhielten Posten vor die Tür gesetzt, die keine Besucher zu ihnen ließen. Der größte Teil ihres Besitzes, Liegenschaften, Geld, Waffen, Pferde, Vieh und so weiter, wurde konfisziert.

Der salzgesättigte, ausgedörrte Leichnam des Taschi-Panschen schließlich wurde in aller Eile in einen Ledersack gesteckt, wie ein gewöhnlicher Warenballen einer Mauleselin aufgeladen und auf diese schauerliche, groteske Weise wieder nach Jakyendo zurückgebracht, wo der Lama drei Jahre vorher gestorben war. Seither wurde er mit großem Pomp in ein prachtvolles Mausoleum überführt, das man ihm gleich seinen Vorgängern in der Klosterstadt Taschi-Lonpo bei Schi-ga-tse errichtete.

Die Niederlage und der Zusammenbruch der »Exilregierung«

waren vollkommen. Nach Meinung der Tibeter hatte sich dies bereits vorher in unheilvollen Zeichen angekündigt. So hatten zum Beispiel Raben die Fahne des Taschi-Panschen auf seinem »Amtshaus« in Ta-tsien-lu in Stücke gerissen.

Von der historischen Bewegung, die im Jahre 1923 mit der Flucht des Taschi-Panschen begonnen und sich in China glanzvoll fortgesetzt hatte, blieb nichts übrig als einige unglückliche Tibeter, die sich gegenseitig vorwarfen, ein wahnsinniges Projekt ausgeheckt und Untergang und Tod zahlreicher Getreuen ihres Herrn verschuldet zu haben.

Als die sterblichen Überreste des Lamas nach Tibet überführt wurden, ergriffen viele seiner Leute die Gelegenheit, mit dem Trauerzug in ihre Heimat zurückzukehren.

Diejenigen, die durch ihre Vorschubleistung bei der seinerzeitigen Flucht des Taschi-Panschen bei der Regierung von Lhasa am meisten kompromittiert waren, hielten es für klüger, in China zu bleiben. Sie hatten sich dem Abenteuer von Kan-tse vorsichtig ferngehalten, und einige von ihnen bekleideten Stellungen im chinesischen Ministerium für tibetische und mongolische Angelegenheiten.

Doch die Geschichte der Beziehungen zwischen dem Taschi-Panschen und der chinesischen Regierung ist hier nicht zwangsläufig zu Ende. Wie schon erwähnt, sterben die Taschi-Panschen-Lamas nicht. Wir kommen noch auf die Vorfälle zurück, die sich anläßlich der Suche nach der »Reinkarnation« des Verstorbenen ereigneten.*

Damit verlassen wir Si-kang, wo sich nach der Aktion der Anhänger des Panschen nichts mehr begab, was berichtenswert wäre, und wenden uns einem anderen Punkt der chinesisch-tibetischen Grenze zu.

Die Gegend des Kuku-nor machte, nachdem sie bis in 18. Jahrhundert der Schauplatz heftiger Kämpfe gewesen und einen bedeutenden Platz in den chinesischen Chroniken eingenommen hatte, seither weniger von sich reden. Die mächtigen Horden, die sich dort wiederholt gesammelt hatten, um sich auf

* Siehe Kapitel VII.

China zu stürzen, existierten nicht mehr, oder ihre Nachfahren – an Zahl weit geringer – waren nach Westen abgedrängt worden. Das Land ist sehr dünn bevölkert, und die Einwohner sind nicht so kriegerisch, wie die Khampa im östlichen Tibet es während der letzten dreißig Jahre waren.

Aus der Zeit nach 1918 sind nur zwei Strafexpeditionen gegen die räuberischen Stämme der Ngolog zu melden, deren eine sehr durchgreifend war, und zwei Aufstände der Tibeter im Distrikt von Amdo.

Auch Erhebungen von Mohammedanern fanden statt, doch ereigneten sich diese in der Provinz Kan-su und fallen daher aus dem Rahmen des vorliegenden Buches.

Der Anlaß des ersten Aufstandes der Tibeter von Amdo war ein Zwist unter den Mönchen der Lamaserie von Labrang. Der chinesisch-mohammedanische General und Grenzverteidigungskommissar* hatte den Lamas den Befehl erteilt, einen Verwalter namens Tsön-dü, den sie davongejagt hatten, wieder in sein Amt einzusetzen und ihm seinen konfiszierten Besitz wieder zurückzustellen.

Darauf reagierten die Oberen des Klosters mit einer in beleidigendem Ton gehaltenen Weigerung.

General Ma, der Onkel des gegenwärtigen Gouverneurs von Sching-hai, entsandte ein Detachement seiner Truppen nach Labrang, um den Rebellen klarzumachen, daß sie zu gehorchen hätten. Die dem Kloster dienstpflichtigen Landleute lockten die Soldaten in einen Hinterhalt und massakrierten sie. Man erzählte mir, die grausamen Eingeborenen hätten einigen Chinesen den Bauch aufgeschlitzt und ihnen glühend gemachte Steine zwischen die Eingeweide geschoben.

Die Strafe ließ nicht auf sich warten. Mohammedanische Truppen wurden eiligst nach Labrang entsandt mit dem Befehl, keine Schonung zu üben. Die Tibeter leisteten tapferen Widerstand, wurden jedoch vernichtet. Am Vorabend des Tages, an dem die Truppen Labrang besetzten, flüchteten die Aufständi-

* Seither wurde die Provinz Sching-hai errichtet und der Grenzkommissar zum Gouverneur bestellt. Die Stadt Si-ning, wo er residierte und die ursprünglich nur Sitz einer Präfektur von Kan-su war, wurde die Hauptstadt von Sching-hai.

Das Tal von Ta-tsien-lu.

Ein höherer tibetischer Grenzbeamter und seine beiden Diener.

schen in die Berge. Es war tiefer Winter. An zweitausend Flüchtlinge erfroren oder verhungerten in den Einöden des Hochgebirges, in denen sie umherirrten.

Die Lamas von Labrang, die die Laienbevölkerung veranlaßt hatten, für sie zu den Waffen zu greifen, hatten sich wohl gehütet, selber zu kämpfen. Das rettete ihnen das Leben, doch der Palast des am meisten kompromittierten Lamas wurde in Brand gesteckt, und das Kloster mußte ein hohes Sühnegeld zahlen.

Trotz der Niederlage der Leute von Labrang ging der Kampf in den Nachbargebieten weiter.

Amscho wurde das Zentrum des Widerstandes. Als der größte Teil der Landbevölkerung getötet war, verschanzten sich die Mönche von Amscho, die mitgekämpft hatten, im Haupttempel ihres Klosters und schossen weiter auf die Belagerer. Diese legten Feuer an das Gebäude, und als den Lamas keine Möglichkeit mehr blieb, sich zu verteidigen oder zu fliehen, stimmten sie religiöse Gesänge an und stürzten sich aus den oberen Stockwerken in die Flammen.

Man erzählte, die Mönche hätten bei Beginn des Brandes aus heiligen Büchern und Bildwerken der Schutzgottheiten des Buddhismus in aller Eile einen Wall um ihren Abt errichtet. Dieser Wall, hieß es, habe den Lama gegen die Flammen geschützt.

Man mag von dieser seltsamen Geschichte halten, was man will, Tatsache ist, daß es dem Abt gelang, mit heiler Haut aus den noch immer von den Soldaten bewachten rauchenden Ruinen zu flüchten, während seine Mönche in dem Brand umkamen. Er floh zu den Ngolog, wo ich ihm später begegnet bin.

Mehrere Jahre lang schien das Land nun befriedet zu sein, dann kam es wieder zu einem örtlichen Zwist, der das Ausmaß einer Revolte annahm. Nochmals wurden mohammedanische Truppen damit betraut, den Aufstand niederzuschlagen. Die Strafkampagne war viel schrecklicher als die anläßlich der früheren Erhebung und erinnerte in ihrer Grausamkeit an die alten Kriege. Ich war damals nicht mehr in Sching-hai. Die Einwohner sagen, man habe in Labrang schaurige Girlanden von Hunderten von Köpfen aufgehängt und Menschenfleisch gegessen.

Als man die Grenzen der Provinz Sching-hai festgelegt hatte, lag das Kloster von Labrang und seine Umgebung innerhalb der Provinz. Früher war der Distrikt, weil er von Tibetern bewohnt war, der Jurisdiktion des Grenzverteidigungskommissars unterstanden, der zugleich die Funktion des »Amban« ausübte, das heißt des Repräsentanten Chinas bei den Tibetern.

Die neue verwaltungsmäßige Abgrenzung des Gebietes änderte nichts an der Situation der Tibeter; derselbe General Ma blieb ihr Oberhaupt, nur hieß er von nun an nicht mehr »Amban«, sondern Gouverneur von Sching-hai. Im Gefolge der beiden Expeditionen gegen Labrang und mehrerer anderer Zwischenfälle hatte sich indessen zwischen der Bevölkerung von Amdo und den Mohammedanern ein so tiefer Haß entwickelt, daß von ihrer Gerichtsbarkeit eine wirklich unparteiische Rechtsprechung anscheinend nicht zu erhoffen war. Die chinesische Regierung entschied daher, daß Labrang eine direkt durch den Gouverneur von Kan-su verwaltete Enklave bilden und alle Prozesse bei ihm anhängig gemacht werden sollten.

Zwischen den beiden Expeditionen gegen Amdo fand eine Kampagne gegen die Ngolog in der Gegend des Kuku-nor statt. Die Ngolog teilen mit den Popa von Zentraltibet den schmeichelhaften und wohlverdienten Ruf, ungemein kühne Räuber zu sein.

Ihre Lagerplätze liegen um den Oring- und den Noring-See*, in dem Raum, der von den Quellen des Gelben Flusses bis zum Berg Amne Matschen reicht, dem Sitz ihres Gottes, in der Nähe der Grenze von Si-kang.

Die räuberischen Ngolog waren so frech geworden, daß die Kaufleute sich nicht mehr trauten, auf dem Weg von China nach Lhasa mit ihren Karawanen die Gegenden des Kuku-nor zu durchqueren. Obwohl die Ngolog auf ihre Art sehr fromm sind und sich gegen die Lamas und gegen andere Pilger, die ihre Lager besuchen und bei ihnen ihre Nahrung erbetteln, mildtätig zeigen, scheuten sie sich doch andererseits nicht im geringsten, sich das Gepäck der reichen lamaistischen Würdenträger anzueignen, die sich in ihren Bereich wagten. Sie hatten sogar die Stirn,

* Dies sind die im allgemeinen auf den Karten verzeichneten Namen. Die Tibeter nennen die beiden Seen: Tso (See) Kyara und Tso Nora.

Transportkolonnen mit Waren, die dem Dalai-Lama gehörten, zu plündern.

Der mohammedanische General und Landeschef scherte sich wahrscheinlich wenig um den mangelnden Respekt der Ngolog für die Habe des Dalai-Lama, doch war ihm darum zu tun, die Sicherheit der chinesischen Kaufleute und ihrer Waren so gut wie möglich zu gewährleisten.

Er verwendete zwei Jahre darauf, seine Expedition vorzubereiten und zunächst mitten durch die Einöde eine Straße zu bauen, die den Transport von Lebensmitteln und Munition mittels Karren ermöglichte. Entlang der Straße waren in Intervallen primitive Unterstände für die Soldaten angelegt. Ein paar Farmen wurden geschaffen, Gerste ausgesät, und tatsächlich gedieh sie in 3500 Meter Höhe – was übrigens in Tibet nicht vereinzelt dasteht. Auf den Farmen wurde Vieh und sogar Geflügel gehalten. Ich sah es selbst, als ich nach dem Abschluß der Expedition dort vorüberkam. Die Verpflegung der Truppen war daher zum großen Teil gesichert; was fehlte, eroberten sie.

In verkleinertem Maßstab ähnelte der Feldzug den Zügen Dschingis-Khans. Ich reiste kurz nach der Vernichtung der Ngolog durch das Land; ihre Lager waren nur noch Haufen von Asche. Ein Soldat, der an der Expedition teilgenommen hatte, sagte zu mir: »Wir töteten alles Lebendige, das uns zu Gesicht kam: Junge und Alte, Männer und Frauen, sogar die Hunde. Das Vieh führten wir als Beute weg.«

Er hatte ein kleines Mädchen gerettet, das er vor einem verkohlten Zelt bei den Leichen seiner Angehörigen gefunden hatte; wie ein Paket hatte er die Kleine vor sich auf den Sattel geschnallt und seinen Weg fortgesetzt. Als er mir das erzählte, war das Kind bereits zu Hause bei seiner Frau. »Ich habe einen Sohn von sieben Jahren«, sagte er, »wenn er in heiratsfähigem Alter ist, werde ich ihm die Kleine zur Frau geben.«

Lange Zeit wurden die Ngolog von einer Königin regiert. Ihre Untertanen hielten sie für die Inkarnation einer Göttin. Die Nachfolge kam folgendermaßen zustande: Die jeweilige Königin vermählte sich und hatte immer nur wieder ein einziges Kind, eine Tochter. Diese regierte nach ihrer Mutter, vermählte sich auch, gebar wieder eine Tochter und so weiter, von Generation zu Generation.

Es wurde berichtet, die chinesischen Mohammedaner hätten die Königin im Laufe des Feldzuges gefangen, sie auf ein Floß gebunden und dieses in die reißende Strömung des Gelben Flusses gestoßen. Ob dies stimmte, und ob die Königin ums Leben gekommen war? Verschiedene Nachrichten, die durchsickerten, widersprachen der Meldung.

Was ich persönlich weiß ist, daß der englische General George Pereira, nachdem er in Lhasa gewesen, nach Burma und dann nach Jün-nan zurückkehrte und die Absicht äußerte, sich zu den Ngolong zu begeben, um mit deren Königin zu sprechen. Das konnte die Tochter der angeblich Ertrunkenen sein. Der General konnte seine Absicht – oder seine Mission – nicht durchführen, er wurde in der Nähe von Kan-tse (Provinz Si-kang) krank und starb dort. Sein Leichnam wurde nach Ta-tsien-lu gebracht und in dem kümmerlichen katholischen Friedhof am Berghang, an der Straße zu den warmen Quellen, beigesetzt. Sein Grab ist sehr vernachlässigt.

Obwohl völlig zerschlagen, waren die Ngolog doch keineswegs gebändigt; neuerliche Raubzüge machten in den Jahren nach der erwähnten Kampagne weitere Strafexpeditionen notwendig.

Wie in der Vergangenheit, bilden die Tibeter auch heute nicht das einzige Unruheelement im Westen Chinas.

In jüngster Zeit regte sich eine geheime Agitation in der entlegenen Provinz Sin-kiang, der alten Dsungarei, wo die chinesische Regierung sich bemüht, einen Anschein von Autorität aufrechtzuerhalten.

Seit langem macht sich in dieser Provinz, die durch direkte, auch von Autos befahrbare Straßen mit Turkestan und Sibirien verbunden ist, ein starker russischer Einfluß geltend.

Während des Chinesisch-Japanischen Krieges wurden chinesische Truppen nach Ti-wa-fu (Urumtschi), der Hauptstadt der Provinz, und anderen Orten entsandt. Offiziell wurde erklärt, sie hätten die Aufgabe, die Russen abzuwehren, die auf chinesisches Gebiet vorgedrungen seien, doch gingen Gerüchte, nach denen man die besseren Regimenter der Armee von den Schlachtfeldern abgezogen und in dieser entlegenen Gegend stationiert hatte, um sie intakt zu halten und sie für die Zeit des Kriegsendes mit Japan für einen Angriff auf die Kommunisten von Yennan aufzusparen. Die späteren Ereignisse gaben diesen Vermutungen recht.

Die in Sin-kiang eingedrungenen Russen wurden für einige Zeit von dort vertrieben, kehrten aber in großer Zahl wieder.

Auch die verschiedenen Eingeborenenstämme verfielen neuerlich in ihre traditionelle feindselige Haltung. Zusammenstöße sind häufig. Die genaue Situation in diesen westlichsten Gebieten Westchinas läßt sich schwer schildern, denn bei geringstem Anstoß wechselt das Bild immer wieder, wie in einem Kaleidoskop.

Um sich eine Vorstellung von der Zukunft der großräumigen Gebiete des äußersten chinesischen Westens einschließlich Tibets machen zu können, muß man abwarten, bis die Großmächte – wenn es je soweit kommt – sich über die Rolle geeinigt haben werden, die sie China in Asien zuzuteilen beabsichtigen.

Soviel läßt sich indes voraussehen: Welchen Platz unter den Nationen China auch immer erhalten oder selber erringen wird und was für politische Veränderungen sich in seinem ungeheuren Gebiet auch vollziehen sollten – all das wird sich auf die enorme Masse seiner Bevölkerung nur sehr langsam auswirken.

Und was die Halbbarbaren im Westen, die Eingeborenen an der Grenze, die Hirten im Hochland betrifft, so kann man sicher sein, daß sich auf lange Zeit hinaus in ihrer abgründigen Mentalität keine fühlbare Änderung vollziehen wird.

II

SCHING-HAI

Landschaft und Menschen. Kuku-nor, der große »Blaue See«. Seltsame Naturgottheiten. Belebte Seen, Felsen, Berge. Sagen um den Kuku-nor. Der Palast Kurkars. Das Leben der Hirten im Hochland. Fromme Kulte. Geistermusik und andere Abenteuer. Buddhistische Klöster und ihre Wunder. Bevölkerung, Verwaltung, Unterrichtswesen.

Unmittelbar jenseits der Grenze des eigentlichen China, westlich von Se-tschwan und südwestlich von Kan-su, erstreckt sich ein hochgelegenes Gebiet von ungeheurer Ausdehnung, dessen grasbestandene Hochebenen von breiten Tälern durchschnitten, von Bergketten gekrönt und von zahlreichen Seen belebt sind: Sching-hai.

Die charakteristischste Eigentümlichkeit der zauberhaft schönen Gegend ist ihre »Leere«. Abseits von den wenigen Wegen, die von den mit Zentraltibet Handel treibenden Kaufleuten benützt werden, kann ein Reisender wochen-, ja selbst monatelang das Hochland durchstreifen, ohne auf eine Behausung zu stoßen, einen Baum zu sehen oder einem Menschen zu begegnen.

Sogar Tiere sind in dieser Einöde selten. Mitunter tauchen ein paar Antilopen auf, wilde Ziegen, eine Herde von Kyangs* oder ein vereinzelter Bär**. Manchmal hört man nachts die großen, grauen Wölfe heulen, oder es zeigen sich wilde Jaks*** in der Ferne.

* Die Kyangs sind wilde Esel von der Größe eines kräftigen Maulesels. Es gibt zwei Arten: eine graugelbe mit weißem Bauch und eine nach Art der Zebras gestreifte.

** Es gibt zwei Arten: den braunen Bären, auf tibetisch »Tom«, und einen cremegelben, »Demo«.

*** Der Jak, das »Grunzrind«, mit dichtem, langhaarigem Fell. Er dient, gezähmt, allgemein als Tragtier; das weibliche Tier liefert den Hirten ihre Hauptnahrung: Milch und Milchprodukte (Butter, Käse und so weiter). Der »Dong«, das ungezähmte männliche Tier, ist sehr groß und wild. Wenn es den Einheimischen gelingt, einen wilden Jak zu erlegen, trinken sie sein Blut, solange es noch warm ist, und nehmen von dem Fleisch so viel mit, wie sie auf ihren Tragtieren aufladen können.

Dann und wann wechseln einige Panther oder ein besonders abenteuerlustiger Leopard aus den Urwäldern, die es an den Grenzen von Se-tschwan und Kan-su noch gibt, nach Sching-hai herüber, aber das baumlose Gebiet hier, das ihnen weder entsprechenden Schutz noch ausreichende Beute bietet, ist kein dauernder Aufenthalt für sie.

Die einzigen Säugetiere, denen man in bestimmten Gegenden des Landes in großer Zahl begegnet, sind eine Spezies von schwanzlosen Nagern, kleiner als das Murmeltier. Sie haben die merkwürdige Gewohnheit, fast ganz aufrecht und unbeweglich vor dem Eingang ihres Erdbaues zu sitzen, die Pfoten vor der Brust gekreuzt zu halten und mit erhobenem Kopf in die Sonne zu schauen. Wegen dieser sonderbaren Haltung nennen die Tibeter sie »Gomtschen«, das heißt »der erhabene Meditierende«, die übliche Bezeichnung für die Einsiedler, die ihr Leben der Kontemplation weihen.

Leer wie die Erde ist im allgemeinen auch der Himmel, außer an manchen Seen, wo Wildgänse und andere Zugvögel sich auf ihren Flügen vorübergehend aufhalten. Tebgyai am Westende des Kuku-nor ist ein solcher Platz; in den dortigen Lagunen kann man gelegentlich Tausende von Vögeln verschiedener Arten sehen, manche mit buntfarbig leuchtendem Gefieder.

Standvögel gibt es nicht viele. Die bemerkenswertesten sind die riesigen Geier, ähnlich denen, die man in der Sahara antrifft. In aufrechter Haltung sind sie so groß wie ein Mensch, und ihre aus einiger Entfernung gesehen auffallende Menschenähnlichkeit kann dem Reisenden mitunter übel mitspielen. Denn in diesen einsamen Gegenden des westlichen China ist es mit der Sicherheit nicht gerade aufs beste bestellt, und wenn daher irgendwo eine Gestalt auftaucht, die unbeweglich dasteht und zu beobachten scheint, wirkt das immer beunruhigend. Mehr als einmal ist es auch mir passiert, daß ich mich von meinem Weg oder von meinem Lager schnell ein paar Schritte weit entfernte, um mich der Absichten irgendeiner verdächtigen Person zu vergewissern, mit dem Ergebnis, daß der vermeintliche Räuber bei meinem Näherkommen seine großen Flügel ausbreitete und davonflog.

Wenn Erde und Himmel in Sching-hai in der Regel leer sind,

so ist das Wasser der Seen dagegen sehr belebt, denn es wird dort wenig gefischt. Die Tibeter, soweit sie keine Berührung mit Chinesen und Hindus haben, essen keine Fische. Sie begründen dies mit der Behauptung, das Fleisch der Fische widerstehe ihnen, weil die Fische sich von den Leichen nährten, die sie in den Flüssen fänden. Für Sching-hai ist das kein stichhaltiger Grund, denn die dort wohnenden Hirten werfen ihre Toten nicht in die Flüsse, sondern setzen sie in den Bergen aus, wo die Geier sie fressen.

Reisende, die den erwähnten Widerwillen nicht teilen, erlegen die großen Fische in den seichten Gewässern mit Steinen. Während der Wanderungsperioden ziehen die Fische in so dichten Scharen dahin, daß sie leicht zu treffen sind.

Im Winter fischen die Chinesen im Kuku-nor in Eislöchern. Die sehr tiefe Temperatur gestattet einen weiten Transport der gefangenen Fische, die in gefrorenem Zustand hart wie Eisen sind. Sie bleiben so auch bis zum Frühling genießbar.

Der Name Sching-hai (»grünes Meer«), den die Provinz trägt, ist der chinesische Name des großen Blauen Sees. Das ganze Gebiet rings um ihn bis in sehr weite Entfernung ist nach ihm benannt, nämlich auf mongolisch Kuku-nor (»blauer See«) und auf tibetisch Tso nyionpo (umgekehrt: »See« und »blau«).

Ich behalte für den See durchgehend den Namen »Kuku-nor« bei, weil er auf den meisten Karten so benannt ist.

Obwohl Sching-hai genaugenommen nur das Gebiet des menschenleeren Hochlands ist, umfaßt die Provinz Sching-hai jedoch außerdem noch einen nicht sehr ausgedehnten, aber ziemlich bevölkerten Distrikt von Kan-su, der verwaltungsmäßig von dieser Provinz abgetrennt und dem benachbarten, dünn bevölkerten Gebiet angegliedert wurde.

Der Übergang von dem einen Teil der Provinz zu dem andern ist, sowohl was den landschaftlichen Charakter wie auch was die Bevölkerung betrifft, abrupt.

In dem einen Teil liegen außer der bedeutenden Stadt Si-ning, der Hauptstadt von Sching-hai, viele kleine Städte und Marktflecken. Unter einem richtigen zentralasiatischen Himmel von leuchtendem Blau heben sich ihre niedrigen Häuser aus gelblichem, an Ort und Stelle gepreßtem Lehm kaum von der gelben Erde des umliegenden Landes ab.

»Der Himmel ist blau; die Erde ist gelb« – so lehrten schon die alten Chinesen. In dieser Landschaft kündigt sich bereits die Nähe der Wüste Gobi an; der Eindruck, den man von ihr empfängt, ist völlig der gleiche. Die Monotonie der Landschaft kaum unterbrechend, gedeihen da und dort hohe, schlanke Pappeln um die Wohnstätten.

Es gibt wenig Wasser, hingegen Staub in Überfluß.

Den anderen Teil der Provinz Sching-hai bildet das »leere« grüne Land der Grasmatten und Seen.

In dem besiedelten Gebiet wohnen Chinesen – Bauern, Handwerker oder Kaufleute – und Mohammedaner von hohem Wuchs und ernster, würdiger Haltung. In dem Weideland liegen weit verstreut die Lagerplätze tibetischer oder mongolischer Hirten, die mitten unter ihren Herden leben.

Die Beziehungen zwischen den beiden Gebieten beschränken sich auf den Handel. Die in Häusern wohnenden Chinesen oder Mohammedaner verachten die »Barbaren«, die in Zelten leben, und diese wiederum verabscheuen die anderen.

Die meisten Seen von Sching-hai sind salzhaltig, aber ausgebeutet werden nur die ergiebigsten. Der bedeutendste in dieser Hinsicht ist der See Schakah südwestlich des Kuku-nor. Er hat einen Umfang von mehr als 100 Kilometern. Das aus ihm gewonnene Salz ist von grünlicher Farbe und wird sehr geschätzt. Salzgewinnung und Salzverkauf sind Monopole des chinesischen Staates.

Der Kuku-nor ist eine grandiose, auf einem Plateau von 3250 Meter Höhe gelegene, bläulich schimmernde Wasserfläche. Sein Umfang beträgt rund 2200 Kilometer. Sein Wasser hat einen verhältnismäßig geringen Salzgehalt; die Tiere trinken an bestimmten Stellen, wo es sich durch Zuflüsse mit Süßwasser mischt, und die Eingeborenen verwenden es ebendort zum Kochen. Auch ich selbst tat dies oft ohne nachteilige Wirkung.

Angeblich wird der Kuku-nor von 70 Wasserläufen gespeist. Ich persönlich habe nicht so viele gezählt, aber es sind zahlreiche kleine Rinnsale darunter, deren Bett außerhalb der Regenzeit austrocknet. Der Kuku-nor hat keinen Abfluß; trotzdem vergrößert er sich nicht; sein Wasserspiegel ist im Gegenteil im Laufe der Zeit bedeutend gefallen, wie die vorhandenen Spuren des allmählich zurückgewichenen Wassers an den Ufern zeigen. Dies läßt sich mit der Verdunstung und einer Verminderung der Zuflüsse erklären. Manche behaupten, der See habe einen unterirdischen Abfluß, doch diese Meinung dürfte sich nur auf irgendwelche Legenden stützen.

Fünf Inseln ragen aus diesem Binnenmeer. Die größte besteht aus einem spitzen Berg, den man bei klarem Wetter vom nächstliegenden Ufer auf eine Distanz von etwa 50 Kilometer sehen kann. Wegen ihrer Formation heißt die Insel der »Meerberg«.

Einige Einsiedler haben sich auf diesen pittoresken Berg zurückgezogen, um dort ihr Leben in Meditation zu verbringen. Im Winter fahren die Hirten der Gegend mit ihren Schlitten über den tief zugefrorenen See und bringen den Einsiedlern ihren Jahresproviant an Butter, Tee, geröstetem Gerstenmehl (Tsamba) und getrocknetem Fleisch sowie Kleidungsstücke aus grober Wollwebe oder Schaffell: weite Überröcke, die sie bei Tag anziehen und bei Nacht als Decke verwenden können.

Manche unter den Anachoreten sind jedoch strenge Vegetarier und tragen oder benützen auch keine Tierfelle.

Andere wieder halten sich kleine Ziegenherden. Sie trinken die Milch oder lassen sie vielmehr meist gerinnen und essen sie als Yoghurt. Die Tibeter nennen die geronnene Milch »Scho«; sie bildet zusammen mit Butter, Tsamba und Tee die Hauptnahrung der tibetischen Hirten.

Abgesehen von den Besuchen, die sie während des Winters erhalten, haben die Klausner vom »Meerberg« keinerlei Verbindung mit der Welt. Niemand landet mehr auf der Insel, sobald das Eis geschmolzen ist, denn das heilige Gewässer des Kuku-nor darf nicht mit Schiffen befahren werden. Die Eingeborenen sagen, es würde die Geister, die in goldenen und kristallenen Palästen auf dem Grunde des Sees leben, beleidigen, wenn die Schatten von Schiffen über ihre Wohnungen glitten.

Vor ungefähr zwanzig Jahren wollten die Teilnehmer einer

russischen wissenschaftlichen Expedition in einem Boot den »Meerberg« besuchen. Kurz nach ihrer Abfahrt erhob sich plötzlich ein Wind, und die Leute im Boot gerieten in einen jener heftigen Stürme, die mitunter über den See hinfegen und das Wasser zu gewaltigen Wellen aufpeitschen. Von den Sturmböen hin und her geworfen, waren sie stundenlang in Lebensgefahr und hatten die größte Mühe, wieder das Ufer zu erreichen – ohne den Fuß auf die Insel der heiligen Anachoreten gesetzt zu haben.

In der Erinnerung der Hirten ist dieses Abenteuer bis auf den heutigen Tag lebendig geblieben und hat im Laufe der Zeit noch viele Ausschmückungen erfahren, durch die es zu einer richtigen Legende wurde.

Pilger machen fromm ihre Wanderungen um den Kuku-nor, pflanzen an verschiedenen Uferplätzen Fahnen auf und zünden Weihrauch an. Sie werfen als Opfer auch kleine Türkise, Korallen oder Malachitstückchen, Geldmünzen und andere Kleinigkeiten in den See. An anderen Plätzen errichten sie künstliche Gebüsche aus abgeschnittenen Zweigen und hängen Flocken von Wolle daran: ein Brauch, der dem Zweck dient, das Wohlwollen der an den Plätzen heimischen Geister auf die Viehherden zu lenken und deren glückhafte Vermehrung zu beschwören.

Die kultische Verehrung, die der Kuku-nor genießt, beruht nicht allein auf dem Glauben, daß verschiedene Gottheiten seine Tiefe bewohnen. Auch der See selbst gilt als ein geheiligtes Wesen.

Dies ist eine für Europäer ungewöhnliche Vorstellung. Der Kuku-nor bietet mir daher eine willkommene Gelegenheit zu einer Abschweifung über die religiöse Verehrung einzelner Naturobjekte durch die Eingeborenen im äußersten Westen Chinas, in Tibet und anderen Gegenden Asiens.

In ältesten Zeiten war ein solcher Kult fast allgemein. Überall galten Bäume, Seen, Berge, Quellen, Felsen und so weiter an sich als heilig und verehrungswürdig. Entsprechende Gebräuche finden sich noch heute bei zahlreichen Eingeborenenstämmen Afrikas und Asiens. In einer Gegend, die ziemlich weitab liegt von der in diesem Buch geschilderten, nämlich bei den Stämmen an der Grenze von Assam – den »Wilden des Südens«, wie die Tibeter sagen –, spielen beseelte Felsen eine bedeutsame Rolle in den Legenden und Kulten. Dortige Sagen berichten von Kämpfen, die Felsen gegeneinander austrugen und in deren Verlauf die einen getötet, andere verwundet wurden.

Die Frage ist, was eigentlich jene Gläubigen verehren, deren Kult derartigen Naturobjekten gilt. Glauben sie, daß mehr oder weniger anthropomorphe »Gottheiten« diese Felsen, Bäume, Seen, Berge und so weiter *bewohnen* und gilt diese Verehrung diesen *Wesen*, etwa so, wie Leute aus dem Volk sich vor dem Tor verneigen, hinter dem ihr Herrscher, in seinem Palast eingeschlossen, unsichtbar bleibt?* Oder halten sie die Bäume, Felsen, Berge und so weiter *selbst* für beseelte Wesen? *Beide* Glaubensvarianten finden sich bei den Eingeborenen im äußersten Westen Chinas und in Tibet nebeneinander.

Die große Mehrheit der Chinesen, der Tibeter, der Lolo und der südwestlichen Urbevölkerung, der Lissu, Lutze und so weiter glaubt an die Existenz einer Menge verschiedener Wesen, Geister, Feen und Dämonen, die unsere Welt bewohnen.

In der Vorstellung der einfachen Leute haben diese Wesen menschliche oder tierische Gestalt und eine der ihren ähnliche Mentalität.

Überall und immer verfuhren die Menschen mit ihren Göttern auf solche Art, und wenn sie ihnen schon keine materielle Gestalt verliehen, statteten sie sie wenigstens mit ihren eigenen geistigen Eigenschaften und Leidenschaften aus.

Bei den Eingeborenen der unmittelbar an der Westgrenze Chinas liegenden Gebiete wie auch des eigentlichen Tibet ist der anthropomorphe oder tierische Charakter gewisser Götter oder Dämonen mehr oder weniger verwischt; anderwärts fehlt er wohl auch ganz. Auf diese Weise kommen dann phantastische Wesen zustande, die substanzlos und ohne bestimmte Umrisse etwa dem Dampf oder dem Nebel gleichen. Andere wieder sind umgekehrt höchst substantiell, so gerade die erwähnten Felsen, von denen Leute behaupten, sie hätten sie als wandelnde Ungeheuer in menschenleeren Gegenden angetroffen.

* Dies taten die Japaner in Tokio auf dem Platz vor dem kaiserlichen Palast.

Bauern und Hirten nehmen derartige Märchen in der Regel unwidersprochen hin. Geistig lebendigere, aber allerdings nicht weniger leichtgläubige Leute haben hingegen allerlei Erklärungen für die Natur dieser phantastischen Wesen bei der Hand.

Die Wolke oder der Fels, sagen sie, sei möglicherweise ein Trugbild, von einem guten oder bösen Geist erzeugt, der sich auf Magie verstehe und irgendeine beliebige Gestalt annehmen könne; oder vielleicht auch ein von einem Zauberer hervorgebrachtes Spukgeschöpf: ein »Tulpa«, das als ein Teil seines Schöpfers in dessen Gewalt bleibe, aber trotzdem auf bestimmte Art von ihm verschieden sei. Oder das seltsame Wesen existiere naturhaft als reale Person, und die Gestalt, in der es erscheine, sei seine wirkliche Körperlichkeit.

Mit den Gottheiten und Dämonen, die in Gestalt »lebloser« Dinge erscheinen, nähern wir uns bereits den Bäumen, Felsen, Seen und so weiter, die selbst Gottheiten sind. Ohne Zweifel sind manche solche Naturobjekte nicht deshalb Gegenstand der Verehrung, weil sie ein von ihnen zu unterscheidendes persönliches Wesen beherbergen, sondern weil sie selbst verehrungswürdige Wesen sind. Das ist auch beim Kuku-nor der Fall.

Die Natur dieser »See-Wesen«, »Fels-Wesen« und so weiter wird auf verschiedene Weise gedeutet. Vor allem als aus einem geistigen Substrat oder einer Seele und einem Körper zusammengesetzt. Das sichtbare, materielle Objekt ist der Körper, und dieser ist von einem unsichtbaren geistigen Prinzip belebt. Das bedeutet jedoch nicht, daß das materielle Objekt ein von ihm unterschiedenes Wesen »beherbergt«; das geistige Prinzip und das materielle Objekt sind zwei nicht wegzudenkende, untrennbare Bestandteile ein und desselben persönlichen Wesens. Ein solcher Dualismus wird anderen Naturobjekten nicht beigelegt. Diese sind Naturobjekte schlechthin, woraus aber nicht folgt, daß sie etwas unbelebt wären.

Jeder geringste Kieselstein hat ein ihm spezifisch eigenes Leben, sagen die tibetischen Einsiedler. Jedes Molekül (dulten) ist eine aus Atomen gebildete Welt (dulta rab tscha med*), und jedes

* In tibetischer Schreibweise: rdul phran und rdul phra rab chha med, was den Sanskritbegriffen anu und paramanu entspricht.

Atom ist der Empfindung fähig und hat ein ihm entsprechendes Bewußtsein.

Die Anhänger dieser Auffassung geben damit andererseits zu, daß die Fähigkeiten der Empfindung, des Gefühls und eines bestimmten Willens inhärente Eigenschaften jener Materie sind, aus der die Felsgottheiten, Seegottheiten und so weiter bestehen – besser gesagt: die Materie ist ebendiese Gottheit –, und sie halten es nicht für unbedingt notwendig, ihnen außerdem noch ein geistiges Prinzip oder eine Seele zuzuerkennen, die erst ihr lebendiges Wesen erklärte.

Die Forschungen auf diesem Gebiet sind schwierig. Wir finden in Zentralasien, westlich der chinesischen Grenze, mehrere Schichten des Brauchtums, des Aberglaubens und Glaubens, die größtenteils in einer primitiven Magie wurzeln. Doch ebenso wie der Geologe feststellen muß, daß physikalische Katastrophen die Ordnung in der Lagerung der verschiedenen Schichten der Erdrinde gestört haben, so hatten auch die Wanderungen der Stämme, ihre Beziehungen zu fremden Völkerschaften und sonstige Umstände eine Vermischung der Ideenwelten zur Folge, die eine genaue Klassifikation nach Alter und Herkunft unmöglich macht.

Nach den Auskünften, die wir von den Eingeborenen erhalten, scheint das, was ein Naturobjekt zu einer Handlung veranlaßt, immer eine Sinnesempfindung zu sein. So heißt es zum Beispiel von verschiedenen Bergen und Seen, sie könnten kein Geräusch vertragen. Manchen Bäumen oder Felsen sei es unleidlich, wenn man in ihrer Nähe pfeife, oder sie verabscheuten den Rauch.* Die unangenehme Empfindung errege dann, ganz wie es bei Menschen und Tieren der Fall ist, ihren Zorn, und der Gott oder Dämon – Fels, See oder Baum – räche sich an dem, der ihn beleidigt oder ihm Schmerz verursacht hat.

Ist er also wirklich einer bewußten Willensregung fähig? Die naiven Eingeborenen kommen im allgemeinen gar nicht auf den Gedanken, daran zu zweifeln, obwohl es da auch Ausnahmen gibt. »Weil die Leute *glauben*, daß ihr Tun den Fels- oder Seegott

* Einen Aberglauben ähnlicher Art stellte Doktor J.-H. Hutton bei den Naga fest, die das Gebiet zwischen Assam und dem südlichen Tibet bewohnen.

irgendwie berührt und dadurch bestimmte Rückwirkungen hervorruft, darum kommt es zu derartigen Rückwirkungen, oder sie bilden sich auch diese überhaupt nur ein«, erklärte mir ein Khampa. Dieser Freigeist war ein Köhler aus Nyarong.

Gewöhnlich reagiert der Fels-, See- oder Berggott auf die gleichen Reize immer gleich und ist nur für eine geringe Anzahl von Reizen, oft auch nur für eine einzige Art empfindlich. Am besten ließen sich seine Reaktionen vielleicht mit Reflexbewegungen vergleichen.

Ein Gebirgssee in Si-kang wird böse, wenn man in seiner Nähe Lärm macht. Seine Antwort ist dann immer ein starker Regen. Ein anderer See produziert einen Hagelschauer, wenn man Steine hineinwirft.

Manche Felsen und Berge verbreiten einen dichten Nebel um sich und hüllen diejenigen darin ein, die sie beleidigt oder ihnen nicht die gebührende Achtung erwiesen haben. Durch den Nebel geblendet, irren die Schuldigen dann verloren im Gebirge umher und stürzen manchmal in einen Abgrund.

Die Eingeborenen der Gebirgsgegenden glauben vielfach, besonders böse Menschen würden nach ihrem Tode unter Umständen in der Gestalt von Dorngesträuch wiedergeboren, das an den Wegen entlang von Abgründen wächst. Dieses beseelte Gesträuch schiebt seine Zweige plötzlich unter die Füße der Vorübergehenden, umschlingt sie und zerrt die Unglücklichen in die Tiefe.*

Bisweilen wird den Naturobjekten, die Gegenstand der verschiedenen Kulte sind, auch ein Geschlecht angedichtet. Manche gelten als männlich, andere als weiblich.

In einem Wäldchen an der Südwestgrenze Tibets sah ich ein-

* Es wäre mir interessant, zu wissen, wie Freud, Jung und andere Psychologen den folgenden Traum erklärt hätten, den ein europäisches Kind häufig träumte. Natürlich hatte der Knabe niemals derartige Geschichten von beseeltem bösen Gesträuch erzählen gehört. Im Schlaf träumte er jedoch, er gehe auf einem schmalen Steig einen Abgrund entlang. Vor ihm rankten sich gewundene Zweige oder Haken aus Eisendraht, die, aus sich selbst beweglich, danach trachteten, seine Knöchel zu umfassen und ihn in den Abgrund zu stürzen. Auch in wachem Zustand hatte er ähnliche Halluzinationen. Der Knabe war immerhin schon alt genug, um zu begreifen, daß diese Träume und Visionen nicht Wirklichkeit waren, und er begriff es auch vollkommen; trotzdem quälten sie ihn, und er konnte sich ihrer nicht erwehren. Es vergingen Jahre, bis er die Zwangsvorstellungen loswurde.

mal zwei Felsen, die die Eingeborenen den »Vater« und die »Mutter« oder auch den »Mann« und die »Frau« nannten. Unter Betonung verschiedener Einzelheiten ihrer naturgewachsenen Form hatte ein primitiver Bildhauer sie vor langer Zeit mit grotesken, riesigen Geschlechtsorganen versehen.

Bei der Bevölkerung herrschte der Glaube, die beiden Felsen unterhielten miteinander in besonderen Nächten Liebesbeziehungen.

Das Paar galt als übelwollend. Mitunter brachte man den beiden Opfer dar, oder ein Zauberer, der gern okkulte Kräfte besessen hätte, verbrachte ein paar Wochen zu ihren Füßen, vollzog geheimnisvolle Gebräuche und erhoffte sich eine »Einweihung«, doch zumeist blieb das dämonische Paar, »Vater« und »Mutter«, allein und lebte sein mysteriöses Leben in dem von Menschen gemiedenen Wald.

Diese lange Abschweifung, mit der wir uns vom Kuku-nor entfernt zu haben scheinen, führt uns jedoch wieder zu ihm zurück, denn, wie schon erwähnt, der Kuku-nor selbst ist eine Gottheit.

Wie seine Geschwister in der großen mythologischen Familie der Naturobjekte, die den Rang »persönlicher Wesen« haben, hat auch der große Blaue See seine Launen und Rachegelüste.

Die Hirten der Gegend erzählen, sein Unwille werde vor allem von Leuten erregt, die sich in einem Zustand geistiger oder körperlicher Unreinheit zu Fuß oder zu Pferd an seinen Ufern zeigen. Darunter sind Leute zu verstehen, die schlechte Gedanken hegen oder bestimmte Gebote der herrschenden Sitte oder der religiösen Bräuche verletzen.*

In solchen Fällen läßt der Kuku-nor dann mitunter seinem Zorn freien Lauf, indem er das Ufer plötzlich mit hohen Wellen überflutet und die Übeltäter in seine Tiefe zieht.

Mir ist aufgefallen, daß an manchen Stellen das Seeufer unter dem Wasserspiegel sehr steil und plötzlich abfällt. Wenn jemand, der kein guter Schwimmer ist, an einer solchen Stelle am Ufer ausgleitet und ins Wasser fällt, läuft er große Gefahr, zu ertrinken.

* Es gilt in jenen Gegenden beispielsweise als Beschmutzung, das Haus einer Frau zu betreten, die innerhalb der letzten drei Tage entbunden hat, oder innerhalb der Vetternschaft, auch entfernteren Grades, zu heiraten und so weiter.

Der Kuku-nor ist nicht der einzige See, von dem es heißt, er schlucke die vorüberziehenden Wanderer, an denen er etwas auszusetzen hat. Die gleichen Märchen sind von anderen Seen in verschiedenen Gegenden in Umlauf.

Eines Tages, als ich am Tangu-See entlangwanderte, riefen plötzlich die Träger, die mir folgten: »Der See verfolgt uns . . . er läuft . . . er will uns fassen!« Es entstand eine Panik. Als ich mich umsah, bemerkte ich nur, wie das Wasser unter einem Windstoß Wellen schlug. Leute allerdings, die an »laufende« Seen glauben, konnten den Eindruck gewinnen, die Wellen drängten in unsere Richtung und rollten sich im Zurückfluten ein.

»Wie eine Decke rollt sich die Welle, sobald sie einen Menschen ergriffen hat, um ihn und zieht ihn in ihren Falten auf den Grund des Sees.«

So künden es die Märchenerzähler ihren zitternden Zuhörern.

Viele Sagen spinnen sich um den Kuku-nor. In einer heißt es, heiliges Wasser sei durch einen unterirdischen Kanal von Lhasa gekommen und habe eine Mulde in dem Plateau, dort, wo heute der See ist, überflutet. Nach einer anderen Version habe sich das wundersame Wasser sichtbar, gleich einer Überschwemmung daherbewegt. Es drohte das ganze Plateau zu überfluten, bis schließlich ein Lama es zum Stillstand brachte und in den tiefgelegenen Teil des Geländes bannte. Wieder eine andere Variante berichtet, ein Reiter habe hinter sich ein lautes Geräusch vernommen und als er sich umwandte, eine riesige Wassermenge auf sich zustürzen sehen; daß er aber die Flut angeblickt hatte, brachte sie zum Stillstand.

Ich hörte auch erzählen, das Wasser des Kuku-nor sei ursprünglich vom Manasarowar-See am Fuße des Kailas gekommen.

Eine noch interessantere Überlieferung spricht von einem ehemaligen Tal in dem Raum, den heute der See einnimmt. Aus dem Tal erhoben sich einige Höhenzüge; sie wurden zu den Inseln, die heute aus dem See ragen. Die heutigen Ufer des Kukunor waren die Bergketten, die das Tal umgaben.

Das unter den Fluten begrabene Tal liefert selbstverständlich

Stoff für eine Reihe von Sagen. Nach einer von ihnen befand sich dort eine Quelle. Wenn die Hirten aus der Umgebung aus ihr das Wasser geschöpft hatten, das sie brauchten, wälzten sie immer einen Stein auf die Öffnung, aus der die Quelle hervorsprudelte, und dämmten den Strahl damit ab. Nun begab es sich eines Tages, daß ein junges Mädchen aus Nachlässigkeit oder Bosheit die Quelle nicht wieder zudeckte, nachdem es seinen Eimer gefüllt hatte, und das Wasser sprudelte weiter, stieg, floß über. Mit unheimlicher Schnelligkeit überschwemmte es bald das ganze Tal. Dreitausend Menschen und viele Stück Vieh ertranken.

Zu jener Zeit wohnte Padmasambhava, der große Magier, auf dem Gipfel des heiligen Berges, des Kang Tise (Kailas) im Südwesten Tibets. Von dort aus sah er, was vorging, und um ein noch größeres Unglück zu verhindern, brach er einen Erdklumpen vom Gipfel des Kang Tise und warf ihn in die Richtung der Quelle, die noch immer floß, am anderen Ende Tibets. Der Erdklumpen fiel auf die Quellöffnung und verschloß sie, und die Flut kam sofort zum Stillstand.

Doch wir müssen uns darüber klar sein, daß an den Werken eines Padmasambhava nichts von gewöhnlichem Maße ist. Der Erdklumpen war riesengroß – es ist der »Meerberg« inmitten des Kuku-nor.

Ferner wird berichtet, die Bewohner des überfluteten Tales seien bösartige Geschöpfe gewesen, Dämonen ähnlicher als Menschen. Und um das Land von ihrem schädlichen Tun und Treiben zu befreien, hätten die Götter sie ausgetilgt.

Kamen sie alle um? . . . Das ist nicht so gewiß, sagen die Hirten. Einige dieser Scheusale entrannen dem Strafgericht. Nach ihrem Tode wurden sie wiedergeboren, und zwar wieder in der Gegend des Sees, und ihre dämonische Nachkommenschaft macht dessen Ufer unsicher.

In dem ersten Kapitel, »Aus Geschichte und Sage«, erwähnte ich, daß Sching-hai, wenn man den chinesischen Chronisten glauben darf, einst stärker bevölkert war als heute und daß seine Bewohner möglicherweise nicht alle in Zelten lebten, wie das in unseren Tagen der Fall ist.

Die Eingeborenen zeigen einem da und dort kleine Erderhebungen, von denen sie behaupten, es seien Reste von Mauern. Sie sprechen auch von einer Art Ringmauer, die angeblich in der Gegend von Tschang Nagtschuka existiert. Dies soll die Mauer gewesen sein, die den Palast Kurkars umgab, jenes Fürsten von Hor*, den Gesar bekämpfte und besiegte.

Der Sage nach wollte der ehrgeizige Kurkar sich einen unzerstörbaren Palast bauen. Den Ratschlägen eines Magiers folgend, ließ er das Material, das zum Bau verwendet wurde, in einer Mischung von Menschenblut und dem Blut verschiedener Tiere tränken. Der Zauber war jedoch unwirksam. Gesar zerstörte das Dach des Palastes, nachdem er Kurkar getötet hatte, ließ aber die Mauern stehen, damit sie, wenn dereinst die Geschichte seiner Heldentaten geschrieben würde, von seinem Sieg Zeugnis ablegten.

Kurkar hatte, so heißt es in der Sage weiter, so viele Untertanen, daß es Gesar unmöglich war, alle zu töten. Mit Hilfe seiner magischen Kräfte verwandelte er eine Anzahl von ihnen in Insekten und andere in Pflanzen. In diesen Gestalten lebten sie weiter und vermehrten sich.

Wenn die Nachkommen jener ehemaligen Menschen – die Insekten oder Pflanzen – die Reisenden stechen oder ihre Haut berühren, verursachen sie Wunden oder schmerzhaftes Jucken.

Der phantastische Palast ist seit langem verfallen; alles, was angeblich von ihm übrig ist, sind einige Mauerreste, die einen umfriedeten Platz bilden.

Die Hirten erzählen, in der Mauer sei ein Tor. Im Herbst werde es vom Winde geöffnet. Dann sammelten sich die Tiere der Wildnis, Kyangs, Antilopen und andere, innerhalb der Umfriedung und seien dort den Winter über geschützt. Wenn der Frühling kommt, öffne der Wind wieder das Tor, und die Tiere kehrten auf ihre Weideplätze zurück.

Kaufleute und Pilger halten an dem Ort Rast, und sie könnten eine Art Tor – falls wirklich eines existiert – an den alten Ruinen

* Dieser Fürst, dessen wirkliche Lebensgeschichte von den verschiedenen Sagen völlig verdunkelt ist, lebte möglicherweise im 7. oder 8. Jahrhundert im Gebiet von Hor Kan-tse, dem modernen Si-kang.

als Unterschlupf errichtet haben. Die Beschreibung, die die Eingeborenen von den Mauern geben, erweckt die Vorstellung einer sehr ausgedehnten Einfriedung: Vielleicht bildete sie tatsächlich einst die Außenmauer einer Siedlung, die ein großer Herr, von seinen Vasallen umgeben, bewohnte.

Gurong Tsang, ein reicher Lama aus der Umgebung von Kwei-te am Südufer des Gelben Flusses, erzählte mir von anderen Ruinen, die er in Sching-hai gesehen habe. Seiner Meinung nach handelte es sich um einen Komplex halb verschütteter ehemaliger Häuser.

Im Sommer, wenn das Gras hoch steht und die Tiere unterwegs genug Nahrung finden, ziehen die Tibeter durch Sching-hai und bringen Pferde und Maulesel in Herden zu mehreren hundert nach Lhasa. Die Maulesel von Kan-su, die groß und oft sehr schön sind, sind in Tibet sehr begehrt und werden dort teuer bezahlt.

Die Tibeter behaupten, in ihrem Lande sei die richtige Kreuzung, der diese Maulesel entstammen, nicht möglich. Die Esel seien selten und sehr klein, die großen Esel von Kan-su jedoch ließen sich in Tibet nicht akklimatisieren – so heißt es wenigstens.

Bis in die jüngste Zeit mußte ein Gestütsbeamter die nach Lhasa gebrachten Pferde und Maulesel inspizieren, ehe sie zum Kauf angeboten werden durften. Der Beamte hatte das Recht, für die Ställe des Dalai-Lama oder der Regierung irgendein Tier auszuwählen, das ihm gut schien. Er fragte den Eigentümer nach dem Preis und handelte mit ihm, doch wenn dieser sich auf den Preis versteifte, den er gleich anfangs genannt hatte, durfte er das Tier später nicht mehr zu einem niedrigeren Preis verkaufen.

In diesem Zusammenhang erzählte man, der Dalai-Lama habe zufällig einmal eine besonders schöne Mauleselin gesehen, die ein Mann aus China dorthin gebracht hatte, und den Wunsch gehabt, sie zu kaufen. Er beauftragte seinen Oberstallmeister, mit dem Besitzer zu verhandeln. Der baute darauf, daß der Dalai-Lama seine Laune um jeden Preis würde befriedigt sehen wollen, und nannte einen unverhältnismäßig hohen Betrag. Der Oberstallmeister machte ihm vergebens Vorhaltungen, daß noch niemals eine Mauleselin so teuer bezahlt worden sei, doch der Verkäufer blieb unnachgiebig. Als man die Sache dem Dalai-Lama meldete, verzichtete er auf den Kauf. Jetzt durfte der Besitzer seine Mauleselin nicht mehr anders verkaufen als zu dem exorbitanten Preis, den er verlangt hatte. Das konnte er natürlich nicht und mußte sie nach China zurückführen.

Über diese vielleicht mehrere hundert Jahre alte Geschichte lachen die Tibeter immer noch. Sie brauchen nicht viel, um sich zu unterhalten, aber man würde sich täuschen, wenn man glaubte, den Quell ihrer Heiterkeit bildeten ausschließlich unschuldige, kindliche Geschichten. Sie haben auch recht beißende und recht schlüpfrige.

Abgesehen von der sehr kurzen Zeit, während der die am Kuku-nor vorbeiführenden Wege durch Karawanen belebt sind, ist die Umgebung des Sees den ganzen Sommer hindurch menschenleer, denn die sonst dort kampierenden Hirten ziehen mit ihren Herden nach den höher gelegenen Weideplätzen. Ihr Auszug ist dadurch begründet, daß sie die Tiere an Orte führen müssen, an denen das Gras zu dieser Jahreszeit noch nicht abgeweidet ist, und daß es in der näher am See gelegenen Gegend, wo die Weideplätze für den Winter liegen, wieder nachwachsen muß. Aber Menschen und Tiere fliehen auch vor den Schwärmen von Mücken, von denen die Ufer des Kuku-nor heimgesucht werden. Es sind kleine Mücken; ich glaube nicht, daß sie Malariaträger sind – ohne mich aber ausdrücklich dafür verbürgen zu können –, doch ihr Stich verursacht eine äußerst unangenehme Irritation.

In Tsaidam (den »sumpfigen Wiesen«), westlich des Kukunor, sind die Mücken noch viel böser; trotzdem bleiben die mongolischen Hirten der dortigen Lagerplätze samt ihrem Vieh das ganze Jahr in der insektenreichen Zone.

Eine Eigentümlichkeit von Sching-hai ist, daß Täler und Plateaus häufig ganz trockenen Boden aufweisen, indes selbst manche niedriger gelegenen Moore, die sich über weite Gebiete erstrecken, immer noch höher liegen als jene. Die Moore bestehen aus einer Menge kleiner, sumpfiger Becken, die voneinander durch schmale Grasbänder getrennt sind. In den Sumpflachen gedeihen die verschiedensten Pflanzen, darunter auch eine genießbare Algenart, die, in Butter ausgebacken und mit Reis gegessen, ein richtiger Leckerbissen ist; ich aß sie während meines Aufenthaltes in der Gegend des Kuku-nor sehr gern.

Weniger angenehm fand ich es, durch die Moore zu wandern und dabei kilometerweit immerfort von dem festen Rand eines Sumpflochs zum nächsten springen zu müssen. Reiten war in diesem Gelände nicht weniger anstrengend, obwohl die Eingeborenen das nicht zu empfinden scheinen. Wenn ihr Pferd stolpert und sie von oben bis unten mit Schlamm bespritzt, läßt sie das vollständig unberührt. Die halbwilden und übrigens nie beschlagenen Pferde des Kuku-nor sind jedoch sehr trittsicher, gleiten auf den schmalen Rasenbändern nur selten aus und traben zwischen den Sumpflöchern mit katzenhafter Behendigkeit dahin.

Von einem richtigen Sommer kann man im Hochland von Sching-hai, zwischen 3000 und 4500 Meter Höhe, kaum sprechen. Auf sonnige Tage folgen manchmal plötzlich Stürme, die das Land unter einer dicken Schneedecke begraben.

Eines Nachts, im Juli, als ich irgendwo im Hochland kampierte, erwachte ich unter meinem Zelt, mit dem Gesicht zur Erde liegend, aus einer Ohnmacht. Eine schwere Last auf meinem Rücken hinderte mich aufzustehen. Das Zelt war über mir zusammengestürzt. Nur mit Mühe gelang es mir, unter der Zeltbahn hervorzukriechen und den Kopf hinauszustecken. Hier stieß ich an eine Schneewand, die gut und gern sechzig Zentimeter hoch war.

Yongden* schlief in seinem Zelt, das dem Gewicht des Schnees widerstanden hatte. Von meinen Rufen geweckt, kam er und befreite mich aus dem Tohuwabohu von Gepäck und zerbrochenen Stangen.

Er sagte mir später, er habe im ersten Augenblick, als er hinaussah, zu träumen geglaubt. Die Landschaft, die am Abend vorher noch sommerlich grün gewesen, war eine Schneewüste gewor-

* Siehe Kapitel III.

den, und mein Kopf, der gerade nur bis zum Hals aus einem Schneehaufen – meinem eingedrückten Zelt – herausguckte, habe wie ein phantastischer Spuk ausgesehen.

Die Mehrzahl der Eingeborenen von Sching-hai lebt in Zelten, während manche das Leben teils von Hirten, teils von Dorfbewohnern führen. Die letzteren sind die »Rongdok«, auch »Dokyül« genannt.

Diese Bezeichnung geht auf zwei tibetische Worte zurück: auf rong, das ist »Tal«, und dok (tibetische Schreibweise: hbrog), das ist »Einsamkeit«, yül heißt soviel wie »Land«. Die Rongpa sind die seßhafte bäuerliche Bevölkerung, die in den Tälern wohnt und Ackerbau treibt, die Dokpa hingegen Hirten, die in Zelten mitten unter ihren Herden im einsamen Weideland leben.

Die Rongdok haben in den weniger hoch gelegenen Tälern des Landes ihre kleinen Weiler, in denen sie überwintern. Sie bestellen ihre Felder, halten aber auch Vieh, und einige von ihnen kampieren zu jeder Jahreszeit auf den Weiden bei den Herden.

Im Frühling, sobald die Zeit der Saat vorüber ist, ziehen sämtliche Leute aus dem Weiler fort und führen nun im Hochland das Leben der Dokpa.

Mitunter bleiben einige alte Leute und Kinder in den kleinen Dorfsiedlungen zurück, um die Felder zu betreuen, doch häufig sind die Siedlungen ganz verlassen.

Zur Erntezeit kommen einige Rongdok, mähen die Gerste, bringen sie unter Dach und gehen dann bis zum Einbruch des Winters wieder zu ihren Zelten.

Was die eigentlichen Dokpa betrifft, so scheinen sich diese seit den Tagen der Is*, seit rund vierzig Jahrhunderten, nur wenig entwickelt zu haben. Nach den Berichten der chinesischen Chroniken zu urteilen, hatten die einstigen Bewohner des Gebietes um den Kuku-nor anscheinend sogar eine höhere Kulturstufe erreicht als die, auf der wir sie heute antreffen. Ob sie sich nun rückläufig entwickelten oder ob die kultivierten Stämme seither die Gegend verließen oder in den Kriegen ausgerottet

* Über die Is siehe die Ausführungen im ersten Kapitel, »Aus Geschichte und Sage«.

wurden, ist eine Frage, die die Historiker und die Ethnographen untersuchen mögen.

Unter den Dokpa gibt es eine geringe Anzahl Mongolen. Außer den schon erwähnten, die in Tsaidam leben, kampieren etliche auch im Norden von Sching-hai. Ihre Lager sehen ganz anders aus als die der Tibeter.

Ihre Zelte ähneln mehr einem »Haus«, während die der tibetischen Dokpa bestenfalls nur ein primitiver Unterschlupf sind.

Das mongolische Zelt besteht aus einem Gerüst zerlegbarer Rahmen aus verhältnismäßig dünnem Holz; es ist ein Rundbau, klein, wenn er gewöhnlichen Leuten als Behausung dient, doch sehr ansehnlich als Wohnung geistlicher oder weltlicher Würdenträger und reicher Kaufleute. Das durchbrochene Gerüst wird über und über mit einem Filzbehang verkleidet. Auch hier wieder hängt die Zahl der übereinanderliegenden Filzbahnen, ihre Dicke und die Qualität des Filzes vom Reichtum des Eigentümers ab. Im allgemeinen ist der Filz nicht gefärbt, doch dunkelt das natürliche Weiß-Grau – zumal unter der Einwirkung von Fett und Rauch – mit der Zeit nach. Das Zelt hat oben eine Öffnung, durch die der Rauch der Feuerstelle abziehen kann. Mit einem am Rande der Öffnung angebrachten Stück Filz läßt sich diese beliebig schließen. Der Eingang des Zeltes – jedes Zelt hat immer nur einen einzigen – ist mit einer dicken Filzportiere verhängt.

In der Mongolei sind die Zelte der Stammeshäuptlinge und der reichen Mongolen innen mit gestickten Seidenstoffen tapeziert; auf Seide oder Papier gemalte Bilder*, ähnlich den chinesischen und japanischen, hängen an den Wänden, und das Zelt ist mit schönen Teppichen, zahlreichen Kissen, Truhen und niedrigen Tischen ausgestattet. Die Dienstleute wohnen in einem gesonderten Zelt, das zugleich als Küche dient. Es kommt auch vor, daß mehrere Zelte rings um das Zelt des Herrn stehen, wenn er eine große Familie oder zahlreiche Dienerschaft hat.

Die mongolischen Dokpa von Sching-hai leben nicht auf so großem Fuß, aber ihre gut abgedichteten, filzbehangenen Zelte

* Die Fremden verwenden im allgemeinen die japanische Bezeichnung »Kakemono«; die Tibeter nennen sie »Thangka«. Die Bilder können auf einen Stab aufgerollt werden.

sind trotzdem viel wohnlicher als die der tibetischen Hirten, deren ganz primitive Zelte ein wenig jenen der arabischen Nomaden in der Sahara ähneln. Sie sind aus einem sehr groben, aus der Jakwolle gewebten Stoff, und da die Mehrzahl der Jaks schwarz ist, sind auch die Zelte schwarz. Der Stoff ist so locker gewebt, daß man durchsieht, er schützt aber trotzdem gegen Regen. Stangen in verschiedener Zahl tragen das in der Regel schlecht gespannte Zelt; der sehr große Zelteingang wird nur selten verhängt und ist auch nur sehr unvollkommen zu verhängen.

Die Zelte sind im allgemeinen sehr geräumig, jedes beherbergt eine ganze Familie und deren Freunde, die sie gelegentlich besuchen.

Das »Mobiliar« ist gewöhnlich folgendermaßen angeordnet:

In der Mitte des Zeltes ist ein länglicher Ofen, eine Art Herd, aus Lehm errichtet. In offene Löcher, die oben im Lehm ausgespart sind, werden die wenigen Kasserollen oder Kochtöpfe, in jedem Haushalt nur zwei oder drei, und der Teekessel eingesetzt. Der Brennstoff ist Kuhmist, der in der Sonne getrocknet wird; einen anderen gibt es im Weideland von Sching-hai nicht. In Kan-su sind Kohlengruben; vielleicht fände man Kohle auch in Sching-hai, wenn man ernstlich suchte.

Ganz Tibet mit Ausnahme der Waldgebiete Tsawa Rong, Poyül, Kongbü und so weiter ist bezüglich des Heizmaterials auf den Mist der Herden angewiesen.

Zu beiden Seiten des Ofens an den Wänden des Zeltes stehen Holztruhen, naturbelassen oder in grober Nachahmung des chinesischen Stils in lebhaften Farben bemalt. Die Truhen sowie außerdem noch mehrere Ledersäcke enthalten die Habe der Familie, Handelsartikel und Vorräte wie Wolle, Butter, Käse, Häute, Tsamba, Tee und so weiter. Haufen von Wolle oder von Häuten liegen auch unverwahrt herum.

Inmitten dieser Anhäufung von Hausrat, in dem geringen Raum, der noch frei bleibt, breiten die Eigentümer des Zeltes, ihre Dienstleute und ihre Gäste für die Nacht Schaffelle aus, auf denen sie sich zum Schlafen hinlegen; andere Schaffelle dienen ihnen als Decken, doch meistens decken sie sich mit ihrem Pelzüberrock zu.

Reichere Leute haben richtige Decken aus grober Wolle, in der Regel von brauner oder schwarzer Farbe und manchmal durch hellrote, blaue oder hellgrüne Streifen verschönert. Solche wohlhabende Bourgeois unter den Herdenbesitzern haben auch Polster anstelle von Matratzen; diese sind fest mit Wolle gestopft, damit sie recht hart sind, und mit einem starken Linnen überdeckt, das auf schwarzem, dunkelblauem, rotem oder weißem Grund irgendwelche gedruckten Muster oder ein Emblem trägt, häufig ein Kreuz. Ein solches Webstück heißt »Tingma«. Tingmas von besserer Qualität sind aus mehr oder weniger feinem Tuch.

Erwähnenswert ist, daß bei den Tibetern das Lager der gewöhnlichen Leute, ob es nun aus Polstern, Decken, Fellen oder Lumpen besteht, die sie auf der nackten Erde oder auf einem Bretterboden ausbreiten, immer kurz ist und dem Schläfer nicht erlaubt, sich ganz auszustrecken. In ganzer Länge ausgestreckt zu liegen, ist das Vorrecht der Leute, die den höheren sozialen Klassen angehören; die anderen müssen wie die Jagdhunde schlafen, die Knie an die Brust angezogen; eine andere Lage gilt als tadelnswerte Anmaßung.

Im Hintergrund des Zeltes ist ein Altar. Statuen verschiedener symbolischer Buddhas oder des historischen Buddha, von heiligen Lamas oder Gottheiten sowie ein paar religiöse Bücher haben dort ihren Platz. Thangkas mit religiösen Motiven hängen allenfalls hinter dem Altar oder ihm zur Seite.

Bei Einbruch der Nacht werden buttergespeiste Lampen auf dem Altar angezündet; ihre Zahl und Größe hängt von der Frömmigkeit und von der Wohlhabenheit des Zelteigentümers ab. Neben den Lampen stehen in Schalen verschiedene Opfergaben: reines Wasser, Getreidekörner, Früchte, letztere bei den Städtern, selten bei den Dokpa, außer (dies aber nur sehr selten) ein paar von weither importierte steinharte Datteln oder Rosinen. Die Lampen und die Schalen sind meistens aus Kupfer, doch sieht man gelegentlich auch silberne. In den Klöstern, bei den Lamas und bei sehr reichen Laien sind oft sämtliche Altargeräte aus Silber und manche sogar aus Gold; die Dopka treiben jedoch keinen derartigen Luxus.

Nur wenige Bücher liegen bei den Dopka auf dem Altar; die tibetischen Bücher bestehen bekanntlich aus einzelnen Blättern, die manchmal sehr groß sind. Um sie zusammenzuhalten, werden sie zunächst in ein Stück Stoff eingeschlagen, in gewöhnlichen Kattun, in Seide oder in sehr schönen Brokat; dieses »Paket« wird dann zwischen zwei Brettchen gelegt und mit Hilfe eines Lederriemens oder eines starken Bandes zusammengepreßt. Die Brettchen sind entweder glatt und schmucklos oder geschnitzt, mitunter auch bemalt und vergoldet.

Bei den ungebildeten Tibetern, ob arm, ob reich, und natürlich auch bei den Hirten sind die religiösen Bücher vor allem Gegenstände der Verehrung. Nur selten kann ein Hirte lesen, und wenn er es könnte, würde es ihm trotzdem schwerfallen, in den Texten der heiligen Schriften irgendeinen Sinn zu entdecken.

Die religiöse Literatur der Tibeter umfaßt philosophische Traktate, Reden, die dem Buddha oder verschiedenen Buddhisten zugeschrieben werden, historische Berichte, Vorschriftensammlungen sowie Werke, die die magischen Riten und Methoden der Meditation, das Leben der Heiligen, der Wundermänner und aller möglichen mystischen Gottheiten betreffen. Das alles ist in einer Sprache abgefaßt, die sich von der Umgangssprache und vor allem von der Sprache der Ungebildeten ziemlich stark unterscheidet.

Jeder Eigentümer eines Zeltes ruft von Zeit zu Zeit einen Mönch des niederen Klerus (einen »Trapa«), der eines der von dem Hirten auf dem Familienaltar aufbewahrten Bücher »lesen« muß, oder auch ein anderes Werk, das ein Lama allenfalls zur Lesung empfohlen hat und das der Trapa sich beschafft.

Der Vorleser wird für einen oder für mehrere Tage bestellt, je nach der Länge des zu lesenden Textes.

Das »Lesen« besteht in einem Psalmodieren, das der Mönch mit den Klängen eines Glöckchens und einer kleinen Handtrommel begleitet. Er sitzt dabei im Zelt oder vor dem Zelt im Freien. Seine Mahlzeiten bekommt er von den zu ihm gewünschten Stunden, die übrige Zeit ist er sich selbst überlassen, kein Mensch beachtet ihn oder kümmert sich im geringsten um das, was er vor sich hinsingt.

Dem Hirten ist gar nicht darum zu tun, zu wissen, was in dem Buch steht, das neben einer Schale Tee auf dem niedrigen Tisch vor dem Lesenden liegt. Er weiß oft nicht einmal, daß das, was auf den einzelnen Blättern geschrieben ist, auch einen Sinn hat, den man verstehen könnte. Für ihn ist es nur eine Aufeinanderfolge tönender Silben, ein Singsang zu dem Zweck, bestimmte Wirkungen hervorzurufen, die im Grunde gar nichts Religiöses an sich haben. Er glaubt lediglich, daß das laute Hersagen bestimmter Bücher Kranke heilt, das Hersagen anderer die weiblichen Tiere der Herde fruchtbar macht oder den vorteilhaften Verkauf der Wolle fördert und dergleichen mehr.

Für gewöhnlich ist der lesende Trapa kaum gelehrter als die Leute, die ihn anstellen. In Tibet heißt lesen können nicht zugleich auch die Worte verstehen, die man liest, sondern einfach die Buchstaben kennen und die Kunst beherrschen, wie man sie zu Silben zusammenfaßt.

Die Hirten von Sching-hai und von ganz Tibet sind mit einem weiten Überrock aus Schaffell bekleidet, dessen Pelz sie nach innen tragen. Unter diesem Kleidungsstück sind die Männer mit einer langen Hose bekleidet, gleichfalls aus Schafspelz oder aus einem groben, ungefärbten Wollstoff. Manche legen die Hose jedoch im Sommer ab. Ein mehrmals um den Leib geschlungener Gürtel hält das Überkleid zusammen, das seiner ganzen Länge nach offen, aber weit übereinander geschlagen ist, wobei der linke Teil über dem rechten zu liegen kommt. Bei der Arbeit oder wenn es wärmer wird, zieht der Mann den Arm aus dem rechten Ärmel des Gewandes, das weiterhin vom Gürtel gehalten wird, aber nun die Hälfte des Rückens und den größten Teil der Brust nackt läßt.

Die Frauen der Hirten tragen ein ebensolches Kleidungsstück aus Schaffell. Es ist weniger weit als das der Männer, aber viel länger, es reicht bis zu den Füßen. Wie die Männer haben auch die Frauen unter dem Pelzrock keine Wäsche an, jedoch auch keine Hose. Das ist in Anbetracht der Länge, Dicke und Schwere des Gewandes, wie es die Hirtenfrauen tragen, nicht nachteilig für die Gesundheit.

Für meine Leserinnen wird es sicher amüsant sein, zu hören, daß den Frauen in Tibet das Tragen einer Hose unter dem Kleid verboten ist. Es ist noch gar nicht lange her, daß diejenigen, die beim Tragen eines solchen Kleidungsstückes getroffen wurden, von Gesetzes wegen eine Prügelstrafe erhielten. Vielleicht wird ihnen jetzt nur eine Geldstrafe auferlegt. In den von den Chinesen verwalteten Gebieten Tibets, in Sching-hai und Si-kang, darf jedermann – auch die Frau – sich nach Belieben kleiden, und viele Tibeterinnen in den Städten und Dörfern kleiden sich nach chinesischer Mode, tragen also auch Hosen, aber solche, die nicht unter das Knie reichen und das Bein in der Öffnung des Kleides sehen lassen, das nach der gegenwärtigen Mode sehr hoch geschlitzt ist. Hübsche Strümpfe sind daher ein Gegenstand der Koketterie.

Im eigentlichen Tibet tragen die Damen der guten Gesellschaft unter dem Kleid einen »Meyog«, das heißt einen weiten Unterrock, der in der Mitte zusammengenäht ist und so eine Art Hosenrock bildet.

Die Frauen der Dokpa ziehen ebenso wie die Männer den rechten Arm aus dem Ärmel ihres pelzgefütterten Überkleides, wenn es sie bei der Arbeit behindert oder wenn ihnen zu warm wird. Die Hirten – Männer und Frauen – haben sehr schnell das Gefühl, es sei ihnen »zu warm«; man sieht sie auch bei Temperaturen unter Null mit entblößter Brust herumgehen.

Das Verbot, Hosen zu tragen, gilt auch für die gesamte Priesterschaft im Habit, aber natürlich nicht, wenn ein Mönch im Laiengewand eine Reise unternimmt. Ebenso wie das Tragen einer Hose sind auch Ärmel verboten, die Arme müssen unter der Toga bis zu den Schultern nackt sein. Übertreter dieser Regel setzen sich der Prügelstrafe aus.

Obwohl es in Sching-hai eine Menge Wasserläufe und Seen gibt, baden die dortigen Dokpa niemals; nicht etwa, weil sie die Kälte des Wassers scheuen, sondern weil man es für gefährlich und gesundheitsschädlich hält, sich zu waschen. Mehr noch: der Badende läuft angeblich Gefahr, mit dem Schmutz, den er von der Haut wäscht, unter Umständen auch sein »Glück« wegzuwaschen. Bei den Leuten herrscht die Vorstellung, das Glück sei etwas Halb-Materielles, das dem Menschen äußerlich anhaftet und das man sich hüten muß abzustreifen. Auch verarmen kann man, wenn man sich wäscht. Außerdem ist es unmännlich, sich zu waschen, und für den Mann eine Schande. Sich anläßlich eines Festtages mit einem nassen Linnen das Gesicht abzuwischen, ist nur den Frauen erlaubt, doch gelten diejenigen, die es tun, als kokett.

Abgesehen von den Dokpa, sind die Tibeter der westlichen Provinzen, was die Säuberung betrifft, weniger zurückhaltend. Sie sind darin zwar nicht gerade übereifrig, aber immerhin waschen die Städter sich täglich Gesicht und Hände, manchmal auch, nach dem Beispiel der Chinesen, die Füße, und sie besuchen gern die Badehäuser, wenn ihre Mittel ihnen diese Ausgabe gestatten.

In Sching-hai gibt es warme Quellen und in Si-kang sogar deren viele. Die Tibeter besuchen sie häufig und fürchten dabei anscheinend nicht, ihr »Glück« abzuwaschen.

Die Herden Sching-hais können zahlenmäßig etwa mit denen Amerikas sicher nicht konkurrieren. Immerhin besitzen aber reiche Hirten mehrere tausend Schafe und Jaks, und ihre Pferde zählen nach Hunderten.

Auch verschiedene Tibeter, Kaufleute, höhere Beamte, Adelige oder Kleriker, sind Eigentümer größerer Herden. Sie überlassen ihr Vieh der Obsorge von Hirten, deren Stellung ungefähr der der Leibeigenen in der Zeit des Feudalismus gleichkommt.

Die Tiere leben das ganze Jahr im Freien. Wenn der Winter kommt, treibt man sie an sonnige Plätze in windgeschützten Tälern, und die Hirten, entweder die Eigentümer selbst oder die Leute, die mit der Wartung des Viehs betraut sind, schlagen ihre Zelte in deren Nähe auf.

Ausländische Autoren bezeichnen die Dokpa gewöhnlich als Nomaden. Diese Bezeichnung trifft jedoch nicht genau zu. In Wirklichkeit wandert jeder Stamm nur innerhalb eines streng abgegrenzten Gebietes, das ihm gehört, und wechselt lediglich je nach der Jahreszeit den Platz. Bei diesen Wanderungen schlägt jede Familie ihr Zelt fast immer wieder an derselben Stelle auf, an der sie schon anläßlich früherer Aufenthalte kampierte, und findet dort die von ihr angelegten Pferche für die Milchkühe oder den seinerzeit errichteten Windschutz für die Zelte vor. Wehe den Dokpa, die sich einfallen ließen, ihre Herden in dem Gebiet eines anderen Stammes weiden zu lassen – sie hätten wilde Kämpfe zu bestehen!

Die hohe Lage des größeren Teiles von Sching-hai ist offensichtlich dem Ackerbau nicht günstig, aber auch keine geeignete Voraussetzung für die Haltung zahlreichen Viehs, weil dies ausgedehnte Weideplätze erfordert. Trotzdem ging, wie schon erwähnt, das anläßlich einer militärischen Expedition in Sching-hai ausgesäte Getreide auf, und die Dokpa könnten sich, ohne das Areal ihrer Weiden fühlbar zu vermindern, durch die Bewirtschaftung einiger Felder in ihrem Bedarf an Gerste von den chinesischen Händlern teilweise unabhängig machen. Außerdem wäre es nicht unmöglich, verschiedene weniger heikle Gemüse anzubauen.

In Ta-tsien-lu (in 2600 Meter Höhe) reiften an sonnigen Plätzen sogar Tomaten, und der Großteil unserer wie auch der chinesischen Gemüse gedeiht dort in Hülle und Fülle.

Gemüse wären wahrscheinlich eine angenehme und gesunde Abwechslung in der einförmigen Kost der Hirten; diese besteht aus geronnener Milch, mit Butter vermengtem Tee, geröstetem Gerstenmehl (Tsamba) und Fleisch, letzteres allerdings sehr selten – nur an Feiertagen.

Wollte man den Dokpa jedoch zumuten, Gemüse zu essen, so würden sie das als Beleidigung empfinden: »Gras ist Nahrung für das Vieh«, würden sie sagen. »Wir sind doch Menschen!« Für sie ist jede eßbare Pflanze, mit Ausnahme einiger wildwachsender Wurzeln, Gras.

Die eigentümlichen Begriffe, die die Eingeborenen von Sching-hai hinsichtlich ihrer Nahrung haben, finden ihr Gegenstück in den Vorstellungen, die sie sich vom richtigen Wohnen machen. Zweifellos müssen die Hirten Zelte haben, solange sie mit ihren Herden immer wieder den Ort wechseln, aber was hindert sie im Grunde, sich an den Plätzen, zu denen sie jedes Jahr zurückkehren, um zu überwintern, kleine Häuschen zu bauen?

Die Rongdok geben ihnen ein Beispiel, dem sie folgen könnten. Die Erde des Landes eignet sich zu Bauten aus gepreßtem Lehm. Man begegnet solchen – und begegnet kaum irgendwelchen anderen – überall im Westen Chinas und in einigen Ortschaften im Hochland von Sching-hai, am Rande des Weidelandes: in Jakyendo, Nangtschen Ga und so weiter. Der Lama Kardan verbrachte den Winter stets in einem großen Wohnkomplex, der aus seinem eigenen Haus und zahlreichen Nebengebäuden bestand und unmittelbar am Ufer des Kuku-nor gelegen war. Alle Häuser waren aus Lehm gebaut.

Aber der richtige Dokpa von unverfälschter Rasse verabscheut Häuser; ein Dach zwischen sich und dem Himmel zu wissen, beängstigt ihn. Ich habe erlebt, wie mehrere dieser Naturkinder plötzlich allesamt von einer Panik ergriffen wurden und wie von Sinnen aus einem gedeckten Gebäude flüchteten, in das man sie überredet hatte einzutreten. Weniger leicht Irritierte fühlen sich unter einem Dach nur unbehaglich. Noch in den letzten Jahren weigerten sich die Dokpa, die Geschäfte halber in die chinesischen Dörfer kamen, hartnäckig, irgendeine Herberge zu betreten, und schliefen außerhalb des Dorfes oder im Hof eines Wohnhauses.

Seither sind sie viel zutraulicher geworden und haben nicht mehr solche Angst, obwohl vielen ein gedeckter Raum immer noch nicht geheuer zu sein scheint.

Ihre Abneigung gegen massive Dächer geht nicht etwa auf irgendeinen Aberglauben zurück. Sie haben nur ganz einfach kein Zutrauen zu deren Festigkeit und fürchten, sie könnten über ihnen einstürzen. Ein solcher Unglücksfall ereignete sich damals allerdings mitunter, so zum Beispiel im Kloster von Kansar in Sching-hai, und zwar während der Abt sich im Bade befand. War dies etwa eine Strafe für den Unglücklichen, weil er sich gewaschen hatte? . . . Er wurde von den geborstenen Balken und von der mit ihnen einstürzenden Lehmdecke verschüttet und starb kurz darauf an einer Lungenentzündung, die er sich in seinem ausgekühlten Bad zugezogen hatte, ehe man ihn nach mehrstündiger Arbeit hatte bergen können.

Die Tiere, die mit den Hirten leben, teilen deren Abneigung gegen geschlossene und gedeckte Räume. Ich spreche nicht vom Großvieh, sondern von den Reitpferden und Hunden. Es ist mitunter unmöglich, sie in einen Stall oder in ein Haus zu bringen.

Ein Hund, der mir sehr anhänglich war und den ich in einer Herberge zu mir ins Zimmer genommen hatte, hielt es nach einiger Zeit nicht mehr darin aus, und da ich schlief und die Tür geschlossen war, versuchte er durch eine Öffnung in der Mauer zu entkommen; er zwängte den Kopf und einen Teil seines Körpers hindurch, dann aber war die Öffnung für ihn doch zu eng, er konnte weder vor noch zurück und fing verzweifelt zu heulen an; ich zog ihn herein, konnte ihn aber nicht beruhigen. Er hätte seinen Fluchtversuch durch das zu enge Loch wiederholt, wenn ich ihm nicht die in den Hof führende Tür geöffnet hätte.

Wenn die Eingeborenen von Sching-hai auch in vieler Hinsicht »Primitive« geblieben sind, verwenden sie doch nicht mehr Bogen und Pfeile – die Pfeile mit Spitzen aus zugeschliffenen Kieselsteinen – wie zu den Zeiten der Is. Selbst die alten Musketen von riesiger Länge, die der Schütze auf eine aus Hörnern der Gazelle gebildete Gabel auflegen mußte, sind schon fast ganz außer Gebrauch. Diese pittoresken Waffen, deren Kolben oft mit Silber, Gold oder Perlmutt eingelegt waren, sind in die Familienschatzkammern der reichen Khampa gewandert. Heute haben die Kaufleute, wenn sie unterwegs sind, ebenso wie andere Reisende und sogar die einfachen Hirten moderne Gewehre und sind oft ebenso gute Schützen wie Reiter.

Hingegen findet man noch Bogen und Pfeile im südlichen Tibet nahe an der indischen Grenze, bei den Jägern der kleinen tibetischen Staaten Bhutan und Sikkim sowie der Stämme Mön und Lopa. Sparsamkeit trägt wesentlich zu ihrer Weiterbenützung bei: Das Pulver ist teuer, und mitunter können die Leute auf dem Lande es sich nur schwer verschaffen; der Bambus hingegen, aus dem man Pfeile verfertigen kann, wächst überall und kostet nichts.

Obwohl jene Tibeter im Süden die Überlegenheit der Feuerwaffen kennen, haben sie doch nicht alles Zutrauen in die Wirkung des Bogenschießens verloren.

Ein Mann aus jener Gegend, dem es bekannt war, daß während des Krieges indische Truppen an der Seite der Engländer kämpften, sagte ganz ernst zu mir:

»Warum rufen diese Engländer nicht die Bhutaner zu Hilfe?«

»Was könnten die Bhutaner ausrichten?« erwiderte ich. »Das sind doch keine ausgebildeten Soldaten, viele von ihnen können nicht einmal richtig schießen.«

»Möglich, daß sie nicht richtig mit einem Gewehr umgehen können«, antwortete er, »aber mit Bogen und Pfeilen sind sie fürchterlich geschickt.«

»Das weiß ich; aber mit Pfeilen führt man jetzt nicht mehr Krieg.«

Und ich bemühte mich, ihm die Wunder der modernen Kriegskunst zu schildern. Er hatte übrigens Bilder von Tanks, großen Geschützen und dergleichen gesehen, doch das erschütterte seine Sicherheit nicht, und er schloß mit der Miene eines Mannes, der es unbedingt besser weiß:

»Sie haben geheime Rezepte, wie sie ihre Pfeile vergiften, und dann . . .!« Dabei nickte er vielsagend.

Die Mehrzahl der Eingeborenen von Sching-hai und Si-kang weiß schon mehr vom modernen Krieg. Viele haben Flugzeuge hoch am Himmel gesehen. Sie wissen genau, was ein Bombenangriff ist, und manche sahen in Tscheng-tu, Tschung-king und an anderen Orten der Nachbarprovinzen von Si-kang die Ruinen, die die japanischen Flieger dort hinterließen. Doch sie haben von ihrer eigenen Kriegstüchtigkeit ganz phantastische Vorstellungen und sagen höchst ungeniert: Wenn die Japaner es mit ihnen, den Khampa, zu tun gehabt hätten anstatt mit den Chinesen, dann wären sie im Handumdrehen erledigt gewesen.

Wandert man aus der Gegend des Blauen Sees in Sching-hai gegen Süden, so gelangt man zum Tossu-nor. Wie von einigen anderen Seen geht auch von ihm die Mär, er beherberge ein Orchester in seinen Tiefen. Aus seinen Wassern ertönen zu manchen Zeiten geheimnisvolle Klänge. Das »Konzert« kann mitunter ziemlich lange dauern und bricht dann ohne ersichtlichen Grund plötzlich ab.

Einer ähnlichen Erscheinung begegnet man da und dort in den

Einöden Sching-hais. Wenn es recht still ist, hört man bisweilen eine religiöse Musik, etwa wie man sie mit Ragdongs, Gyalings* und Kesselpauken in den Klöstern macht. Die gespielte Melodie ist sehr deutlich zu vernehmen, obwohl die Töne von sehr weit her zu kommen scheinen. Es kann jedoch nicht davon die Rede sein, daß sie etwa von einer Spielgruppe in irgendeinem Kloster herrührten, denn es existiert weit und breit keines – auch nicht eines von den Klöstern, die nur aus Zelten bestehen.

Was für Vorgänge im Wasser oder im Eis der Seen oder welches Zufallsspiel des Windes, der über die fernen Bergketten weht, dieses merkwürdige Klangphänomen hervorrufen, ist bisher nicht geklärt. Die Hirten glauben, es sei ein Widerhall der Musik von Festen, die die Geister, Feen und andere Wesen feiern, Bewohner einer Welt, die der unseren sehr nahe liegt, uns aber für gewöhnlich verborgen bleibt.

Ich muß gestehen, es ist eine ganz angenehme Vorstellung, einem Konzert überirdischer Wesen zu lauschen, während man in einer von Menschen völlig verlassenen Gegend kampiert.

Ähnliche Phänomene will man an zahlreichen Orten beobachtet haben. Ich selbst erlebte im Gebiet des Himalaja einen Fall, wo ein unsichtbarer Flötenspieler anscheinend sein Domizil am Fuße eines Gletschers aufgeschlagen hatte.

Noch weiter im Süden liegen die Zwillingsseen Oring und Noring, die der Hoang-ho durchfließt. Nicht weit von seiner Quelle ergießt er sich, noch als kleiner Bach, in den Oringsee, dann, wieder aus ihm austretend, nach ganz kurzem Lauf in den Noringsee, und wenn er diesen am anderen Ende verläßt, ist er schon ein recht ansehnlicher Fluß. Er nimmt dann des weiteren seinen Lauf gegen den Amne Matschen, einen richtigen Märchenberg, der sich einsam aus einem ungeheuren Hochplateau erhebt. Um sein gletschergekröntes Haupt streben schwarze Felskegel zum Himmel, Schildwachen gleich auf ewiger

* Die Ragdongs sind riesige Trompeten bis zu drei oder vier Meter Länge. Während sie geblasen werden, ruhen die Schalltrichter auf der Erde. Wechseln die Musikanten den Platz, dann tragen mehrere hintereinander gehende Männer das Instrument auf den Schultern. Das Gyaling ist eine Art Oboe.

Wacht. Tatsächlich halten die Ngolog sie für Wächter der Wohnung ihres Schutzgottes, der auf dem Gipfel des Berges thront.

Man erinnere sich hier an das schon an anderer Stelle von den Berggottheiten, Seegottheiten und so weiter Gesagte. Der Amne Matschen ist nicht nur der Wohnsitz eines Gottes, sondern auch selbst ein Gott oder, um genau zu sein, eine Göttin, denn Matschen bedeutet: »Große Mutter.«

Am Fuß des Amne Matschen findet sich goldhaltiger Sand. Er wird vornehmlich von Chinesen ausgebeutet, die dazu eine Lizenz vom Gouverneur der Provinz Sching-hai erhalten und ihm eine bestimmte Abgabe entrichten.

Kein Fremder ist, glaube ich, so freizügig und so lange wie ich in jenem nördlichen Teil Tibets umhergewandert, der jetzt zu den beiden zuletzt errichteten Provinzen Chinas, Sching-hai und Sikang, gehört.

Fast einen ganzen Sommer verbrachte ich bei den Stämmen der Ngolog, in der Nachbarschaft jener Seta, bei denen der unglückliche Liotard den Tod fand.

Sie nahmen mich als »Dschetsünma Naldschorma«, als lamaistische Nonne, mit Ehrerbietung auf und sorgten großzügig für meine Bedürfnisse und für die meiner Leute. Trotzdem hätte mich einer von ihnen beinahe getötet, aber nur infolge eines komischen Mißverständnisses.

Ich hatte am Oringsee das Schauspiel der einbrechenden Nacht genossen und mich dabei verspätet. Ein Ngolog, der bei meinem Lagerplatz zurückgeblieben war, war schon unruhig geworden, weil ich nicht zurückkam. Es gibt Bären und Wölfe in der Gegend. Er nahm sein Gewehr und ging mich suchen. Die Eingeborenen rühren sich unbewaffnet keine drei Schritte von ihrem Zelt weg und haben ihren guten Grund dafür.

Ich sah von weitem eine große, dunkle Masse auf mich zukommen. Aha, ein Bär, dachte ich, und da man selten einen aus größerer Nähe zu sehen bekommt, wollte ich mich hinter einem Felsen verstecken und ihn vorübertraben lassen, um ihn anzuschauen, ohne von ihm bemerkt zu werden. Ganz sachte, fast kriechend, wich ich zur Seite.

Peng! . . . Eine Kugel pfiff über mich weg.

Das ist kein Bär, das ist ein Jäger! Im Bruchteil einer Sekunde hatte ich begriffen, richtete mich auf und rief dem Burschen die schönsten Schimpfworte aus dem tibetischen Repertoire zu – das sehr ergiebig ist.

Der Mann kam hergelaufen. Es war mein Ngolog.

»Ich hab' Sie für einen Bären gehalten«, sagte er.

»Ich Sie auch«, erwiderte ich.

Darauf lachten wir beide und kehrten zum Lager zurück, um unsere Abendsuppe zu essen.

Wenn die Eingeborenen von Sching-hai jedermann mißtrauen, dem sie allenfalls unterwegs begegnen könnten, und sich aus diesem Grunde nicht unbewaffnet fortrühren, so mißtrauen die Reisenden, die ihr Gebiet passieren, umgekehrt auch ihnen. Eine Gruppe von Reitern von weitem sehen und instinktiv sofort ein Magazin ins Gewehr schieben, sind eins – wenn es nicht ohnehin schon »für alle Fälle« geladen ist.

Auch irgendein Mensch, der ganz allein seines Weges geht, kann schon Anlaß zur Beunruhigung sein; es kann sich um den Späher irgendeiner Bande handeln, die zwar darauf aus ist, eine reiche Karawane zu plündern, sich aber, wenn gerade keine daherkommt, auch damit begnügt, ganz bescheidene Reisende zu berauben.

Hat man Grund, während der Nacht einen Angriff zu befürchten, ist jedoch in größerer Gesellschaft unterwegs und gut bewaffnet, dann stapelt man das Gepäck in der Mitte des Lagers auf, pflockt die Tiere rings um den Stapel an, und während ein Teil der Leute schläft, das Gewehr griffbereit, hält der andere Teil Wache.

Ist man aber nur eine kleine Gruppe, wie das bei mir stets der Fall war, dann versucht man am besten, sich mit einer List zu helfen.

Zum Beispiel tut man so, als argwöhne man gar nichts und sei im Begriff, sein Lager aufzuschlagen; sobald es jedoch völlig Nacht geworden ist, zieht man schnell und geräuschlos von dem Ort davon, wo einen die Räuber noch am Abend gesehen haben. Das ist auf der Hochebene möglich, doch in einem engen Tal muß man auf andere Mittel und Wege sinnen. Das Wichtigste ist jedenfalls, unverzüglich das Weite zu suchen und im Laufe der Nacht einen möglichst großen Vorsprung vor den Räubern zu gewinnen. Wenn die Strauchdiebe den Platz leer finden, wo sie einen die Zelte aufschlagen sahen, wird man in der Regel nicht unbedingt weiter verfolgt werden, denn das Gepäck hat in solchem Fall für sie zu geringen Wert, als daß sie besondere Mühe daransetzen würden, sich seiner zu bemächtigen. Sie haben es auf reichere Beute abgesehen.

Wird man jedoch weiter verfolgt und eingeholt – je nun, jeder Reisende in Zentralasien muß mit Kerlen dieser Art rechnen und es gegebenenfalls darauf ankommen lassen.

Ich habe mich oft im stillen amüsiert, wenn ich mich erinnerte, was für Streiche ich den Rittern von der Landstraße im Laufe meiner Wanderungen gespielt hatte.

Vor allem war ich auf ein Abenteuer stolz, in dessen Verlauf ich in Sching-hai einmal ein halbes Dutzend solcher Kerle von meiner Fährte abbrachte, indem ich umkehrte und auf dem Weg, auf dem ich gekommen war, ein Stück zurückmarschierte, indes sie glaubten, ich kampiere ein gutes Stück weiter in der Einöde, und hinter mir her waren, um mir in der Nacht meine Tragtiere abzunehmen. Ich hatte die Tiere mit zweien meiner Diener an einen Platz etwas abseits vom Weg geschickt und ohne Zelt und Gepäck am Wegrand gelagert; die beiden anderen Diener, die bei mir geblieben waren, und ich selbst hatten unsere Gewänder von innen nach außen gekehrt, um anders auszusehen. Ich erlebte dann das Vergnügen, daß die Diebe in finsterer Nacht vorbeikamen und uns arme Schlucker – denn so sahen wir aus – fragten, ob wir nicht etliche Reisende hier vorüberziehen gesehen hätten, wobei die Schufte uns beschrieben. Natürlich hätten wir sie gesehen, sie seien sehr schnell gegangen, sie müßten schon ziemlich weit sein ... Worauf die Taugenichtse auf der vermeintlichen Spur hinter uns herliefen.

Mein Stolz über diese Kriegslist wurde später leider durch einige Kaufleute gedämpft, die ich in Ta-tsien-lu traf und von denen einer mir das folgende Heldenstück erzählte:

»Wir kamen auf unserem Weg eben aus einem Tal ins offene

Land«, sagte er, »als wir zwei Männer erblickten, die damit beschäftigt waren, mehrere Warenballen zusammenzutragen. Die Maultiere, die damit bepackt gewesen waren, waren scheu geworden und ausgebrochen. Wir sahen sie auf dem ›Thang‹ (Plateau), verfolgt von zwei Reitern, die sich bemühten, sie zurückzubringen. So etwas kommt häufig vor, und wenn in einem solchen Augenblick andere Reisende vorüberkommen, bittet man sie gewöhnlich um Beistand beim Einfangen der ausgebrochenen Tiere. Die Männer dort waren hingegen merkwürdig wortkarg und schienen es außerordentlich eilig zu haben.

Meine Reisegefährten und ich sahen einander an – wir hatten begriffen, um was es sich handelte. Wir hatten Räuber vor uns, die eben irgendwelche andere Reisende ausgeplündert hatten. Diese waren offenbar geflüchtet, denn wir sahen nirgends eine Spur von ihnen. Die Räuber waren vier, wir waren sechs und gut bewaffnet. Sie wagten es daher wohl nicht, uns anzugreifen, und wir merkten auch, daß sie sich mit ihrer Beute rasch aus dem Staub machen wollten.

Im Weiterreiten kam mir der Gedanke, diesen Schuften einen Streich zu spielen. Ich teilte ihn meinen Freunden mit, und der Spaß gefiel ihnen. Sobald wir außer Sicht waren und seitlich am Weg sich eine Mulde öffnete, bogen wir ab und versteckten unsere Tragtiere dort, ohne sie abzuladen. Einer von uns mußte bei ihnen bleiben, um sie zu beaufsichtigen, wir anderen zogen unsere langen Überröcke aus und behielten nur unsere Hosen und kurzen Westen an. In diesem Aufzug glichen wir einigermaßen mohammedanisch-chinesischen Grenzsoldaten.*

Zu fünft, die Gewehre schußbereit, galoppierten wir an die Stelle zurück, wo wir die Räuber gesehen hatten. Wir waren allerdings nicht sicher, ob wir sie noch dort antreffen würden, wir hofften es nur, und wirklich war es so.

Sie hatten inzwischen die ausgebrochenen Maultiere eingefangen und waren dabei, sie wieder zu beladen.

* Ein landläufiger Trick, der aber oft Erfolg hat.

Parlamentieren war zwecklos; wir gaben sofort Feuer. Es wurde schon dunkel, unsere Aufmachung täuschte die Diebe, sie hielten uns für eine Militärstreife, die vielleicht von den beraubten Reisenden bereits alarmiert worden war, oder vielleicht von den anderen Reisenden, die gerade vorübergekommen waren, während sie die ausgebrochenen Maultiere wieder eingefangen hatten – also von uns selbst!

Im Nu waren sie im Sattel und flohen, so schnell sie konnten; die drei Maultiere, die sie angepflockt hatten, um sie leichter beladen zu können, ließen sie zurück.

Zwei der unseren beruhigten die Tiere, die durch das Schießen neuerlich scheu geworden waren, die anderen feuerten weiter und taten, als wollten sie den Flüchtenden nachsetzen, damit diese auch wirklich endgültig die Flucht ergriffen. Noch in der Nacht ritten wir weiter und nahmen die drei samt ihrer Traglast erbeuteten Maultiere mit. Wir behielten aber nicht die Richtung bei, die wir vorher verfolgt hatten, als wir den Räubern begegneten, sondern ritten zunächst ein Stück zurück und nahmen erst nach einem Umweg in sehr großer Entfernung unsere Route wieder auf.

»Aber warum denn das?« fragte ich.

»Das ist doch nicht schwer zu erraten. Auf dem Hinweg hatten wir die Leute, die vor den Räubern geflohen waren, nicht gesehen; also waren sie in einer anderen Richtung geflüchtet, und daher riskierten wir auf unserem neuen Weg nicht, ihnen zu begegnen.«

»Sie wollten ihnen nicht begegnen . . .?«

Der ehrenwerte Kaufmann sah mich an, als hätte ich etwas sehr Komisches gesagt.

»Na, hören Sie!« erwiderte er lachend. »Drei Maultiere und dazu die Warenballen, die sie trugen – das war ja gerade die Hauptsache an dem netten Spaß gewesen!«

Man könnte es erstaunlich finden, daß wohlhabende Kaufleute zu Dieben wurden und die Sache noch als einen ausgezeichneten Scherz betrachteten.

Das verdient eine Erklärung.

Der Moralkodex für den gewöhnlichen Sterblichen in Kham, in Sching-hai, in Poyül, in den Dschungeln von Loyül und überhaupt überall vom äußersten Westen Chinas bis zum Himalaja und zum Pamirplateau ist ein anderer als der, den man in unseren westlichen Ländern lehrt – und wenig beachtet. In diesen Gegenden fällt die Schande nicht auf den Dieb, falls er geschickt ist und sein Streich ihm gelingt, sondern auf den, der nicht imstande ist, seinen Besitz zu verteidigen. Das ist eine Art Kriegskodex. Von einem General, der seinem Nachbarreich eine Stadt oder ein Stück Land entrissen hat, sagt man, er habe sich »mit Ruhm bedeckt«. Die Besiegten mögen ihn verfluchen, mögen ihn einen verabscheuungswürdigen Schurken nennen – aber werden die meisten es nicht bedauern, daß der Eroberer nicht einer der Ihren und es nicht ihr Land ist, das durch die Eroberung auf Kosten einer anderen Nation gewinnt? . . . Und wird nicht auch im privaten Leben der Erfolg gerühmt, selbst wenn er mit unrechten Mitteln errungen ist, oder wenigstens nicht gerade allzu streng getadelt? Die noch auf einer primitiveren Kulturstufe stehenden Eingeborenen im äußersten Westen Chinas geben solchen Empfindungen nur offener und unbefangener Ausdruck; das ist der einzige Unterschied.

Beutegier fehlt dem Räuber von Kham oder Sching-hai sicherlich nicht, außerdem aber ist der Reiz des Kampfes und der Überwindung des Gegners für ihn eine mächtige Triebfeder.

Er empfände nie die gleiche Genugtuung, wenn er dieselbe Sache durch seine Arbeit oder auf andere redliche Weise erworben und nicht in gefährlichem Kampf errungen hätte.

In bescheidenerem Maße teilen auch jene seiner Landsleute, die nicht den Sport der Männer »mit starkem Herzen*« betreiben, seine Empfindungen.

Raubüberfälle großen Stils sind in Sching-hai und Si-kang selten geworden oder ereignen sich nur noch in den Randgebieten der beiden Provinzen. Chinesisches Militär ist bereits an zu vielen Orten stationiert, als daß sich größere Banden von zahlreichen bewaffneten Reitern sammeln, in Hinterhalten den Karawanen auflauern oder Streifzüge in die Dörfer und Lager unternehmen könnten. Immerhin gibt es jedoch in der Gegend

* »Nying Tob Tschenpo« (starkes Herz) ist ein Synonym für einen Tapferen. Das Räuberhandwerk wird in jenen Gegenden vielfach als heldisches Metier angesehen.

noch genug Männer, die irgendwann einmal an derartigen Unternehmungen teilgenommen haben.

An Klöstern, der charakteristischsten Erscheinung im tibetischen Landschaftsbild, fehlt es Sching-hai nicht. Am Rande des Weidelandes liegen zwei der berühmtesten Lamaserien Tibets: Kumbum und Labrang Taschikyil.

Kum-bum (»die hunderttausend Bilder«), nicht weit von Sining, wurde im Jahre 1355 oder 1358 an der Stelle erbaut, wo Tsong Khapa geboren wurde.

Tsong Khapa ist der Gründer der Sekte der Gelugspa (»Männer vom tugendhaften Leben«), gewöhnlich die »Gelbmützen« genannt, nach der gelben Kopfbedeckung ihrer Mönche. Die Gelugspa sind an die Stelle der übrigen, viel älteren lamaistischen Sekten (der Rotmützen und der Schwarzmützen) getreten und repräsentieren heute den offiziellen Klerus. Sowohl der Dalai-Lama wie der Taschi-Panschen-Lama gehören dieser Sekte an.

Während Kum-bum in chinesischem Stil erbaut ist, ist die Architektur von Labrang Taschikyil rein tibetisch. Das Kloster ist sehr groß und liegt in einer wild-romantischen Umgebung vor einem Hintergrund gigantischer Berge aus schwarzem Felsgestein.

Der Gründer von Labrang Taschikyil ist Jame Yang Schedpa (1648-1722). Er studierte im Kloster Depung in der Nähe von Lhasa und wurde einer der berühmtesten Gelehrten und Philosophen. Meinungsverschiedenheiten mit seinem altgewordenen ehemaligen Lehrer bewogen Jame Yang Schedpa, das Kloster Depung zu verlassen und in seine Heimat Amdo zurückzukehren, wo er Labrang (»Palast des Lama«) Taschi Kyil (»Mittelpunkt des Heils«) gründete. Es heißt auch, ein mongolischer Fürst habe Jame Yang eingeladen, sich in Amdo niederzulassen, und ihn zum Vorsteher einer hohen Schule machen wollen, an der buddhistische Philosophie gelehrt werden sollte. Die beiden Versionen widersprechen einander nicht. Jame Yang kann sehr wohl nach dem Bruch mit seinem Lehrer die Einladung des mongolischen Fürsten angenommen haben.

In Labrang Taschikyil leben ungefähr 3000 Mönche. Europäern mag diese Zahl hoch erscheinen, für Tibet ist sie nicht weiter erstaunlich; das Kloster Depung ist dafür bekannt, daß es zwischen 10 000 und 11 000 Mönche beherbergt.

Auch die Leitung des Klosters Kum-bum gibt die Zahl der dem Mönchsstand angehörigen Klosterinsassen als zwischen 2500 und 3000 variierend an.

Andere bedeutende Lamaserien liegen in dem der Provinz Sching-hai angegliederten Teil von Kan-su. Unter ihnen ist Ditza dadurch bemerkenswert, daß die Hälfte seiner Mönche als Einsiedler in verstreuten Hütten in den umliegenden Bergen lebt. In das Kloster selbst begeben sie sich nur an bestimmten Tagen des Jahres, an denen eine allgemeine Zusammenkunft stattfindet und die heiligen Schriften nach den rituellen Vorschriften gelesen werden.

Diese Einsiedler (tibetisch: Ri-töd-pa) tragen eine gelbe Toga und unterscheiden sich dadurch von dem übrigen Klerus, dessen Toga und Untergewand von dunklem Granatrot ist.

Eine andere Großlamaserie ist Sakyong, auf einem Berg gelegen, der an dieser Stelle den Hoang-ho beherrscht. Die Pilger ziehen dorthin, um Zeugen eines Wunders zu sein. Dem Leichnam eines ehemaligen Großlamas des Klosters, der in einem prunkvollen Mausoleum bestattet ist, entströmt ein wohlriechendes Öl, das durch die Fugen des Grabmals sickert. Das Wunder dauert schon seit einer langen Reihe von Jahren an. Die seit dem Tode des Lamas verstrichene lange Zeit und der Umstand, daß sein Leichnam in Salz getrocknet und mumifiziert wurde, ehe man ihn in das Mausoleum einmauerte, schließen die Möglichkeit aus, daß die Flüssigkeit von der Verwesung herstammen könnte. Man kann die Mönche des Klosters natürlich des Betruges verdächtigen. Eine genaue Untersuchung des Grabmals ist auf keinen Fall gestattet. Es bleibt dem Besucher überlassen, wie er sich das Wunder erklären will.

In diesem Zusammenhang kommt es einem so recht zum Bewußtsein, wie begrenzt die Phantasie des Menschen im Grunde doch ist. Von Jahrhundert zu Jahrhundert, in allen Ländern, bei allen Völkern begegnet man den gleichen Gebräuchen, den gleichen Dogmen, den gleichen Heiligenlegenden, und die gleichen

Wunder wiederholen sich überall. Auch in der katholischen Literatur ist häufig von Heiligen die Rede, deren Leichnam einen angenehmen Geruch verbreitet oder eine wohlriechende Flüssigkeit ausscheidet.

Vom heiligen Dominikus wird berichtet, er sei schon geraume Zeit begraben gewesen, als seine Verehrer ihm an einem anderen Ort ein goldenes Mausoleum errichten wollten. Der Sarg wurde exhumiert und geöffnet, und es entströmte ihm ein »himmlischer Duft«. Die sterblichen Überreste der heiligen Katharina von Siena sonderten, nachdem sie bestattet waren, ein wohlriechendes Öl ab. Öl tropfte auch aus dem Grabmal der heiligen Elisabeth. Der Leichnam des heiligen Thomas von Aquin verbreitete einen starken, angenehmen Duft, der bis in große Entfernung wahrzunehmen war. In jüngerer Zeit berichtete Pater Marcel Bouix S. J., daß von allen Skeletteilen der heiligen Theresia von Avila, die einzeln als Reliquien in verschiedenen Klöstern der Karmeliterinnen aufbewahrt werden, ein sehr eigenartiger, milder Geruch ausgehe. Dies, obwohl die heilige Theresia schon 1582 starb.

Aus diesen Fakten geht hervor, daß die lamaistischen Mönche von Sakyong sich nicht rühmen dürfen, besonders originell zu sein.

Selbst im Weideland fehlen die Klöster nicht, doch sind sie dort Zeltsiedlungen und heißen »Banag gon« (schwarzes Klosterzelt) oder »Dok gon«, was eigentlich ein Pleonasmus ist, denn sowohl »dok« wie »gon« bedeutet einen »einsamen Ort«.

Gompa, »Wohnung in der Einsamkeit«, mitten in den ungeheuren, menschenleeren Grasfluren gelegen, führt seinen Namen mit Recht. Das Kloster ist ein weltabgeschiedenes Lager aus Zelten, ähnlich denen der Hirten.

Ein großes Zelt dient als Versammlungsraum und Tempel, in dem die lamaistischen Riten zelebriert werden. Ringsherum sind kleinere Zelte, in denen die wenigen Mönche – ein Dutzend oder noch weniger – untergebracht sind. Einige leben allein, andere teilen ihr Zelt mit Schülern oder anderen Mönchen.

Die Mönche im Weideland halten Viehherden und treiben Handel mit den Produkten ihrer Viehzucht, ganz so wie ihre weltlichen Nachbarn.

Außerdem versorgen die Hirten ihre Mönche getreulich mit Nahrungsmitteln und anderen nützlichen Dingen, und diejenigen Mönche, die auf Bestellung der Dokpa irgendwelche religiösen Gebräuche vollziehen oder die heiligen Schriften lesen, beziehen Honorare in Geld oder Naturalien.

Obwohl die Eingeborenen von Sching-hai dem Namen nach Buddhisten sind, haben sich unter ihnen immer noch schamanische Glaubenslehren und Gebräuche erhalten. Magier und Zauberer spielen bei ihnen eine bedeutende Rolle.

Eine offizielle, allerdings nur approximative Volkszählung in Sching-hai, einschließlich der eingegliederten Gebiete von Kan-su, ergab folgende Ziffern: 390 279 Chinesen, 118 822 Mohammedaner, 181 475 Tibeter, 113 835 Mongolen sowie eine Anzahl von Mandschu, Kazak und sogenannten Ureinwohnern, die jedoch diese Bezeichnung zu Unrecht tragen. Es gibt in Sching-hai keine wirklichen Ureinwohner; die von den chinesischen Beamten so bezeichneten sind mongolischer Herkunft. Man glaubt, sie seien zur Zeit der Tang-Dynastie (618–905) unter der Führung eines Häuptlings namens Li aus der Gegend des Kuku-nor eingewandert. Sie gliedern sich in dreizehn Stammverbände. Der größte Teil dieser Mongolen lebt im Norden Sching-hais, in Tsaidam und an der Grenze von Kan-su. Ihre Zelte, die sich von denen der Tibeter stark unterscheiden, wurden schon beschrieben.

Die angegebenen Ziffern sind hinsichtlich der Mongolen und Tibeter von Sching-hai keineswegs genau. Eine richtige Zählung der Hirten ist unmöglich. Sie wehren sich heftig dagegen, gezählt zu werden »wie das Vieh« – so sagen sie; sie bilden sich ein, hinter der Zählung stecke irgendeine böse Absicht, insbesondere die einer Besteuerung, und trachten mit allen Mitteln, sich ihr zu entziehen oder die damit beauftragten Beamten bei den Berechnungen zu verwirren. Die Schlauheit, die die Kerle zu diesem Zweck aufbringen, und das Mundwerk, das sie auf Kosten der von ihnen übertölpelten Beamten entwickeln, sind höchst unterhaltsam.

Auch einige Mandschu gibt es in Sching-hai. Sie sind Abkömmlinge der Soldaten, die zur Zeit der letzten kaiserlichen Dynastie (1644–1911) in der Gegend stationiert waren. Eine große Anzahl dieser Mandschu wurde während der Revolution, die den Sturz des Kaiserreichs begleitete, vom Pöbel massakriert. Die Übriggebliebenen unterscheiden sich nicht von den Chinesen.

Die Mohammedaner bilden einen einflußreichen Block innerhalb der Bevölkerung der westlichen Provinzen. Mit ihnen werde ich mich noch in einem gesonderten Kapitel beschäftigen.

Si-ning, das Provinzhauptstadt von Sching-hai wurde, ist eine bedeutende Stadt, in 2300 Meter Höhe gelegen. Ehe sie zu Sching-hai kam, gehörte sie zu Kan-su und war Sitz eines chinesischen Zivilpräfekten sowie eines Generals, der den Titel eines Grenzverteidigungskommissars führte und Gerichtsherr über die Tibeter des Grenzlands war. Die beiden Funktionäre unterstanden nominell dem Gouverneur von Kan-su, der in der Provinzhauptstadt Lan-tschau residierte, einer sehr großen, schönen Stadt am Oberlauf des Hoang-ho. In Wirklichkeit hatte sich der Kommissar-General längst selbständig gemacht. Der Vorgänger des jetzigen Gouverneurs von Sching-hai, nebenbei sein Onkel, pflegte zu sagen: »Ich unterhalte freundschaftliche Beziehungen mit dem Gouverneur in Lan-tschau, aber ich sehe ihn nicht als meinen Vorgesetzten an. Er hat seine Truppen, ich habe meine . . .«

Die Anzahl ihrer Soldaten war immer schon das letzte Argument in den Streitigkeiten zwischen den chinesischen Gouverneuren. Wenn man sich einbildet, dies sei plötzlich anders geworden, so täuscht man sich. Ein paar Konferenzen und Verträge sind nicht imstande, von heute auf morgen tiefeingewurzelte Anschauungen und tausendjährige Gepflogenheiten zu ändern. China ist nicht schlechthin *ein* Land, es ist ein Konglomerat von Ländern; daraus folgt nicht, daß diese nicht in Frieden miteinander leben und zusammengehen könnten, doch dürfen wir die Verhältnisse in dem ungeheuren China nicht mit dem Maßstab des kleinen Europa messen.

Der Grenzverteidigungskommissär war Mohammedaner und unterhielt ein Truppenkorps, das ausschließlich aus Mohammedanern bestand. Viele von den Soldaten wie auch eine große Anzahl der übrigen Mohammedaner in dem Gebiet waren ihrer ältesten Herkunft nach keine Chinesen, sondern Turkmenen, Araber und so weiter. Kräftig, hochgewachsen, tapfer, diszipliniert und keine Opiumraucher, waren sie in militärischer Hinsicht den chinesischen Truppen der Nachbarprovinzen bedeutend überlegen.

Mit der verwaltungsmäßigen Lostrennung von Sching-hai wurde der »Kommissar« Gouverneur der Provinz. Als solcher behielt er natürlich seine mohammedanischen Truppen.

General Ma, der gegenwärtige Gouverneur, ist ein energischer, unternehmender Mann; aufgrund seiner Verordnungen und der Arbeit seiner Beamten wurde Si-ning modernisiert. Breite Avenuen wurden quer durch die Stadt geführt, 10 000 Bäume entlang den neuen Straßen sowie in ihrer Umgebung gepflanzt und elektrische Beleuchtung installiert.

Eine für Autos befahrbare Straße verbindet nunmehr Si-ning mit Kang-ting, der Hauptstadt von Si-kang, und mit Jakyendo, der vorgeschobenen chinesischen Garnison im äußersten Süden Sching-hais. Diese Straße durchquert das hochgelegene Weideland von Sching-hai in seiner ganzen Ausdehnung.

Auch andere für den Autoverkehr geeignete Straßen wurden in verschiedenen Richtungen angelegt. Eine davon vermittelt den Anschluß an die lange Verkehrsader, auf der man im Auto von Peking durch ganz China, Sin-kiang und Turkestan bis nach Moskau fahren kann.

Wenn ich sage: »fahren kann«, so heißt das: »man könnte fahren«, ob man aber darf, ist eine andere Frage. Eine der vielen verderblichen Absurditäten, in denen sich die Menschen von heute gefallen, ist, daß sie einerseits bemüht sind, immer mehr und mehr Verbindungswege anzulegen, andererseits aber auf nichts anderes sinnen, als wie sie den Verkehr von einem Land ins andere mehr und mehr unterbinden könnten.

Si-ning ist ein sehr lebendiges Zentrum des Verkehrs mit Tibet und mit der Mongolei; täglich ziehen malerische Karawanen durch die Stadt: langhaarige Jaks, mit tibetischen Waren beladen, oder riesige Kamele, die durch die Wüste Gobi aus der Mongolei oder aus Sin-kiang kommen.

Die chinesische Regierung macht löbliche Anstrengungen, den Unterricht in Schin-hai zu intensivieren.

Das ist bekanntlich nichts absolut Neues. Schon 647 hatte der Kaiser im Sinne der damals herrschenden Begriffe von Erziehung den »Barbaren des Westens« ein Exemplar der »Lieder« und ein Exemplar der »Sittensprüche« des Kong-fu-tse (Konfuzius) zum Geschenk gemacht. Er hoffte, die Eingeborenen würden durch das Studium dieser Werke gesittetere Lebensformen annehmen. Das Ergebnis war, wie man sich denken kann, gleich Null. Im Jahre 730 schenkte ein anderer Kaiser seinen unruhigen Nachbarn noch einmal je ein Exemplar der gleichen Werke; er hatte ebensowenig Erfolg.

Der jetzige Versuch geht realistischere Wege und zielt vor allem darauf ab, das dem praktischen Leben dienliche Wissen zu verbreiten.

Es gibt in Sching-hai eine höhere Schule und 25 Elementarschulen für die Mongolen und die Tibeter. Die Zahl der Schüler beläuft sich auf etwas über 1000.

Obwohl weniger Mohammedaner in dem Gebiet leben als Tibeter und Mongolen, ist die Zahl ihrer Kinder, die die Schulen besuchen, größer. Eine höhere Schule und 98 Elementarschulen der Mohammedaner weisen einen Besuch von 5976 Schülern auf.

Außer diesen konfessionellen Schulen unterhält die Provinzverwaltung noch andere, die Schüler ohne Unterschied der Rasse oder Religion aufnehmen, und zwar: 655 Elementarschulen, zwei Mittelschulen und acht höhere Schulen, davon zwei speziell für junge Mädchen, während die Schulen in China sonst im allgemeinen gemischte Schulen sind. Auch Fachschulen gibt es. Die Zahl ihrer Schüler ist ungefähr 30 000.

Es gab ferner zwei Hochschulen mit 300 Studenten. Da diese jedoch aus besonderen Fonds erhalten wurden, die dann zum Teil zur Deckung der Entschädigungen für den Boxeraufstand herangezogen werden mußten, ist es ungewiß, ob sie auf die Dauer werden weiterbestehen können.

Die im Jahre 1929 durch den Gouverneur Ma-Pu-Fang in Sching-hai gegründete Islamitische Gesellschaft unterhält gleichfalls mehrere Schulen. In ihnen wird außer den im offiziellen Programm angekündigten obligaten Fächern noch die arabische Sprache gelehrt und der Koran studiert.

Daneben errichtete schließlich die im Jahre 1933 zur Förderung des Unterrichtswesens gegründete Tibeto-Mongolische Gesellschaft 13 Elementarschulen für mongolische und tibetische Kinder. Eine Spezialhochschule in Si-ning ist den Söhnen höherer tibetischer und mongolischer Beamten sowie vornehmer Familien beider Nationalitäten vorbehalten. Sie dient der Heranbildung eines Beamtenkorps, das aus den Studenten ausgewählt wird.

Vor mehreren Jahren hatte man in Sching-hai auch Schulen für Erwachsene errichtet. Das geschah zu einer Zeit, da sich in China starke Volksbildungstendenzen regten. Die Methoden der Vorkämpfer der Bewegung waren originell. Sie stellten an frequentierten Straßenecken der Städte und an Straßenkreuzungen auf dem Land schwarze Tafeln auf. Lehrer der öffentlichen Schulen schrieben auf diese Tafeln jeden Tag drei Worte auf. Die Lehrer blieben eine Zeitlang bei den Tafeln und erklärten den Leuten, die davor stehenblieben, die Bedeutung und den Gebrauch der von ihnen angeschriebenen chinesischen Schriftzeichen.

Nach ein paar Wochen oder Monaten konnten die Leute, die täglich zu den Lektionen erschienen waren, eine bestimmte Anzahl von Schriftzeichen lesen. Sie konnten dann, wenn sie sich für genügend vorbereitet hielten, zu einer Prüfung antreten und bekamen, wenn sie diese mit Erfolg bestanden, ein Zeugnis.

Um auch die Frauen der ärmeren Klassen zu unterrichten, die daheim arbeiten müssen und keine freie Zeit haben, bemühten sich die Lehrer, ihre Schüler davon zu überzeugen, daß es ihre Pflicht sei, ihren Müttern und den anderen Frauen der Familie jeden Abend das weiterzugeben, was sie in der Schule gelernt hatten.

Während indessen bei den Chinesen ein bildungs- und unterrichtsmäßiger Fortschritt deutlich erkennbar ist, herrscht bei den Eingeborenen an der Westgrenze nach wie vor die größte Unbildung. Nicht daß sie dumm oder überhaupt unfähig wären, etwas zu lernen, nein; doch ihre Faulheit, ihre Gleichgültigkeit und ihre Geringschätzung gegenüber allem, was in den Schulen gelehrt wird, läßt sie in ihrer Unwissenheit verharren und in ihrem Aberglauben verkommen.

III

SI-KANG

Die »Zwergprovinz«. Buchdruck im Kloster Der-ge. Bei den Lolo. Verirrte Wanderer. Die Provinzhauptstadt Ta-tsien-lu. Legende ihrer Gründung. Kurkars fliegende Schiffe und Feuerwaffen. Feuersbrünste und eine Spielzeugspritze. Nackte Dame mit Tiger. Ta-tsien-lu wird modernisiert. Aber die Kanalisierung! Handel mit Wolle und Tee. Tibetischer Tee und ein Rezept. Die Chinesen als Straßenbauer. Schicksal der Kulis. Moderne Sklavenarbeit. Vom Schulbetrieb. Pensionat für »geschenkte Mädchen«. Pfadfinder. Kuriositäten in Forstwesen, Viehzucht und Milchwirtschaft.

Si-kang, mit der Hauptstadt Ta-tsien-lu, hat den Beinamen »die Zwergprovinz«, weil sie im Vergleich zu ihren ungeheuer ausgedehnten chinesischen Nachbarprovinzen Se-tschwan und Jünnan so klein und auch weil sie noch so jung ist. Obwohl das Gebiet, das sie umfaßt, nominell schon seit langem chinesisches Gebiet war, wurde sie erst im Jahre 1939 offiziell als selbständige Provinz anerkannt.

Si-kang ist ebenso wie Sching-hai verwaltungsmäßig ein künstliches Gebilde. Um es zu schaffen, vereinigte man Gebiete, die sowohl ihrem landschaftlichen Charakter nach wie hinsichtlich der Rassenzugehörigkeit ihrer Bewohner sehr verschieden sind.

Das war nötig, wenn man auf ein Areal kommen wollte, das nach Flächeninhalt und Bevölkerungsziffer den Titel einer Provinz verdiente, und auch wenn ein Gouverneur dort einen Wirkungskreis finden sollte, der seinen Ehrgeiz befriedigte. Vor allem aber war es unerläßlich, um dem betreffenden Gouverneur in dem ihm zugewiesenen Amtsbereich genügende Einnahmemöglichkeiten zu sichern; denn die Ansprüche eines chinesischen Gouverneurs sind, was die materiellen Einkünfte betrifft, in der Regel sehr hochgespannt. Diese Neigung teilen sie übrigens mit vielen anderen, die keine Chinesen sind, und man muß zugeben, daß manche Gouverneure von ihrem Vermögen einen sehr großzügigen Gebrauch machen.

So wurden denn dem von den Chinesen eroberten tibetischen Landesteil von Kham zwei Distrikte angegliedert, die man zu diesem Zweck von der Provinz Se-tschwan abtrennte. Das ganze Gebiet umfaßt drei Präfekturen, nämlich Ya-tschau, Kang-tschau und Ning-tschau.

Der Hauptort der Präfektur Ya-tschau ist die Stadt gleichen Namens, die von den Chinesen erst kürzlich in Ya-an umgetauft wurde. Die Chinesen finden ein besonderes Vergnügen darin, die Namen von Örtlichkeiten zu ändern. Auf den Karten findet man Ya-tschau im allgemeinen in der englischen Schreibweise Yachow; die lokale Aussprache ist jedoch Ya-du.

Dieser Distrikt, der früher zu Se-tschwan gehörte, besteht zum größten Teil aus einer fruchtbaren Ebene, die sich am Fuß eines Gebirges ausbreitet. Die Bevölkerung ist durchwegs chinesisch und richtet sich in ihren Lebensgewohnheiten ganz nach den chinesischen Sitten.

Kang-tschau mit dem Hauptort Ta-tsien-lu (in 2600 Meter Höhe gelegen) ist ursprünglich tibetisches Gebiet, das von den Chinesen in verschiedenen Epochen erobert wurde. Es besteht aus sehr hoch liegenden Plateaus und breiten Tälern, deren Höhe selbst noch zwischen 3000 und 4500 Metern variiert. Mächtige Gebirgsketten durchschneiden das Land. Einer ihrer höchsten Gipfel ist der über 7000 Meter hohe* Miniag Kongkar.

Obwohl die Präfektur Kang-tschau ausgedehnte Gebiete natürlichen, zur Hälfte menschenleeren Weidelandes umfaßt, ist sie doch dichter besiedelt als das Hochland von Sching-hai, an das sie grenzt. Es gibt in Kang-tschau eine ansehnliche Zahl kleiner Städte, Märkte und Dörfer, vor allem an dem Karawanenweg, der von Ta-tsien-lu nach Lhasa führt, und in dessen Nähe. Die hauptsächlichsten sind die Ortschaften Tao, Kan-tse und Da-wo an der Straße nach Lhasa, Batang in dem Grenzgebiet der Provinz Si-kang gegen Jün-nan, Li-tang und andere. Besondere Erwähnung verdient Der-ge (»das harte g«), dessen Druckereien in Ti-

* 24.900 Fuß nach den Angaben der englischen Alpinisten, die im Laufe der letzten Jahre den Gipfel bezwangen.

Charakterkopf eines alten Tibeters.

Eingeborene Khampa der Hochplateaus.

bet einen hervorragenden Ruf genießen. In einer von ihnen werden die beiden klassischen Sammlungen der buddhistischen heiligen Schriften gedruckt, »Kahgyur« und »Ten gyur*«, sowie zahlreiche Werke, die von Philosophie, Ritual, Magie und ähnlichem handeln.

Einige dieser Bücher sind Übersetzungen von Sanskrit-Werken, andere Kommentare dazu und wieder andere Originalwerke tibetischer Gelehrter.

Die Drucke werden von handgeschnittenen Holzplatten abgezogen. Ein Gebäude der Lamaserie enthält Tausende solcher Platten, die alle sorgfältig registriert sind. Außer einigen häufig verlangten Werken wird kein Buch im vorhinein gedruckt. Die Kunden können in Katalogen die gewünschten Bücher aussuchen. Der Preis jedes Buches ist neben dem Titel vermerkt. Wenn ein Kunde gewählt hat, zahlt er den angegebenen Betrag ein und wartet dann die auftragsgemäße Lieferung ab. Im Winter arbeitet die Druckerei nicht; die Räume, in denen die Mönche den Druck besorgen, sind nicht geheizt, und die Druckerschwärze würde einfrieren.

Die in Der-ge hergestellten Drucke sind wegen ihrer Sauberkeit besonders geschätzt. Sie übertreffen darin alle übrigen Druckereien Tibets.

Außer dem Kloster, in dem sich die große Druckerei befindet, gibt es in seiner Umgebung noch mehrere andere Lamaserien verschiedener lamaistischer Sekten.

Die Goldschmiede von Der-ge erfreuen sich in Tibet eines sehr guten Rufes, ebenso die Handwerker, die Kupfer- und Bronzegegenstände herstellen: Teekessel, Schalen, Gefäße verschiedener Art und Statuetten von Gottheiten. Auch die Waffenschmiede von Der-ge sind berühmt; die von ihnen verfertigten Säbel werden zu hohen Preisen verkauft.

Wertvolle Scheiden und Griffe tragen noch dazu bei, den Wert der Klingen zu steigern. Manche Griffe sind sehr schöne

* In tibetischer Schreibweise bhak hgyur und bstan hgyur, erstere eine Übersetzung der Buddha zugeschriebenen Reden und so weiter aus dem Sanskrit, letztere eine Übersetzung, gleichfalls aus dem Sanskrit, von Gleichnissen, Kommentaren, buddhistischen philosophischen Traktaten und ähnlichem.

Schmiedearbeit, die Scheiden oft mit Silber und Gold und Intarsien aus Türkisen und Korallen verziert.

Die Vereinigung der fruchtbaren Distrikte Ya-tschau mit Kang-tschau reichte noch nicht aus, Si-kang in dem riesigen China, wo alles sehr großräumig ist, zu einer Bedeutung zu erheben, wie sie dem Rang einer selbständigen Provinz entsprach. Infolgedessen trennte man noch einen Gebietsteil von Se-tschwan ab und gliederte ihn Si-kang an.

Der neuangegliederte Distrikt hieß früher Kien-tschang und seine Hauptstadt Ning-yüan-fu. Man findet diese Namen noch auf den Karten, doch obwohl der offizielle Name des neuen Distriktes, in Anlehnung an Ning-yüan-fu, jetzt Ning-tschau ist, nennt man ihn allgemein Si-tschang, und die Hauptstadt, das ehemalige Ning-yüan-fu, führt den gleichen Namen.

Kien-tschang, beziehungsweise Si-tschang, ist ein interessantes Land, das leicht zu Wohlstand gelangen könnte. Es besitzt fruchtbare Täler mit so vorzüglichem Ackerboden, daß man in den dortigen Gegenden sagt, es genügt, drei Monate lang zu arbeiten, um von der Ernte drei Jahre lang leben zu können.

Ferner berichten die Erzschürfer, es gebe in Si-tschang Gruben und vor allem Eisenerzlager, die lukrativ ausgebeutet werden könnten.

In klimatischer Hinsicht sind in Si-tschang drei Zonen zu unterscheiden: eine sehr warme in den sehr niedrig gelegenen Tälern, eine gemäßigte in halber Höhe der Berghänge und eine ausgesprochen kalte in den Gipfelregionen mit Hochgebirgsflora.

Die Bevölkerung Si-tschangs setzt sich aus verschiedenen Rassen zusammen: aus Chinesen, Lolo und anderen Eingeborenen sowie einer geringen Anzahl von Tibetern.

Die Chinesen – Bauern und Kaufleute – bewohnen die Täler, in denen auch die Städte und großen Dörfer liegen. Die Lolo leben im Gebirge.

Die Lolo unterscheiden sich in ihrem Körperbau deutlich von den Chinesen und Tibetern ihrer Umgebung. Sie sind groß und in der Regel mager. Die Männer tragen über ihrem Gewand meistens eine Art weiter Pelerine, die am Hals in Falten zusammengehalten ist, unten mit Fransen abschließt und bis zu den Füßen reicht, die Frauen einen faltigen Rock und eine Art Kasack.

Obwohl das Land der Lolo chinesisches Gebiet ist, haben sich diese unter ihren örtlichen Stammeshäuptlingen eine gewisse Unabhängigkeit bewahrt. So harmlos diese sein mag, ist sie dem Gouverneur von Si-kang doch ein Dorn im Auge, so daß er zu wiederholten Malen, wenn die Lolo seiner Meinung nach allzu kühn geworden waren, kleine Strafzüge gegen sie unternahm.

Die Lolo teilen sich in zwei soziale Klassen: die »Schwarzen O« und die »Weißen O«. Die »Schwarzen« sind die Adeligen, etwa das, was man bei uns »blaues Blut« nennt. Es gibt ihrer nur wenige; neunzig Prozent der Bevölkerung sind »Weiße«, das heißt Plebs, und keiner dieser Niedriggeborenen ist ein völlig freier Mensch.

Die niedrigen Lolo wiederum gliedern sich in vier Kasten, entsprechend dem Grad von Freiheit, dessen sich die jeweiligen Angehörigen der Kaste erfreuen. Die Angehörigen der obersten Gruppe sind Leibeigene der Herrenschicht, der »Schwarzen O«; die der untersten Gruppe richtige Sklaven, nicht besser als das Vieh – ihr Herr kann sie nach Belieben verkaufen oder austauschen.

Erwachsene dürfen die Herren heute ja eigentlich nicht mehr verkaufen, aber bei Kindern fragen sie nicht viel. Tatsache ist, daß Kinder, vor allem Mädchen, noch dauernd verkauft werden, obwohl dies nach dem neuen chinesischen Gesetz verboten ist. Viele meiner Nachbarn in Se-tschwan, in Si-kang und anderwärts hatten kleine Sklavinnen als Mägde. Da das Gesetz die Sklaverei nicht mehr duldet, kommt es allerdings manchmal vor, daß solch ein kleines Mädchen, wenn es älter wird und seinen Lebensunterhalt auch anderswo verdienen kann, seiner Herrschaft davonläuft. Diese verfügt über kein »legales« Mittel, es zur Rückkehr zu zwingen, was aber nicht heißt, daß sie mitunter nicht auch illegale Mittel anwendet, um das Mädchen wieder zurückzuholen. Doch die kleinen Sklavinnen sind nur selten intelligent und unternehmend genug, um nicht zu riskieren, daß sie, sobald sie erst frei sind, verhungern. Wenn sie ins heiratsfähige Alter kommen, kann ihr Herr sie auch, wie sonst der Vater, jemandem zur Ehe geben – allenfalls zur wilden Ehe – und sich von dem Gatten die übliche Morgengabe zahlen lassen.

Sonderbar ist, daß auch Chinesen, die sich, vom Elend dazu genötigt, bei Gutsbesitzern aus der Klasse der »Schwarzen O« verdingen, in Sklaverei geraten. Man sollte meinen, es stünde ihnen so wie den Mädchen, von denen die Rede war, frei, davonzulaufen, wenn ihnen der Dienst zu beschwerlich ist. Doch das ist unter den wilden und feindseligen Bergbewohnern nicht so einfach, denn wenn diese des Flüchtlings habhaft werden, halten sie ihn fest und liefern ihn seinem Herrn aus, der ihn dann streng bestraft.

Die meisten Lolo sind, wie in der Regel auch die Chinesen, Schamanen. Sie verehren verschiedene Götter und überirdische Wesen, die in der Gegend beheimatet sind, und fürchten sich, so wie viele Menschen in allen Ländern der Erde, vor bösen Geistern. Außerdem haben sie einen Geheimkult, dem Voodoo ähnlich, dessen Symbol ein schwarzer Stein ist. Die Verehrung, die sie diesem Stein entgegenbringen, gilt indessen nicht ihm als solchem, sondern einer »Macht« oder einem »Wesen«, das er stellvertretend darstellt. Es gibt eine esoterische Lehre hierüber, und dem Kreis der Eingeweihten ist es ausdrücklich verboten, sie den Nicht-Eingeweihten mitzuteilen.

Bei den Eingeborenen im Gebiet von Li-fan, westlich von Setschwan, spielt bemerkenswerterweise ein weißer Stein eine ähnliche Rolle.

Ohne nochmals auf die mehr oder weniger vergöttlichten Steine zurückzukommen, von denen schon in einem früheren Kapitel die Rede war, muß man feststellen, daß es einen Kult mit Steinen in allen Ländern gibt, ob man sie nun an sich verehrt oder als Symbol eines geheimnisvollen Wesens, oder auch weil man ihnen eine besondere Macht zuschreibt. Schon vor der Zeit des Propheten Mohammed wurde in Mekka ein schwarzer Stein verehrt, und die Muselmanen halten ihn noch immer für heilig. Die Verehrer Wischnus suchen emsig nach Petrefakten. In Europa und Amerika schreiben viele Leute verschiedenen Edelsteinen und Halbedelsteinen besondere Einflüsse zu.

Wie die meisten Eingeborenen im äußersten Westen Chinas unternehmen auch die Lolo häufig Raubüberfälle. Mein guter Stern hat mich glücklicherweise davor bewahrt, jemals einem solchen zum Opfer zu fallen, und nichts trübte je die guten Beziehungen, die ich zu verschiedenen Zeiten zu den Lolo hatte. Nur ein einziges Mal hatte ich Pech, doch daran war nur ich selber schuld.

Ich hatte die Absicht, mich aus dem von den Stämmen der Lolo bewohnten Distrikt von Si-tschang in eine Gegend südlich von Mili im tibetischen Gebiet zu begeben. Meine angeborene Abneigung gegen normale, von jedermann benützte Wege hatte mich verleitet, einer von mir selbst ausgedachten Route durch das Gebirge zu folgen. Außer meinem ständigen Reisebegleiter und Adoptivsohn, dem Lama Yongden, hatte ich noch zwei Maultiertreiber mit mir. Unsere Tiere waren: eine große Mauleselin, auf der ich ritt, das Pferd Yongdens und drei Maultiere, die das Gepäck trugen.

Unsere zweite Reiseetappe führte uns zu dem Wohnsitz eines Lolo-Häuptlings. Sein geräumiges, aus Steinen erbautes Haus ließ auf solide Wohlhabenheit des Distriktes schließen. Wir wurden freundlich aufgenommen und erhielten ein großes Zimmer für die Nacht zugewiesen. Auf einem Wandbrett über unseren Feldbetten lag ein schwarzer Stein.

Unser Wirt sprach etwas Tibetisch, und so unterhielten Yongden und ich uns mit ihm in einem Gemisch von Tibetisch und Chinesisch. Natürlich wollte er vor allem wissen, wohin wir unterwegs seien, und als wir es ihm mitgeteilt hatten, beschrieb er uns genau den Weg, den wir einschlagen müßten, um an eine bestimmte Stelle am Ya-lung zu gelangen, wo sich ein Fährmann mit einem Boot befinde; die Tiere müßten hinüberschwimmen. Die Route, die er uns angebe, sagte der Lolo, sei die einzig gute für uns; außer ihr gebe es nur noch schmale Bergpfade, abschüssig und verworren, im Dickicht schwer zu finden: eine Art Labyrinth, in dem wir uns unfehlbar verirren würden.

Die übergroße Genauigkeit, mit der unser Wirt uns den einzuschlagenden Weg beschrieb, sein Drängen, von diesem nicht abzuweichen, erregte meinen Argwohn. Nach allem, was ich von den räuberischen Lolo gehört hatte, neigte ich zu der Meinung, der Mann, der uns so genaue Anweisungen gab, sinne auf einen Hinterhalt und wolle uns an einen bestimmten Ort schikken, wo uns etliche von ihm dorthin entsandte Leute berauben sollten. Warum beraubte er uns nicht, während wir bei ihm waren? Aus dem gleichen Grund, weshalb die tibetischen Hirten der Hochalmen die Reisenden nicht in der Nähe ihres Lagerplatzes beraubten: damit die Kläger, wenn der Vorfall einer lokalen Behörde zu Ohren käme, die Schuldigen nicht genau angeben könnten.

Ich dankte also dem Lolo für seine guten Ratschläge, aber am nächsten Tag, nachdem wir einige Kilometer weit der von ihm beschriebenen Route gefolgt waren, befahl ich den Maultiertreibern, quer durch den Wald abzuschwenken und in dieser Richtung einen anderen Weg zu suchen. Wir fanden einen, wir fanden mehrere, sie führten uns zu Bergpässen hinauf und wieder hinunter in Täler. Die Bussole half uns nichts in diesem immer wieder von Bergen abgeriegelten Terrain, das uns der Tiere wegen zwang, alle Augenblicke von der Richtung abzuweichen, die wir einhalten wollten. Die Wälder waren völlig einsam, wir begegneten keinem Menschen, den wir nach dem Weg hätten fragen können. Tage vergingen. Es war Regenzeit, wir waren durch Wolkenbrüche bis auf die Haut durchnäßt und stapften durch dicken Kot . . . Unser Proviant war fast aufgezehrt . . .

An einem Abend endlich stießen wir auf eine Hütte. Die Bewohner schienen Holzfäller zu sein. Ich hielt es für klüger, keine Fragen nach ihrer Beschäftigung zu stellen. Sie erlaubten uns, bei ihnen einzutreten. Der gestampfte Lehmboden im Innern der Hütte war fast ebenso aufgeweicht wie die Wege draußen, mit Ausnahme einer erhöhten breiten Lehmbank rings um die Feuerstätte. Dort wollte ich mich hinlegen, aber ein alter Großvater hatte schon einen Teil der Bank bezogen, er blieb seiner ganzen Länge nach liegen und stieß mich zornig brummend mit dem Fuß weg.

Die Leute sagten, wir hätten einen falschen Weg eingeschlagen. Wir müßten umkehren und dann einen anderen Weg nehmen. Niemand bot sich an, uns zu führen. So irrten wir denn am nächsten Morgen wieder von einem Weg zum anderen. Wir waren wirklich in einem Labyrinth, wie unser Wirt es uns vor Tagen warnend vorausgesagt hatte. Der biedere Mann! Er hatte es gut mit uns gemeint, als er uns den richtigen Weg beschrieb; ich war gestraft dafür, daß ich seine guten Absichten in Zweifel gezogen hatte. Wer weiß, ob sein Fetisch, der schwarze Stein, ihm nicht schon mein Mißgeschick zugeraunt hatte und ob er mich nicht recht auslachte. Wir brauchten zwölf Tage, ehe wir wieder den richtigen Weg fanden.

Aus jener Gegend nach Nordwesten wandernd, erreicht man Mili. Mili ist ein winziger, unter sehr laxer chinesischer Kontrolle feudalistisch regierter tibetischer Staat. Das Staatsoberhaupt ist ein kriegerischer Lama nach Art der mittelalterlichen Fürstbischöfe. Standesherren seiner Art gab es einst in Japan, aber auf ganz anderer Rangstufe. Der geistliche Schattenkönig von Mili besitzt jedoch immerhin Sklaven, und wenn ihm welche entlaufen, reklamiert er sie laut und vernehmlich als sein Eigentum. Der Gouverneur von Si-kang hat der Großmannssucht dieses Operettenpotentaten bereits einen Dämpfer aufgesetzt, aber noch vor etlichen zwanzig Jahren standen die Eingeborenen ganz unter seinem tyrannischen Regiment. Um jene Zeit entfloh einer seiner Sklaven nach Jün-nan, ließ sich dort nieder und trat zum Katholizismus über. Jahre vergingen, der ehemalige Sklave konnte annehmen, sein Herr habe ihn längst vergessen. Dem war aber nicht so. Auf einer Reise hatte er die Unvorsichtigkeit, sich in das Gebiet von Mili zu wagen. Er wurde gefaßt, festgehalten und sollte wieder Sklave werden.

Dem französischen Missionar, der mir die Geschichte erzählte, gelang es, sein Schäflein dem Zugriff des Allgewaltigen von Mili zu entreißen, doch nur mit vieler Mühe und nach Ablauf einer langen Zeit.

Eine starke Opposition der Einwohner von Si-tschang erhob sich gegen den Entschluß der Regierung, ihren Distrikt der Provinz Si-kang anzugliedern.

Die reichen Kaufleute und Landwirte des Distriktes sahen keinerlei Vorteil in dem Anschluß an eine arme, unfruchtbare, zur Hälfte aus Ödland bestehende, von unzivilisierten Khampa bewohnte Provinz. Es hatte nichts Verlockendes für sie, sich mit ihren Steuergeldern an dem Budget für eine in Aussicht genommene Melioration entlegener Landstriche und für den geplanten Bau von Straßen zu beteiligen, die sie auf ihren Reisen nie benützen würden. Eine gewisse Genugtuung wurde ihnen in ihrer Opposition allerdings zuteil. Si-tschang bildet keinen so ganz richtig eingegliederten Distrikt, und an der Spitze seiner Verwaltung steht zur Zeit, da ich dies schreibe, ein General. Ein General ist immerhin kein »Gouverneur«, und seine Stellung gegenüber dem Gouverneur von Si-kang ist nur ungenau umrissen. Sie kann sich, wie in China alle Situationen solcher Art, je nach den Umständen ändern, und das ist sehr häufig der Fall.

Ta-tsien-lu, die Hauptstadt von Si-kang, ist ein ehemaliger tibetischer Marktflecken, aus dem eine chinesische Stadt wurde. Ihr eigentlicher, tibetischer Name ist Dartsedo, das bedeutet: Zusammenfluß der Wasserläufe Da und Dze.* Der Da ist ein reißender Wildbach, der vom Paß Jeda oder Dzeda herunterkommt und in einem steinigen Bett das enge Tal durchrauscht, in dem Ta-tsien-lu liegt. Der Dze kommt aus einem anderen Tal und berührt die Stadt in ihrem untersten Ende, nahe dem Nordtor. Dort vereinigen sich die beiden Wasserläufe zu einem ziemlich breiten, immer noch reißenden Fluß, der etwa zehn Kilometer weiter in den Tatung mündet.

Ta-tsien-lu ist, wie schon erwähnt, der Name, der auf den meisten Karten aufscheint, daher behalte ich ihn hier bei, obwohl die Chinesen den Namen der Stadt in Kang-ting geändert haben.

An die Entstehung von Ta-tsien-lu knüpft sich natürlich eine Legende.

Zu jener Zeit, heißt es, war das Land Miniag – ein Distrikt ungefähr drei Tagesmärsche von Ta-tsien-lu – in drei Kreise geteilt, deren Landesherren die Abkömmlinge von drei Vasallen des Königs Kurkar von Hor** waren. Eines Tages waren die drei Für-

* Nach anderen hat der Name etwas mit einem Stein zu tun, auf tibetisch: »do«.

** Kurkar (siehe auch Kapitel II) oder besser: Gurkar, bedeutet »weißes Zelt«. Der Name hängt damit zusammen, daß die Mongolenstämme, über die der König herrschte, in weißen Zelten wohnten. Nach der Überlieferung hatte der König zwei Brüder, Gurnag (»schwarzes Zelt«) und Gurser (»gelbes Zelt«), ebenfalls nach der Farbe der Zelte der von ihnen beherrsch-

sten mit einigen Gefährten auf der Jagd und verfolgten einen Hirsch. Das Tier führte sie auf den Gipfel eines Berges. Da fiel die Nacht ein, sie konnten die Jagd nicht fortsetzen und entschlossen sich, an Ort und Stelle zu nächtigen.

Als sie bei Morgengrauen erwachten, fanden sie die Spuren des Hirsches wieder und nahmen neuerlich die Verfolgung auf.

Auf ihrem weiteren Weg gelangten sie zu einem Punkt, von dem aus sie ein enges Tal erblickten, das tief zwischen hohen Bergkämmen eingeschnitten war.

In dem kleinen Tal unter ihnen gewahrten die Jäger einen Eremiten. Zu seinen Füßen lagerten Gemsen und wilde Ziegen und schienen seinen Worten zu lauschen. In ehrfürchtigem Staunen nahten die Jäger dem Einsiedler und baten um seinen Segen.

Die Fürsten von Miniag gedachten nun an dem durch den Aufenthalt eines frommen Anachoreten geheiligten Ort einen Palast zu erbauen. Der Einsiedler billigte ihre Absicht, und auch eine Göttin, die einen Berg in der Nähe bewohnte, erschien und gab ihre Zustimmung. Die Göttin war Lamo dze (»die schöne Göttin«). Noch heute existiert bei Ta-tsien-lu eine Lamaserie, die den Namen Lamo dze trägt.

Der Palast wurde erbaut und rings um ihn Häuser für die Minister und die Dienerschaft der Fürsten. Dann kamen Bauern, die das Land in der Umgebung rodeten und bebauten. Ihnen folgten Kaufleute, und so entstand nach und nach eine Stadt.

Die Vorfahren der Gründer von Ta-tsien-lu stammten, wie schon erwähnt, aus Miniag, und Miniag hatte nach der Überlieferung des Landes eine ruhmreiche Vergangenheit.

Zur Zeit Kurkars von Hor, heißt es in der Überlieferung, regierten drei edle Fürsten, seine Vasallen, die drei Distrikte von Miniag, wie später deren Nachkommen, die Gründer von Ta-tsien-lu. Jene früheren Fürsten waren Brüder und hießen Tschitsi Tampa, Yütsi Tampa und Yitsi Tampa. Sie waren ungemein begabt und einfallsreich und hatten fliegende Fahrzeuge erfunden.

ten Stämme so benannt. Diese Könige dürften im 7. oder 8. Jahrhundert in dem Gebiet von Kan-tse, im heutigen Si-kang, gelebt haben. Alle drei Brüder, vor allem aber Kurkar, spielen eine bedeutende Rolle in dem tibetischen Nationalepos »Gesar von Ling«, weil der Held des Gedichtes langwierige Kriege gegen Kurkar führte.

Diese hatten Vogelgestalt und konnten die Flügel nach Belieben ausspannen und wieder zusammenfalten. Ein Mensch, der in dem Fahrzeug saß, konnte es in jede beliebige Richtung steuern, es knapp über dem Erdboden hinfliegen oder bis in die Wolken steigen lassen. Die »Flugzeuge« wurden durch den Wind angetrieben, und manche konnten bis zu zwanzig Personen befördern.

Die Fürsten von Miniag hatten auch bereits Feuerwaffen erfunden.

Dann geschah es, daß Gesar von Ling, nachdem er Kurkar von Hor besiegt hatte, eine Besichtigungsreise durch die Gebiete unternahm, die ihm durch seinen Sieg zugefallen waren. Er kam also nach Miniag. Auch er besaß fliegende Schiffe* und traf in einem solchen in Miniag ein.

So berichtet wenigstens die Sage, doch muß man sich fragen, wozu Gesar einen fliegenden Wagen brauchte, da doch sein göttliches Streitroß Kyang Gnö Karkar fliegen konnte und Gesar sich im Laufe seiner wunderbaren Reisen oft auf dessen Rücken von einem Ort zum andern tragen ließ. Doch Wahrscheinlichkeit darf man von einer Sage nicht verlangen, gerade ihr Mangel an Logik erhöht ihren Reiz.

In Miniag sah Gesar nun die Flugzeuge in Vogelgestalt, und nach reiflicher Überlegung erklärte der weise Held, diese Erfindung gereiche der Menschheit nicht zum Heil, vielmehr könne ihr aus ihrem Gebrauch viel Übel erwachsen. Von den Feuerwaffen sagte er dasselbe. Da die Leute von Miniag großes Vertrauen in die Weisheit und Voraussicht Gesars setzten, warfen sie ihre Flugzeuge und ihre Feuerwaffen in einen Abgrund hoch oben im Gletschereis ihres sagenumwobenen Berges Miniag Konkar.

In moderner Zeit brachte Miniag eine große Anzahl ausgezeichneter Männer von hoher Bildung hervor. In den Lamaserien leben viele gelehrte Lamas. Ein Mann von besonderem Geist ist der Lama Kangs Kar, ein Angehöriger der Sekte der Kahgyudpa. Er hat zahlreiche Schüler unter den Chinesen der sozialen Oberschicht. Manche von ihnen verbringen von Zeit zu Zeit mehrere Monate in seinem Kloster, um die buddhistischen phi-

* »Himmelsschiff«, nam dü, so nennen die Tibeter die Flugzeuge.

losophischen Lehren zu studieren und sich in die Praxis der mystischen Meditation einführen zu lassen.

Ta-tsien-lu war einst der Sitz der Könige von Giala, einer Dynastie feudaler tibetischer Fürsten, wie es deren ehedem eine stattliche Anzahl von größerer und geringerer Bedeutung gab und die alle den Titel eines »Gyalpo« (König) führten. Ein unkluger Aufstand wurde dem Geschlecht der Giala zum Verderben; die Chinesen zogen ihre Güter ein und entkleideten sie aller Macht. Der letzte, ziemlich verarmte Abkömmling des Geschlechtes wohnt in einem Haus, das ehemals einen Teil des Palastes seiner Ahnen bildete. Der Palast und seine Nebengebäude wurden erst kürzlich demoliert und an ihrer Stelle Gebäude in europäischem Stil zur Unterbringung der Büros der Provinzialregierung errichtet.

Die Sommerresidenz der Könige von Giala, auf einem Berghang einige Kilometer außerhalb der Stadt gelegen, brannte während meines Aufenthaltes in Ta-tsien-lu ab. Der Brand entstand angeblich dadurch, daß der Wind die Tempelfahnen mit den auf dem Altar brennenden Lampen in Berührung brachte, und da in dem Augenblick niemand im Tempel noch auch in seiner Nähe war, griff das Feuer mit großer Schnelligkeit auf die anderen Gebäude über, die in ihrer Mehrzahl aus Holz waren. Der Brand dauerte vierundzwanzig Stunden.

Unglücklicherweise hatte der Nachkomme der Könige von Giala einige Monate vor der Katastrophe aus Angst vor den japanischen Bombenangriffen die von seinen Vorfahren durch viele Generationen angesammelten Schätze nach der Sommerresidenz transportieren lassen: alte Stickereien, Handschriften in Goldlettern, Mobiliar, kostbare Gefäße und so weiter. Alles wurde ein Raub der Flammen oder von üblen Subjekten aus der Schar der Neugierigen gestohlen. In Ta-tsien-lu treiben immer Diebe ihr Unwesen, sobald ein Brand ausbricht. Während einige sich den Anschein geben, als wollten sie helfen, Wertgegenstände zu retten, und dabei reichliche Beute machen, suchen andere die Stadtviertel auf, deren Bewohner weggelaufen sind, um dem Brand zuzusehen, erbrechen die Türen der verlassenen Häuser und suchen in aller Ruhe zusammen, was ihnen wegzutragen beliebt.

Brände sind häufig in Ta-tsien-lu, während der rund fünf Jahre, die ich mich dort aufhielt, habe ich fünf erlebt, deren jeder immer einen ganzen Stadtteil vernichtete. Die kleinen Brände, denen jedesmal nur ein oder zwei Häuser zum Opfer fallen, sind gar nicht zu zählen.

Es gibt in Ta-tsien-lu weder eine Feuerwehr noch eine richtige Feuerspritze. Sooft irgendwo Feuer ausbricht, spielt sich rings um eine handbetätigte Spielzeugspritze eine burleske Komödie ab, indessen die Hauptarbeit von den Leuten getan wird, die in Eimern Wasser vom Fluß herbeischleppen. Schüler sind dabei als Feuerwehrleute eingekleidet: mit kurzen Hosen, schwarzen Blusen und Hüten aus Bambusgeflecht, die mit Blech von alten Petroleumkanistern beschlagen sind. Sie sind mit Enterhaken ausgerüstet, wie sie die Bootsleute verwenden. Rottenführer mit schrill tönenden Signalpfeifen dirigieren in respektvoller Entfernung von dem brennenden Gebäude diverse Exerzierübungen. Nachher, wenn von allem nur mehr ein Haufen rauchender Asche übrig ist, spannen sich etliche Jungen vor die Spielzeugspritze und schleppen sie wieder in den Schuppen, in dem sie untergebracht ist. Die Enterhaken geschultert, folgen die anderen Schüler in Prozession.

Der feierliche Ernst der Mitwirkenden während dieser burlesken Darbietung ist unbeschreiblich.

Der Chinesisch-Japanische Krieg führte eine Menge Flüchtlinge nach Ta-tsien-lu, die später nach und nach wieder in ihre Wohnorte in anderen Gegenden zurückkehrten, doch die Erhebung der Stadt zur Provinzhauptstadt hatte durch den Zuzug von Beamten, die in vielen Fällen ihre zahlreiche Verwandtschaft mitbrachten, einen bleibenden Bevölkerungszuwachs im Gefolge. Es ist in China üblich, daß die ganze Familie bis zur entferntesten Vetternschaft an dem Glück teilnimmt, das einem Familienmitglied in den Schoß fällt: Vermögen, eine einflußreiche Stellung, eine Machtposition und so weiter. Das ist eine Art Familienkommunismus, von denjenigen geschmäht, die seine Opfer sind, aber gegen eine jahrhundertealte Unsitte nicht aufkommen können.

Das alte Ta-tsien-lu aus der Zeit seiner Gründung existiert nicht mehr. Ein ungeheurer Erdrutsch hat das einstige Bild des Tales verändert und dort, wo einst der Marktflecken lag, in den Berg eine breite Bresche gerissen. An seiner Stelle ist heute ein Chaos von Felstrümmern.

Die Leute in der Gegend wissen weder die Zeit noch die Ursache der gewaltigen Katastrophe anzugeben. Es handelte sich zweifellos um einen natürlichen Wassersack von erheblichem Volumen, der plötzlich barst und einen Teil des Berges in seinen zu Tal stürzenden Fluten mitriß. Einige sprechen von einem See, der sich mit einemmal über das ganze Tal ergossen habe; tatsächlich gibt es mehrere in den umliegenden Bergen, und angeblich lag in früherer Zeit auch einer auf dem Plateau Po-mo-schan, das noch heute die Stadt beherrscht, doch seit dem Erdrutsch viel kleiner ist.

Von seiner früheren Stelle verdrängt, ist Ta-tsien-lu in der Talenge an beiden Ufern des reißenden Da neu erstanden. An der Ansiedlung ist weiter nichts bemerkenswert. Die Straßen sind größtenteils nur schmale Passagen, an denen recht unansehnliche chinesische Kaufläden liegen. In den Gäßchen und den engen Häusern wimmelt es von der dicht zusammengedrängt lebenden chinesischen Bevölkerung. Zur Stunde der Mahlzeiten sieht man, wie auch sonst überall in China, die Ladeninhaber in ihren nach der Straße offenen Läden sitzen und zu den verschiedenen Ragouts, die sie in Schalen vor sich stehen haben, mit den bekannten Stäbchen ihren Reis essen.

Kurz nach der offiziellen Erhebung Ta-tsien-lus zur Hauptstadt von Si-kang ließ der Gouverneur Liu-Wan-Wei in den Jahren 1942 und 1943 verschiedene Arbeiten zur Modernisierung und Durchlüftung der Stadt in Angriff nehmen. Einige Straßen wurden verbreitert, und am rechten Ufer des Flusses wurde ein Boulevard angelegt. Für die Provinzialbüros wurden, wie schon erwähnt, moderne Gebäude errichtet. Auch ein hübsches Wohnhaus für den Gouverneur wurde gebaut sowie ein ziemlich großes Fremdenhotel und ein Kino. Dem Hotel fehlte es an Gästen, und so übersiedelten dahin bald Zweigbüros der Zentralregierung. Das Kino fiel einem der Brände zum Opfer, von denen ich berichtet habe.

Vor seiner Vernichtung hatte es jedoch glorreiche Tage. Die jahrhundertealte Vorliebe der Chinesen für Theatervorstellungen war durch den Krieg nicht vermindert. Während der ganzen Dauer der Feindseligkeiten hatten die Theater und Kinos von Tscheng-tu übervolle Häuser. Es kam häufig vor, daß Frauen im Gedränge ohnmächtig oder verletzt wurden, wenn die Menge sich um Eintrittskarten zu einer Theater- oder Kinovorstellung balgte.

Einen solchen Andrang hatte das Kino in Ta-tsien-lu zwar nicht aufzuweisen, denn Ta-tsien-lu ist nur eine kleine Stadt, doch die Besucher waren immerhin zahlreich. In naiver Art gestellte Kriegsfilme wechselten mit anderen ab, die, nach den Reklameplakaten zu urteilen, höchst phantastisch gewesen sein müssen.

An einer hölzernen Reklamefläche auf dem Gehsteig vor dem Kino prangte fast zwei Monate lang eine riesige Ankündigung. Die von hohen Pfosten getragene Tafel war so geschickt angebracht, daß das Plakat allen Vorübergehenden ins Auge fallen mußte. Es stellte eine nackte Frau dar, die mitten im Wald bis zu den Knöcheln in einem kleinen Bach stand. Neben ihr lag ein Tiger, der seinen Kopf an den Schenkel dieser Nymphe lehnte und sie mit ausgesprochen verliebten Augen ansah.

Wie man mir erzählte, verurteilten einige Missionspatres, die auf ihren beruflichen Gängen am Kino vorbeikamen, die nackte Dame und ihren Tiger aufs schärfste. Vielleicht hatten sie festgestellt, daß von der Gruppe ein verwirrendes Fluidum von »Sexappeal« ausgehe. Die weniger sensiblen, von Kultur unbeleckten Eingeborenen fühlten sich nicht im geringsten schockiert, hingegen erweckte das Plakat in ihnen etwas sonderbare Vorstellungen von den Frauen der westlichen Hemisphäre. Ich hörte, wie einer höchst gelassen zu seinem Freund sagte: »Das sind so die Sitten der ausländischen Frauen.«

Als weitere Verschönerung von Ta-tsien-lu entstand im Anschluß an den unteren Teil der Stadt, unterhalb des Zusammenflusses der beiden Wildbäche, ein neues Viertel. Man führte eine lange Häuserzeile unmittelbar am rechten Ufer des Flusses entlang; einige Häuser wurden unvorsichtigerweise direkt in dem Teil des Flußbettes erbaut, der im Winter trockenliegt. Die Leute, die die Pläne zu dem Viertel entwarfen, dachten, ein kleiner Damm würde genügen, um das Wasser zur Zeit des höheren Wasserstandes im Sommer abzulenken. Damit war es aber nichts. Gleich im ersten Sommer, kaum daß die Häuser fertig waren, schwemmte der durch die Regengüsse angeschwollene Fluß die Bauten wie Strohwische weg, staute sich aber überdies an ihnen und überschwemmte auch die Häuser am Ufer selbst.

Die Soldaten der Garnisonen richteten in aller Eile einen Damm auf, der wohl einen Teil der Strömung ablenkte, doch das in seinem Lauf gehemmte Wasser flutete um so stärker gegen das linke Ufer und riß die dort befindlichen bebauten Felder mit sich. Ein Gemüsegärtner sah mehr als die Hälfte seines Terrains, das gerade in diesem Jahr sehr ertragreich war, samt den angepflanzten Gemüsen davonschwimmen. Das bedeutete für ihn den Ruin, um so mehr, als er keinen Schadenersatz erhoffen konnte.

Ebensowenig erhielten die Hauseigentümer, deren Häuser zwecks Verbreiterung verschiedener Straßen der Stadt enteignet wurden, eine Ablöse. Derartige Entschädigungen sind in China fast nirgends üblich. Mehrere Ladenbesitzer mit einem großen Kundenkreis mußten also einfach zusehen, wie ihr ganzes Haus vom Erdboden verschwand. Einen kannte ich, dem blieb gerade nur so viel Grund, daß er an der Mauer seines Nachbarn einen Sessel hinstellen konnte. Mit den Läden der Kaufleute verschwand nicht nur das kleine Kapital, das ein Holzhaus repräsentierte, sondern auch der einzige Verdienst derjenigen, die von ihrem Handel lebten. Zu allem Überfluß mußten die Besitzer, denen ein Teil ihres Hauses geblieben war und die sich dazu eine neue Fassade bauten, eine hohe Abgabe entrichten, um die Kosten der Pflasterung jenes Teiles der Straße zu decken, der vor ihrem verkleinerten Haus lag. Unter diesen Umständen versteht man, daß die Verschönerung der Stadt für viele eher ein Anlaß zur Bitterkeit als zur Freude war.

Die durchgeführten Veränderungen machten aus Ta-tsien-lu immer noch keine schöne Stadt, und die Hauptstadt von Si-kang kann sich mit der von Sching-hai, der bedeutenden Stadt Sining, nicht vergleichen. Sie ist und bleibt ein Provinznest, zwischen hohen Bergen in einem engen Tal eingebettet, einem Schlund sozusagen, der nur wenig Sonne hat. Immerhin hat die Stadt jetzt mehr Luft als früher, und der Boulevard entlang dem Fluß bietet den Städtern die Möglichkeit eines angenehmen Spaziergangs.

Bei den vorgenommenen Umbauten hat man leider die sanitären Anlagen vernachlässigt. An sie denkt man in China, in Indien und in den meisten Ländern des Orients nur selten. Wir wollen mit ihnen aber nicht zu streng ins Gericht gehen; es ist noch nicht allzu lange her, daß man sich bei uns um sie kümmert, und es ist in dieser Hinsicht auch bei uns weitaus nicht alles vollkommen.

Der Wildbach Da, der Ta-tsien-lu durchfließt, dient als Kloake für alle Bedürfnisse. Am linken Ufer, wo die Häuser unmittelbar am Wasser stehen, sind die Abtritte in der ganzen Länge der Stadt über das Flußbett vorgebaut. Zur Zeit des hohen Wasserstandes und bei rascher Strömung ist das nicht so schlimm, aber im Winter, wenn infolge der geringen Wassermenge das Flußbett zur Hälfte trockenliegt, verbreitet sich von dorther ein abscheulicher Gestank.

Die Chinesen sind dafür nicht sehr empfindlich; die öffentlichen Latrinen der Stadt verpesten die Luft in ihrer Umgebung noch viel mehr. Das ist aber noch gar nichts im Vergleich zum Gestank in der Ebene rings um Tscheng-tu, der Hauptstadt von Se-tschwan, wo man die Felder aus Mangel an Vieh und daher an Dünger mit dem flüssigen Inhalt der Senkgruben düngt.

In Ta-tsien-lu liefern die Karawanen von Jaks, Pferden und Maultieren Dünger in reichlicher Menge, den man wohl verwenden könnte, doch die Bauern lassen einen großen Teil ungenützt und düngen die Gemüse lieber mit der stinkenden Flüssigkeit, die sie in zwei Eimern an einer über die Schulter gelegten Bambusstange auf die Äcker transportieren.

Noch erstaunlicher ist, daß auch die Fremden sich diese widerliche Gepflogenheit zu eigen machen. So düngen zum Beispiel die französischen katholischen Missionare fast ausschließlich auf chinesische Art, obwohl sie genügend Mist von den Jaks zur Verfügung hätten. Große, ausgemauerte Gruben, offen und ohne Abfluß, dienen ihnen als Latrinen, deren Inhalt sie dann ausschöpfen und in den Gärten ausgießen. Die Gruben können gelegentlich auch Unfälle verursachen. Soviel ich weiß, hatten des öfteren Hühner und Ferkel das Unglück, in die ekelhafte Jauche zu fallen und darin zu ersticken.

Die anglo-amerikanischen protestantischen Missionare praktizieren diese Art Düngung nicht, aber auch ihre sanitären Einrichtungen lassen zu wünschen übrig. In diesen wie in vielen anderen Dingen geben die Fremden den Eingeborenen kein gutes Beispiel.

Obwohl Ta-tsien-lu ursprünglich ein rein tibetischer Marktflecken war, sind die Tibeter den Chinesen gegenüber jetzt in der Minderzahl.

Viele Tibeter sind Handelsleute in leitenden Stellungen in den Niederlassungen der Export- und Importfirmen. Während die chinesischen Kleinhändler und Handwerker sich in den kleinen Häusern im Stadtzentrum zusammendrängen, wohnen die Tibeter hauptsächlich am Rande der Stadt, und zwar in weitläufigen Gebäuden, in denen mehrere Wohnungen sind. Das bedeutet ein Abgehen von der Wohnweise in Tibet, wo die meisten Leute jeweils für sich in ihrem eigenen Hause leben.

Jene weitläufigen Wohngebäude haben in der Mitte einen großen Hof, in dem die Jaks und die Maultiere über Nacht eingestellt werden können, die ansehnlicheren auch noch einen zweiten, mit Steinplatten belegten; hier werden die Waren abgeladen und dann in den Magazinen gelagert, die rings um den Hof liegen. Die Wohnräume der Mieter liegen häufig an einer Galerie im ersten Stock, manche mitunter allerdings auch im Erdgeschoß.

Die Tibeter importieren in China auf dem Weg über Tatsien-lu Wolle von den Herden der hochgelegenen Weiden Tibets. Den gleichen Handel, nur in noch größerem Ausmaß, treiben sie mit Si-ning, der Hauptstadt der Nachbarprovinz Schinghai. Während des Krieges, als die Straßen von Burma her durch die japanische Besetzung blockiert waren, kamen Karawanen aus Indien auf dem Umweg über Tibet nach Ta-tsien-lu und brachten indische und europäische Artikel verschiedener Art herein: Kaliko, Schafwollstoffe, Aluminiumkasserollen, Männerhüte, Nägel, Nähnadeln und so weiter. Nur eine geringe Menge dieser Artikel blieb in Ta-tsien-lu, der Großteil ging weiter nach China. Ich sage nach China, denn obwohl Si-kang offiziell eine chinesische Provinz ist, fühlen sich die Einwohner nach wie vor zu Tibet gehörig. In Ta-tsien-lu sagt alle Welt ganz selbstverständlich: die »Straße nach Cina« und meint damit die Straße, die aus dem Bergland nach Se-tschwan hinunterführt. Ebenso sagt man: »nach China gehen«, wenn man sich in das Flachland von Setschwan begibt; hingegen sagen die Leute: »nach Jün-nan gehen« und »die Straße nach Jün-nan« und machen so einen Unterschied. In dieser feinen Nuance wird die alte Tradition der Selbständigkeit der verschiedenen chinesischen Provinzen deutlich.

Mit Kriegsende ergaben sich wieder normale Verbindungen, und die Einfuhr von Waren aus Indien über Tibet verlor naturgemäß an Bedeutung. Sie hörte trotzdem nicht ganz auf, denn die tibetischen Kaufleute brachten zu allen Zeiten Waren nach Ta-tsien-lu, die sie in Lhasa einkauften und die aus Indien oder Europa stammten.

Der eigentliche Handel jedoch, der in Ta-tsien-lu intensiv betrieben wird und von dem ein Großteil der tibetischen Einwohner lebt, ist der Handel mit Tee.

Seit Jahrhunderten ist Ta-tsien-lu der Ausgangspunkt der Karawanen, die den Tee nach Lhasa bringen, von wo aus er über ganz Tibet verteilt wird.

Einige Bemerkungen über diesen Tee sind vielleicht nicht uninteressant. Der Tee, mit dem die Tibeter beliefert werden, sieht anders aus als der, den wir in Europa beziehen. Er besteht aus sehr harten Ziegeln. Die Ziegel des Tees der besten Qualität sind im allgemeinen 20 bis 30 Zentimeter lang und nicht ganz so breit, die des Tees zweiter Qualität doppelt so groß und die der dritten Qualität, der schlechtesten, noch größer.

Es ist grüner, nicht gerösteter Tee. Die erste Qualität besteht aus Blättern allein, aber unter die jungen Blatttriebe sind auch viele große Blätter gemischt. Die zweite Qualität enthält teilweise auch schon holzige Zweige und die minderste Qualität, für

Ein Kaufmann und seine Frau aus dem Lande Kham.

Im chinesisch-tibetischen Grenzland umherziehende Spaßmacher.

die man sehr tief abgeschnittene Teestauden verwendet, deren sehr viele.

Der Tee wird im Freien oder in gedeckten Räumen getrocknet und hierauf maschinell zu Ziegeln gepreßt. Dies geschieht in Ya-tschau (alias Ya-an), wohin der Tee aus den Nachbardistrikten gebracht wird. In Ya-tschau werden die Teeziegel in tiefe Bambuskörbe gelegt und so nach Ta-tsien-lu transportiert. Heute wird der Transport noch durch Menschen besorgt, die die Körbe auf dem Rücken tragen, voraussichtlich werden an die Stelle der Träger jedoch bald Lastautos treten, sobald die neu angelegte Straße ganz fest und ständig benutzbar sein wird. Die Träger müssen sich dann einen anderen Verdienst suchen; das wird nicht ohne Schwierigkeiten vor sich gehen und viel Elend zur Folge haben. Si-kang hat keine Industrie, und die Kulis haben kein Handwerk erlernt.

In Ta-tsien-lu wird eine Aufteilung vorgenommen. Der Tee, der nach Li-tang, Batang und anderen von Ta-tsien-lu nicht allzu weit entfernten Orten geht, wird in den Körben transportiert, in denen er sich bereits befindet. Der für Zentraltibet bestimmte Tee wird aus den Körben genommen und die Ziegel zu vier oder sechs, je nach ihrer Größe, in frisch abgezogene Jakhäute verpackt. Die Pakete werden sehr straff zusammengenäht. Im Trocknen ziehen sich die Häute noch weiter zusammen und bilden eine Umhüllung, die hart wie Holz und völlig undurchlässig ist. Zwei solche umfangreiche Kolli zu je sechs großen Ziegeln bilden, jedes an einer Seite befestigt, die Last eines Yaks, und so, ein paar Monate lang im gemächlichen Schritt der schwerfälligen, langhaarigen Rinder dahinwandernd, bringen die Karawanenführer den Leuten im »Land des Schnees« das Hauptingredienz ihres Nationalgetränks.

Ich sage: Hauptingredienz, denn die Tibeter fügen dem Tee selbst noch andere Ingredienzien bei.

Hier das Rezept:

Der Tee, nämlich der, der in Ziegeln nach Tibet und der Mongolei geliefert wird, wird ziemlich lange gekocht. Hierauf schüttet man die Flüssigkeit in ein Butterfaß und gibt Salz, Butter und etwas Soda hinzu, durch die der Tee eine hübsche, rosige

Farbe bekommt. Alles zusammen wird dann tüchtig geschlagen und nachher durch ein Bambussieb passiert, damit keine Teeblätter in der Flüssigkeit bleiben. Diese wird schließlich in große Teekannen gegossen, und die Kannen werden in heiße Asche oder nahe ans Feuer gesetzt, so daß sich der Tee, der sich während des Schlagens abgekühlt hat, langsam wieder erwärmt, ohne noch einmal zum Kochen zu kommen. Die Tibeter trinken den Tee mit Vorliebe lauwarm, ein Geschmack, den ich nicht teile.

Daher mußte ich mir so manches liebe Mal Zwang antun, um die Etikette nicht zu verletzen, wenn ich bei angesehenen Leuten zu Gast war. Der ausgezeichnete, mit Butter versetzte Tee – der mir sehr gut schmeckt – wurde dampfend serviert, und ich hätte mich manchmal nach einem Ritt im scharfen Wind gern mit dem heißen Getränk erwärmt, doch die Höflichkeit verlangte, daß ich mich an die Gepflogenheit meiner Gastgeber hielt. Die nun ließen das Getränk in ihren Tassen so lange auskühlen, bis die Diener wieder erschienen, die riesigen Teekannen in Schulterhöhe zeremoniell vor sich her tragend, um unsere Tassen neuerlich zu füllen, die wir jetzt erst, und zwar nur zur Hälfte, leerten. Oft war der Tee schon fast kalt geworden, und den dampfend eingeschenkten erwartete das gleiche Schicksal.

Manche Fremde glauben, die Tibeter schütteten geröstetes Gerstenmehl (Tsamba) in den Tee. Das ist ein Irrtum. Der Tee, als Getränk, wird so zubereitet, wie ich es soeben beschrieb, doch läßt sich aus Tee und Tsamba eine feste Speise bereiten. Zu diesem Zweck gießt man ganz wenig Tee in eine Schale und schüttet so viel Mehl hinzu, daß die Schale gehäuft voll ist. Dann muß man den Zeigefinger der rechten Hand geschickt in die Mitte des aufgehäuften Mehls stecken und sachte umrühren, ohne daß die Schale übergeht. Hierauf nimmt man zum Zeigefinger den Mittelfinger hinzu und rührt nun mit beiden Fingern das Tsamba um. In dem Maße, wie das Mehl immer feuchter und kompakter wird, kommen auch die anderen Finger zu Hilfe, bis man schließlich mit der ganzen Hand den trockenen Teig zu einem länglichen Kloß knetet; dieser wird dann statt Brot zu Fleisch oder anderen Gerichten gegessen. Die armen Leute essen dies allein – das ist so, wie wenn man bei uns trockenes Brot ißt. Feinschmecker kennen verschiedene Sonderarten der Zubereitung. Obwohl der Tee schon Butter enthält, geben sie zu dem Tsamba noch ein Stück Butter hinzu, bevor sie es kneten, andere auch geriebenen Käse oder Zucker. Der Lama Yongden, den ich hier als Leckermaul anprangern muß, mischt Tsamba, Butter, Käse und Zucker. Ich lasse den Käse und oft auch den Zucker weg und knete nur Butter und Mehl, ohne Tee. Ein besonderer Genuß ist jedoch Tsamba in Rahm, in dem dicken Rahm, der sich auf der hochwertigen Milch der Dis (der weiblichen Jaks) bildet; oder gar erst Tsamba in Sauermilch, Yoghurt, der Lieblingsnahrung der Tibeter.

Die Verpackung der Teeziegel in Jakhaut bietet zur Zeit des Exportes vielen Männern Beschäftigung. Noch größer ist die Anzahl der Frauen, die einen lohnenden Verdienst darin finden, daß sie den Transport der Teepakete innerhalb der Stadt besorgen, von dem Ort der Ankunft oder der Verpackung in die verschiedenen Lager, von denen sie später mit den Karawanen abgehen.

Diese Frauen gehören einer ausschließlich aus Frauen bestehenden Vereinigung an, deren Mitglieder das Monopol dieser Transporte haben. Die Arbeit ist zwar einträglich, aber auch schwer. Jede Frau trägt eine Last, die oft der eines Jaks gleichkommt. Die Trägerinnen haben allerdings nicht weit zu gehen und ruhen unterwegs wiederholt aus, doch da sie im Laufe eines Tages zehnmal und öfter den gleichen Weg machen, legen sie doch eine ausgiebige Wegstrecke zurück.

Viele von ihnen sind wirklich hübsch und kokett gekleidet. Sie behängen sich mit viel Schmuck: schweren silbernen Armbändern, türkis- oder korallenverzierten Amuletten, die ganze Halsgehänge bilden, und zahlreichen Ringen. Sie sind urwüchsige Geschöpfe, immer fröhlich und keck, sie schwatzen, scherzen und lachen dauernd untereinander. Ihre überschäumende Vitalität steht in lebhaftem Gegensatz zu dem scheuen, gehemmten Benehmen der meisten Chinesinnen in der Provinz.

Es ist wohl gut, hinzuzufügen: in der Provinz; denn die modernen Chinesinnen in den großen Städten sind sehr selbstsicher und gelöst. Viele Tibeterinnen aus dem Volk in Kham wieder haben eine ganz besondere, derb-bäuerische, gutmütige Art, die keineswegs abstoßend ist.

Über den Wechselfällen des Krieges im Fernen Osten, die unsere ganze Aufmerksamkeit in Anspruch nahmen, übersahen wir vielfach die ungeheure Friedensarbeit, die die Chinesen für die Neugestaltung ihres Landes leisteten. Sie haben im Laufe des Krieges mit Japan Tausende Kilometer Straßen gebaut. Allerdings kam dabei auch fremde militärische Arbeitskraft gelegentlich zum Einsatz, wie zum Beispiel beim Bau der Straße von Ledo, die von Assam (Indien) nach Jün-nan führt; doch der größte Teil der Straßen wurde ausschließlich mit chinesischer Arbeitskraft gebaut, und die Pläne wurden von chinesischen Ingenieuren entworfen. So beispielsweise die Straße von Burna, das Gegenstück der Straße von Ledo, und andere; es ist zwar nicht viel von ihnen die Rede, doch durchqueren sie gebirgige Gegenden, die bisher nur selten und unter bedeutenden Schwierigkeiten und Strapazen von Forschern, Pilgern und wagemutigen Kaufleuten bezwungen wurden.

Seit Ta-tsien-lu Provinzhauptstadt wurde und man den westlichen Grenzgebieten einen gesteigerten Wert beimißt, kam die chinesische Regierung mit gutem Grund zu der Überzeugung, daß die alten Straßen, die von Se-tschwan über Ya-tschau nach Osttibet führen, unzureichend seien.

Es gab zwei, ja sogar drei von Ya-tschau nach Ta-tsien-lu. Zwei davon wurden täglich von Reisenden benützt und dienten auch dem Warentransport. Die Gegend, durch die sie führten, ist sehr zerklüftet, und zwischen nahe aneinander heranrückenden Bergen liegen nur enge, zum Teil durch Wildbäche ungangbare Täler. Die »lange« Straße klomm an den steilen Hängen hin, die »kurze« kletterte über noch steilere hinauf und hinunter. Die dritte, wenig benützte, war zu bestimmten Jahreszeiten überhaupt »halsbrecherisch«.

Über die »kurze« Straße kam auch ich nach Ta-tsien-lu. Für irgendein Vehikel mit Rädern waren diese Straßen selbstverständlich unbenützbar. Man reiste auf ihnen in Sänften, die entweder von Männern oder von Pferden getragen wurden, und die

Waren wurden auch von Männern oder auf Maultieren transportiert.

Anstatt die Lasten auf dem Rücken zu tragen, ziehen die chinesischen Träger es oft vor, sie an den beiden Enden einer Bambusstange zu befestigen, die sie im Gleichgewicht auf eine ihrer Schultern legen. Handelt es sich um eine schwere Last, dann wird sie in der Mitte einer Bambusstange aufgehängt; die Enden der Stangen ruhen je auf der Schulter eines Mannes, wobei ein Träger hinter dem anderen hergeht.

Im Jahre 1939 wurde der Bau einer Straße begonnen, die auch für Motorfahrzeuge benützbar sein sollte. Im Sommer 1940 war sie fast fertiggestellt und wurde offiziell eröffnet. Zwei kleine Autos erreichten Ta-tsien-lu. Sie hatten den Weg nicht mit eigener Kraft bewältigt, Kulis hatten sie an verschiedenen Stellen schieben und tragen müssen. Immerhin: sie waren angekommen, und die Bevölkerung wiegte sich in den schönsten Hoffnungen. Aber ach! Die Freude war nur von kurzer Dauer. Die Holzbrücken, die man über die Wildbäche geschlagen hatte, waren nicht fest genug und hielten dem Gewicht etwas schwerer beladener Lastwagen nicht stand, sie brachen zusammen; selbst leere Fahrzeuge stürzten in die Bäche. Dann gab es Erdrutsche an Stellen, wo die Straße an Steilhängen hinführte, an anderen Stellen rissen die Regengüsse Teile von ihr weg. Man versuchte die Schäden zu reparieren und die Straße auch sonst zu verbessern, doch ohne Erfolg, und schließlich entschloß man sich, die bisherige Arbeit im Stich zu lassen und eine ganz neue Trasse zu entwerfen.

Die ausdauernden Chinesen machten sich noch einmal ans Werk, und die neue Straße wurde 1942 für fertig erklärt. Wieder erschienen zwei kleine Autos in Ta-tsien-lu.

Sie kamen nach Einbruch der Nacht mit brennenden Scheinwerfern an. Die Menge, die sich am Eingang der Stadt staute, versperrte die Straße. Ein paar Leute, die die Gaffer bewegen wollten, auszuweichen, indem sie ihnen begreiflich zu machen versuchten, es sei gefährlich, vor den herankommenden Wagen auf der Fahrbahn zu bleiben, wurden beschimpft und ziemlich derb angeschnauzt. Was sie das anginge? fragten die Eingeborenen. Was sei denn da weiter gefährlich? Die Autos könnten mit ihren Augen doch wohl sehen, wohin sie fahren müßten! Die einfältigen Menschen glaubten, die brennenden Scheinwerfer seien wirklich Augen.

Die Straße wurde zunächst für leichte Fahrzeuge benützbar, schwerere konnten sie erst 1943 befahren. Doch selbst dann ereigneten sich noch Unfälle: das Erdreich rutschte unter einigen Lastwagen ab, so daß sie in die Flüsse stürzten; unter den Reisenden gab es Verletzte und sogar Tote. Die niederen Schichten der Bevölkerung bauschten die Zahl der Unglücksfälle auf, und es entstand das Gerücht, es sei lebensgefährlich, in den Fahrzeugen zu reisen, die eine bestimmte Gesellschaft in Dienst gestellt hatte. Die Sänftenträger förderten die Verbreitung von derlei Geschwätz und betrieben ihr einträgliches Gewerbe weiter.

Vielleicht interessieren den Leser ein paar kurze Angaben über die Steigerung der Transportkosten in China.

Im Jahre 1939 zahlte ich für eine Sänfte mit zwei Trägern von Ya-tschau am Fuß des Gebirges nach Ta-tsien-lu acht chinesische Dollar. 1943 mußte ich für dieselbe Strecke in entgegengesetzter Richtung, also hinunter in die Ebene, und zwar auf einer Route ohne die geringsten Beschwerlichkeiten – denn ich wählte die neu angelegte, für Wagen befahrbare Straße –, 1000 chinesische Dollar zahlen.

Im Jahre 1945 kostete die Sänfte mit zwei Trägern von Yatschau nach Ta-tsien-lu 20 000 chinesische Dollar, und seither sind die Preise noch weiter gestiegen.

Dieser enorme Unterschied in der Entlohnung macht sich weder in der Kleidung noch in der Kost der Kulis bemerkbar.

Sie gehen ebenso zerlumpt einher wie früher; sie essen unterwegs vielleicht ein wenig besser und rauchen mehr Opium in den ungezieferverseuchten Opiumspelunken der Dörfer, durch die sie kommen – das ist alles, was sie dabei gewonnen haben. In der Zeit, in der sie keine Arbeit finden, stehen sie mittellos da. Der übermäßig gestiegene Preis des Reises, der Kleiderstoffe und überhaupt aller Dinge wird von ihrem Mehrverdienst kaum aufgewogen. Im großen und ganzen ist ihre materielle Lage die gleiche geblieben, die sie immer war.

Auf meiner langsamen Reise im Tragstuhl hatte ich genügend Muße, die Fahrstraße von Ya-tschau nach Ta-tsien-lu gründlich in Augenschein zu nehmen. Sie überquert mehrere Gebirgsketten und erreicht auf dem Paß Ehr-Tog-Schan eine Höhe von 3000 Metern. Der Höhenunterschied gegenüber dem 2600 Meter hoch gelegenen Ta-tsien-lu ist zwar gering, doch die Straße führt in tiefe Täler hinab und muß neuerlich emporsteigen, um den Paß zu gewinnen. Es ist übrigens nicht der einzige, den sie zu bewältigen hat. In Anbetracht der Schwierigkeiten, die beim Bau der Straße zu überwinden waren, kann man sie als wirklich gut bezeichnen.

Diese Tatsache straft die oft geäußerte Meinung Lügen, die Chinesen seien unfähig, etwas Tüchtiges zu leisten, wenn sie nicht von Ausländern angeleitet werden, denn die Straße ist, wie schon erwähnt, zur Gänze ein Werk der Chinesen.

Auch in der entgegengesetzten Richtung von Ta-tsien-lu wurden Straßen gebaut. Eine folgt dem alten Karawanenweg und überquert den Paß Dza. Dann führt sie durch offenes Gelände und erreicht in großer Entfernung Jakyendo an der Grenze des »außerhalb gelegenen« Tibet, das heißt des von Lhasa her regierten Gebietes, das der chinesischen Kontrolle nicht untersteht. Noch vor Jakyendo gabelt sich die Straße, und während die eine sich nach Jakyendo wendet, führt die andere nach Si-ning, der Hauptstadt von Sching-hai, quer durch das ungeheure, einsame Grasland der Provinz und am großen »Blauen See« vorüber, dem Kuku-nor.

Von Jakyendo müßte die Straße normalerweise nach Lhasa führen und würde dann von Lhasa weiter in dem kleinen Staat Sikkim das Himalajamassiv durchqueren und Indien erreichen.

Im Norden andererseits müßte sich die Straße von Si-ning weiter nach Urga und Sibirien fortsetzen. Auf diese Weise könnte man im Auto aus dem südlichsten Teil Indiens am Indischen Ozean bis an das Nördliche Eismeer reisen, also ungefähr vom Äquator bis zum Polarkreis. Aber man muß mit der menschlichen Dummheit rechnen, die, während man erwartet, daß sie endlich einmal überwunden wird, heute mächtiger zu sein scheint denn je.

Die Tibeter widersetzen sich dem Bau der Straße jenseits der chinesischen Grenze (der Grenze des »innerhalb gelegenen«, also von China verwalteten Teiles von Tibet). Ihre ausländischen Berater nähren wahrscheinlich diese Opposition. Sie wird schließlich einmal schwinden, und die Straße wird gebaut werden – aber wann?

Wenn einerseits die chinesischen Ingenieure für die Anlage von Straßen in ausgedehnten, ungeheuer zerklüfteten Gebieten alles Lob verdienen, darf man andererseits nicht vergessen, was für Opfer diese Straßen von den einfachen Arbeitern forderten, die den Bau durch Berge und Wälder vortrieben. Die offiziellen Berichte darüber erinnern an die alten Zeiten, da die Große Chinesische Mauer gebaut wurde.

Die Baugeschichte einer anderen großen Straße, die Setschwan mit Si-tschang verbindet, bietet ein Beispiel dafür. Die Straße heißt »Die große Straße von Lo-Si«, weil sie in Lo-schan (der neue Name der Stadt Kia-ting) beginnt und nach Si-tschang führt.

Ich entnehme die folgenden Details einem offiziellen Bericht:

»Schon vor ihrer offiziellen Übergabe an den Verkehr hatte die 525 Kilometer lange Große Straße Kia-ting – Si-tschang einen legendären Ruf. Sämtliche Einzelheiten ihrer Baugeschichte sind vorläufig noch das Geheimnis der einsamen Berge. Eines Tages wird die Geschichte dieses Meisterwerkes der Straßenbaukunst einen Rekord an zahllosen Opfern und unentwegten Kämpfen mit der Natur enthüllen. Äußerte sich doch ein Funktionär nach der Rückkehr von einer Inspektionsfahrt: ›Die Erde ist dort von dem Schweiß und dem Blut von 100 000 Arbeitern getränkt . . ., die mit primitiven Werkzeugen einen Weg durch die unwegsamsten Berggegenden Chinas bahnten.‹«

Der Höhenunterschied zwischen dem tiefsten und dem höchsten Punkt der Straße von Lo-Si beträgt 2400 Meter. Es ist die größte Niveaudifferenz von sämtlichen Straßen ganz Chinas. Der höchste Punkt, den die Straße erreicht, liegt 2835 Meter hoch.

Es ist nicht schwer, zu erraten, daß die chinesische Landbevölkerung für die Strapazen und Gefahren, die ihr bei einer Mitarbeit am Bau der Straße drohten, wenig Begeisterung aufbrachte.

Die Arbeiter wurden nämlich tatsächlich zwangsweise angeworben – in China gibt es noch Zwangsarbeit. Der offizielle Bericht spricht von 100 000 Männern und Frauen, die man gewaltsam rekrutierte, in Gegenden, in denen die Eingeborenen bis dahin noch nie auf solche Weise zur Arbeit gepreßt worden waren. Die Berichte verschweigen auch nicht, daß diese Rekrutierungen zu Unruhen unter der Bevölkerung Anlaß gaben, die mit den Aushebungen betrauten Beamten es jedoch nicht erst zu Aufständen kommen ließen, sondern sie im Keime erstickten, ehe sich noch irgendwelche Gewaltakte ereigneten.

Mit welchen Mitteln die Unruhen der zur Sklavenarbeit gepreßten Bergbewohner unterdrückt wurden, ist nicht gesagt, hingegen hören wir, daß während des Straßenbaues 2000 Arbeiter ums Leben kamen. Diese Ziffer umfaßt zweifellos die Zahl derer, die auf der Straße selbst durch einen Unfall, eines gewaltsamen Todes oder an einer akuten Erkrankung starben. Die Zahl der Verletzten und derjenigen, die sich irgendwelche Krankheiten zuzogen, in ihre Dörfer zurückkehrten und dort starben, wird wohl kein Mensch je erfahren.

Ich will gewiß nicht leugnen, daß die Anlage von Straßen quer durch China und Zentralasien einen Fortschritt bedeutet. Indessen bin ich glücklich, daß ich zwischen Ceylon und der Mongolei noch zu einer Zeit unterwegs war, da es nur malerische, schmale Pfade gab und der Reisende mitunter auch ohne gebahnte Straßen selbst seinen Weg durch die einsamsten Gegenden suchen mußte. Das Land damals zu durchstreifen, war von einem zauberhaften Reiz, den keine Autostraße je wird bieten können.

Abgesehen von meinem persönlichen Geschmack in dieser Hinsicht werde ich jedoch nie müde werden, mit der größten Beharrlichkeit den Widersinn anzuprangern, daß man einerseits mit vieler Mühe immer neue Verbindungswege schafft, während andererseits sämtliche Länder ebenso intensiv darauf aus sind, den Verkehr der Menschen überall auf der Erde zu behindern oder zu unterbinden.

Löbliche Anstrengungen machten die chinesischen Behörden

zur Ausgestaltung des Schulunterrichts in der Provinz Si-kang. Zu diesem Gegenstand hier einige Ziffern aus den offiziellen Berichten:

»Die Provinzialregierung hat in Kang-ting (Ta-tsien-lu) die ›Akademie Wu-Min‹ ins Leben gerufen und damit für die Provinz Si-kang eine hochwertige Institution auf dem Gebiet des Unterrichtswesens geschaffen. Zu der Akademie gehören 16 Schulen, und zwar Mittelschulen, höhere Schulen und Berufsschulen, mit zusammen 68.397 Schülern; 411 Anstalten, an denen kein Schulgeld zu entrichten ist, mit einem jeweils einjährigen Studienplan und 17.917 Schülern; ferner 34 Volksbildungsinstitute, sechs Bezirksbibliotheken und zwei Lehrkörper, die die Provinz bereisen und ambulanten Unterricht erteilen.

Si-kang besitzt außerdem mehrere Sonderschulen für die nichtchinesische Bevölkerung des Grenzgebietes.

Die höhere Schule in Kang-ting bildet Lehrkräfte für die sechs Provinz-Elementarschulen des Grenzgebietes aus.

Außer dem Unterricht erhalten die Schüler Verköstigung, Quartier und die Schulbücher gratis. Eltern, die ihre Kinder in die Schule schicken, erhalten eine monatliche Zuwendung.«

Dieses Programm verrät lobenswerteste Absichten, und ich bin überzeugt, daß seine Schöpfer wirklich von solchen beseelt waren. Von einem Plan bis zu seiner Verwirklichung ist indessen mitunter ein weiter Weg. Seine Proponenten fanden nicht die Unterstützung, die man ihnen hätte angedeihen lassen sollen. Auch die materiellen Verhältnisse, die enorme Steigerung der Lebenskosten, waren hinderlich.

Nichtsdestoweniger wurde ein tüchtiges Stück Arbeit geleistet, und man darf von der Zukunft noch mehr erwarten. Das Wichtigste ist, bei der Grenzbevölkerung den Wunsch zu erwekken, daß die Kinder überhaupt einen Unterricht erhalten.

Die Elementarschulen werden von einer erheblichen Anzahl von Kindern besucht, ebenso die Schulen mittlerer Stufe. Die beiden höheren Schulen, die der Provinz und die der Zentralregierung, zählten auch ziemlich viele Schüler. Eine davon wurde während meines Aufenthaltes in Ta-tsien-lu geschlossen, angeblich weil die Lebenskosten bedeutend gestiegen waren und die

Mittel für die Gratisbeköstigung der Schüler nicht mehr aufgebracht werden konnten. Das war jedoch nur Gerede; in Wirklichkeit war die Aufrechterhaltung von zwei höheren Schulen in Ta-tsien-lu durch nichts gerechtfertigt. Sämtliche Schulen sind Knaben und Mädchen zugänglich.

Obwohl an sich zufriedenstellend, erreicht der Besuch der Schulen auf den verschiedenen Stufen allem Anschein nach nicht die nach den offiziellen Berichten angegebenen Ziffern, doch ist vorauszusehen, daß er sie in naher Zukunft erreichen oder wahrscheinlich überschreiten wird.

Die überwiegende Mehrheit der Knaben und Mädchen, die die Schulen besuchen, sind Chinesen. Die Tibeter der breiteren Volksschichten haben sich noch nicht daran gewöhnt, ihre Kinder unterrichten zu lassen. Die Kinder der Reichen erhalten Privatstunden von einem Mönch in einem Kloster oder von einem weltlichen Lehrer, der zu ihnen ins Haus kommt oder im Haus wohnt. Mitunter entsteht auf solche Weise eine ganze Schulklasse, die die Kinder mehrerer Familien und oft auch die des Dienstpersonals der Familien vereinigt. Außer in besonderen Fällen geben diese Lehrer ausschließlich Elementarunterricht, und die Schüler brauchen sehr lange, um die einfachsten Dinge zu erlernen. Das liegt nicht an ihrer mangelnden Intelligenz, sondern an den törichten Methoden, nach denen die Unterrichtenden vorgehen.

Geraume Zeit vor meiner Ankunft in Ta-tsien-lu hatte eine protestantische Mission dort eine kleine Schule eröffnet; sie wurde eben geschlossen, als ich hinkam. Als Grund der Schließung wurde mir folgendes mitgeteilt:

Die chinesische Regierung hatte eine Verordnung erlassen, wonach die Schulleiter ihre Schüler jeden Morgen zum Gruß der chinesischen Fahne und des Bildes von Sun-Yat-Sen, dem »Vater der Republik«, antreten lassen mußten.

Dem Missionar, der die Schule leitete, war diese Zeremonie zuwider, und anstatt sie durchzuführen, schloß er lieber seine Schule.

Die französischen katholischen Priester zeigten mehr gesunden Hausverstand und fügten sich der Anordnung. Ich wohnte längere Zeit in einem neben der Schule gelegenen Haus. Von meinem Fenster aus sah ich, wie die Schüler sich allmorgendlich im Hof versammelten, die chinesische Nationalhymne sangen und die zur Faust geballte rechte Hand erhoben, während an einem Mast die chinesische Fahne gehißt wurde. Am Abend, ehe sie die Schule verließen, wurde die Fahne unter der gleichen Zeremonie eingeholt.

Ich finde diesen weltlich-kultischen Akt der Ehrenbezeigung für das durch seine Fahne repräsentierte Vaterland würdig und ergreifend und sehr geeignet, in den Herzen der jungen Menschen ein Gefühl staatsbürgerlicher Solidarität zu erwecken. Es erschiene mir wünschenswert, die Sitte auch in Frankreich einzuführen, in einer dem französischen Empfinden entsprechend angepaßten Form.

Die erhobene geballte Faust ist, wenn ich nicht irre, eine Grußart politischen Ursprungs. Die Geste wirkt nicht freundlich. Die Chinesen haben sie übernommen, doch ist bei ihnen diese Grußform nicht an eine einzelne politische Richtung gebunden.

Die Schule der französischen katholischen Mission war eine sogenannte eingetragene Schule, das heißt, sie war von den chinesischen Behörden konzessioniert und daher verpflichtet, ihren Unterricht nach dem von der chinesischen Regierung erlassenen Studienplan abzustimmen. Sie durfte Kandidaten zu den öffentlich-amtlichen Prüfungen stellen; die Lehrer waren weltliche Lehrer, und zwar Chinesen, die Schüler mußten nicht unbedingt Katholiken sein.

Die Auswirkungen des Chinesisch-Japanischen und des Weltkrieges waren bis Ta-tsien-lu fühlbar. Alle Preise stiegen beträchtlich, und was die Mission betrifft, so erhielt sie wohl Unterstützung von amerikanischer Seite, mußte sich jedoch finanziell einschränken. Andererseits erweiterte die Provinzialregierung den Schulbetrieb. Ein »Pfadfinderkorps« wurde gegründet, Gemeinschaftsausflüge mit Abspeisung im Freien wurde organisiert.

Als »eingetragene« Schule mußte die Missionsschule die Neuerungen der öffentlichen Schulen mitmachen, das heißt, den Schülern die Pfadfinderausrüstung liefern und sie mit Proviant für die Ausflüge ins Gebirge versehen. Auch noch andere Verpflichtungen erwuchsen den Missionaren, und die Lehrer verlangten unter dem Druck der allgemeinen Teuerung bedeutende Gehaltserhöhungen.

Die Mission konnte – so sagte man mir – die erhöhten Kosten nicht mehr tragen; die Schule wurde geschlossen, und die den Missionaren gehörenden Räumlichkeiten wurden zu günstigen Bedingungen an eine Bank vermietet, die, wie die Fama mit Recht oder Unrecht wissen wollte, den Opiumhandel finanzierte.

Im unmittelbaren Bereich der Kirche unterhielten die Missionare noch eine andere, kleine Schule, eine sogenannte Bekenntnisschule. So heißen die Schulen, in denen eine Mission offiziell nur den Religionsunterricht ihrer jeweiligen Konfession erteilt. In der im Kirchenbereich untergebrachten Schule von Tatsien-lu wurden jedoch, wie die Missionare selbst zugaben, die gleichen Gegenstände gelehrt wie in den Provinzialschulen. Wahrscheinlich handelte es sich um Elementarunterricht. Die Schüler waren nicht zahlreich und nur Kinder katholischer Eltern.

Die »Bekenntnisschulen« stehen nicht unter der Aufsicht der chinesischen Behörden, und ihre Schüler können nicht bei den öffentlichen Prüfungen antreten. Sie können sich daher auch nicht um Anstellungen im Staatsdienst bewerben, weshalb die Eltern ihre Söhne im allgemeinen nicht in solche Schulen schikken.

Die Mission unterhielt außerdem ein Seminar. Seine Zöglinge waren Vollpensionäre und grundsätzlich für den Priesterdienst bestimmt. Es wurden jedoch nur wenige von den Seminaristen wirklich Geistliche. Die Eltern nahmen oft nur die Gelegenheit wahr, ihre Söhne in einem Institut unterzubringen, in dem sie freie Station und Bekleidung sowie irgendeinen Unterricht erhielten, holten sie aber wieder von der Schule weg, sobald sich eine einträgliche Stellung für sie fand, zu deren Erlangung sie kein öffentliches Diplom benötigten.

Trotz allem verloren die Chinesen allmählich die Lust, ihre Kinder in das Seminar zu schicken. Die Anzahl der Zöglinge wurde immer geringer, bis schließlich nur noch drei junge Leute ganz allein in den weitläufigen Räumlichkeiten des Seminars übrigblieben. Da wurde es denn geschlossen, in der Hoffnung auf eine glänzende Wiedereröffnung in späterer Zeit.

Was die Mädchen anbelangt, erwähnte ich bereits, daß sie in den öffentlichen Schulen den gleichen Unterricht erhalten wie die Knaben.

Neben den öffentlichen Schulen erteilen auch die protestantischen Missionare kleinen Mädchen Elementarunterricht in Lesen, Schreiben und Rechnen sowie Handarbeitsunterricht, der ihnen später, wenn sie einmal heiraten, nützlich sein kann: Strikken, Nähen, Anfertigung chinesischer Kleider. Der Unterricht wird in chinesischer Sprache gehalten, doch lernen die Kinder auch das Tibetische von einem eingeborenen Lehrer.

Die der französischen Mission angehörenden chinesischen Nonnen leiten eine kleine Elementarschule im Zentrum von Tatsien-lu.

Ein Pensionat für »geschenkte« und für Waisenmädchen liegt am Rande der Stadt; es wird von ausländischen Nonnen geführt und ist ihrem Kloster angeschlossen.

Ein Wort zur Erklärung der merkwürdigen Bezeichnung »geschenkte Mädchen«. Diese »Schenkung« oder »Abtretung« ist eine sehr alte chinesische Sitte, nach der Eltern ihre Kinder nach Belieben verkaufen oder verschenken durften. Verkaufte oder verschenkte Kinder wurden normalerweise Sklaven.

In den Waisenhäusern der Missionen sind im allgemeinen nur wenige wirkliche Waisen. In manchen Fällen handelt es sich um Mädchen, die im Alter von einigen Tagen oder einigen Monaten »weggelegt« wurden. In den großen Städten kommt es vor, daß Frauen, die ein uneheliches Mädchen zur Welt bringen oder in großer Notlage sind, ihr Kind an der Tür einer Mission »weglegen«, wo sie wissen, daß man sich seiner annehmen wird. Knaben werden nur in seltenen Fällen »weggelegt«, und überhaupt sind die Weglegungen wenig zahlreich. Man kann den Chinesen mancherlei vorwerfen, aber man darf sie nicht als Ungeheuer hinstellen, die üblicherweise nur verabscheuungswürdige Sitten und Gepflogenheiten haben. Die Geschichten von Kindern, die man auf den Schindanger, auf den Misthaufen oder in die Kloake wirft, sind pure Märchen. Fälle von Kindesmord kommen natürlich vor, so wie in allen Ländern, aber es ist falsch, zu behaupten, sie seien in China an der Tagesordnung.

Ein Großteil der Mädchen, die in den französischen katholischen Waisenhäusern leben, sind »geschenkte« Mädchen, das heißt, ihre Eltern haben sie hingebracht und, damit das Mädchen aufgenommen werde, eine Erklärung unterzeichnet, durch die sie sich aller Rechte auf das Kind begeben und es der Mission überantworten. Eine solche Erklärung war unter dem früheren chinesischen Regime rechtsverbindlich, sie ist es heute kaum mehr oder überhaupt null und nichtig.

Die Missionare rechnen aber trotzdem damit, daß die »Schenkung« die heidnischen Eltern daran hindern könne, ihre Tochter, wenn sie einmal getauft ist, wieder zurückzuholen und sie in ein nicht-katholisches Milieu zu bringen. Indem sie sich sozusagen ein Eigentumsrecht an den Mädchen sichern, versuchen sie vielleicht auch, sich gegen den Verlust zu schützen, den sie erleiden würden, wenn man sie ihnen in späterem Alter entführte, gerade wenn sie nützliche Arbeit leisten und dadurch die Kosten wieder hereinbringen könnten, die ihre Erhaltung in den Kinderjahren verursachte. Das ist ja wohl eine etwas allzu menschliche Rechnung, die aber doch nichts Unredliches an sich hat, solange sie sich nur auf die Wiedererlangung des zum Wohle der Pensionärinnen aufgewendeten Kapitals beschränkt.

In Ta-tsien-lu, wo das Waisenhaus draußen im Freien liegt, in einem großen Garten, sind die Kinder vollkommen gesund. Das kann man von anderen Mädchen, die in verschiedenen Klöstern der großen Städte eingesperrt sind, wo sie keine frische Luft haben und wenig Bewegung machen können, nicht immer behaupten. Die Mehrzahl der Schützlinge der Mission von Tatsien-lu war von Kindheit an ein eintöniges, trübseliges Leben gewöhnt und fühlte sich daher nicht weiter unglücklich. Einige spannen, andere strickten, wieder andere webten oder bestellten den Gemüsegarten, und alle verrichteten gelegentlich Taglöhnerarbeit: Sie mauerten, wenn ein neues Gebäude gebaut oder eines der alten ausgebessert wurde. Die hübschesten und gesündesten entrannen schließlich größtenteils diesem Frondienst. Sie waren diejenigen, unter denen man die Frauen für die zum katholischen Glauben bekehrten Chinesen auswählte, die sich verheiraten wollten.

Ehedem erhielt die Mission, wie sonst die Eltern, vom künftigen Gatten den üblichen Kaufpreis. Das wurde in Ta-tsien-lu nicht mehr gehandhabt: Die Frauen dort waren »gratis«, und die Mission gab ihnen noch eine Ausstattung. Diese Besonderheit hätte eigentlich viele arme Heiratskandidaten anziehen sollen, die vor den hohen Kosten zurückschreckten, wie sie eine Heirat in China sonst notwendig mit sich bringt. Doch nur wenige junge Mädchen heirateten, nicht weil sie keine Lust dazu hatten, sondern weil es an Bewerbern fehlte.

Im allgemeinen herrschen in den katholischen Missionen, was die Heirat ihrer Schützlinge betrifft, noch die alten chinesischen Sitten. Allerdings gibt man die Mädchen nicht mehr einem Mann, den sie überhaupt nie gesehen haben. Die Sache spielt sich im allgemeinen folgendermaßen ab:

Das junge Mädchen, von dem die Missionare meinen, es sei für einen bestimmten Heiratskandidaten geeignet, wird gefragt, ob es heiraten wolle. Andernfalls wird erwartet, daß es Nonne werde. Ein Austritt aus dem Waisenhaus auf anderem Wege als durch Heirat oder durch Eintritt in ein Kloster ist im allgemeinen nicht üblich. Die in klösterlicher Obsorge in strenger Weltabgeschiedenheit herangewachsenen jungen Mädchen sind auch nicht dazu erzogen, sich draußen im Leben eine Stellung zu schaffen, indem sie etwa einen Beruf ergreifen, der ihre Existenz sichert.

Will die Befragte nun nicht ins Kloster gehen, dann antwortet sie: ja, sie wolle heiraten. Daraufhin führt man sie eines Tages in das Sprechzimmer, wo der Bewerber bereits wartet. Sie darf ihn eine Zeitlang betrachten; ob sie es wagt, ihn auch anzusprechen, ist ungewiß.

Gleich nach dieser Begegnung fragt ein Missionar die jungen Leute getrennt, ob ihnen der Bräutigam beziehungsweise die Braut, die man ihnen zugedacht hat, gefalle. In der Regel akzeptieren sie ziemlich gleichgültig die für sie getroffene Wahl.

Dann wird ein Zeitpunkt für die Hochzeit bestimmt, die ohne

besondere Feierlichkeit vor sich geht – so war es wenigstens in Si-kang. Eine derartige Hochzeit, die eines Morgens um sechs Uhr in der Kirche stattfand, hat mir einen recht trübseligen Eindruck hinterlassen.

Ich weiß sehr wohl, daß nach der Sitte der meisten Länder diese Art Hochzeiten ehedem gang und gäbe waren, bei denen man voraussetzte, daß das junge Mädchen schlechthin bereit sei, die sexuellen Beziehungen zu irgendeinem Mann, den man ihm zuführte, passiv hinzunehmen. Möglich, daß viele junge Chinesinnen auch heute noch auf dieser Stufe einer nicht einmal den Tieren eigenen Gleichgültigkeit stehen. Ich sage: nicht einmal den Tieren eigen, denn ich hatte immer wieder Hündinnen und Stuten, die ihre Vorliebe für bestimmte männliche Partner sehr deutlich zu erkennen gaben, während sie andere mit Bissen oder Hufschlägen zurückwiesen.

Es kommt daher öfters vor, daß die von den Missionaren arrangierten Ehen nicht glücklich sind. Ich habe beklagenswerte Fälle solcher Art erlebt.

Gerade von den nettesten und vitalsten Mädchen in den Missionen entschließen sich manche aus einer spontanen Regung, aus Furcht vor allzu harter Arbeit in dem Haus, in das der künftige Gatte sie führen würde, oder auch, weil die Nonnen sie dazu überreden, im Kloster zu bleiben. Andere ergreifen eine Zwitterlaufbahn zwischen Ehe und geistlichem Stand. Sie »werden Jungfrauen«, wie die Missionare das mit einem seltsamen Ausdruck nennen. Die »Jungfrauen« sind Mädchen, die immer wieder auf ein Jahr das Keuschheitsgelübde ablegen; sie werden als Lehrerinnen in den Niederlassungen der Mission auf den Dörfern beschäftigt. Dort erteilen sie kleinen Mädchen primitiven Elementarunterricht und bringen ihnen vor allem den Katechismus und die Gebete bei.

Die »Jungfrauen« brauchen bei Ablauf der jährlichen Frist ihr Gelübde nicht zu erneuern, und auch wenn sie sich in der Zwischenzeit verheiraten wollen, können sie, wie man mir gesagt hat, ihres Gelübdes entbunden werden.

Diese Lehrerinnen, von denen manche gar nicht mehr jung sind, scheinen sich in ihrer halben Unabhängigkeit und bei den bescheidenen Bequemlichkeiten, die ihnen der Aufenthalt in den Dorfpfarren bietet, sehr zufrieden zu fühlen.

Doch wenden wir uns nun dem Pfadfinderkorps zu, dem sowohl Knaben als auch Mädchen angehören. Die Kinder ergeben sich diesem Spiel mit dem größten Ernst. Die ganz kleinen, von fünf bis zu neun Jahren, verraten durch ihr Verhalten, daß sie glauben, sie hätten eine äußerst wichtige Aufgabe zu erfüllen. Während des Chinesisch-Japanischen Krieges sah ich sie des öfteren vorbeimarschieren. Sie sangen dabei aus voller Kehle patriotische und Soldatenlieder. Ganz ohne Zweifel dachten sie, wenn nun irgendwelche fremde Eindringlinge sich vor ihnen auf der Straße zeigten, dann würden sie sie bis auf den letzten Mann in Stücke hauen. Sie waren reizend in ihren Khakiuniformen, mit ihren Käppis, die für ihre kleinen Köpfe meistens zu groß waren.

Vor allem stand die Lebhaftigkeit der kleinen Mädchen in starkem Gegensatz zu dem linkischen, schüchternen Benehmen der jungen Mädchen in dem China von einst und in vielen Dörfern.

Das alles mag kindisch sein, und man darf die Bedeutung der Ergebnisse derartiger Erziehungsversuche nicht überschätzen. Trotzdem kündigt sich in ihnen vielleicht eine Verjüngung des uralten China an.

Wie schwach bis heute die Auswirkungen der von der chinesischen Regierung unternommenen Bemühungen zur Verbreitung einer allgemeinen Schulbildung unter den Eingeborenen des westlichen Grenzlandes auch sein mögen, sie werden zweifellos ihre Früchte tragen. Die Initiatoren der Bewegung mögen nur Geduld haben; lassen wir ihnen Zeit. Geduld ist in Asien die nötigste aller Tugenden.

Außer mit den Fragen des öffentlichen Unterrichts befaßt sich die Provinzialverwaltung von Si-kang auch noch mit anderen Problemen. Erzschürfer bereisen das Land auf der Suche nach Minerallagern; neue Verfahren sollen beim Waschen des goldhaltigen Sandes eingeführt werden, der in fast allen Gebieten an der Westgrenze vorkommt, dessen Ergiebigkeit an Gold jedoch gering ist.

Eine Forstverwaltung wurde eingesetzt: Sie soll die Aufforstung der Bergwälder in Angriff nehmen, die von den Köhlern vollständig abgeholzt wurden.

Das ist keine leichte Aufgabe. Trotz der neuen Vorschriften hören die Köhler und Holzfäller nicht auf, die noch vorhandenen Wälder immer höher zu den Gipfeln hinauf zu schlägern. Eine Frau aus der Gegend von Ta-tsien-lu sagte mir, das dortige Tal und die umliegenden Berge seien vor 40 Jahren noch ganz bewaldet gewesen; heute findet man dort kaum mehr einen Baum.

Viele Tibeter der Gegend – hauptsächlich Frauen – erwerben nämlich ihren Lebensunterhalt als Holzfäller, indem sie allabendlich eine tüchtige Hucke Holz heimtragen, das sie am nächsten Tag auf dem Markt zu sehr gutem Preis verkaufen. Auch die Köhler sind Tibeter, sie kommen mitunter von weit her, von Nyarong oder anderen entlegenen Orten, vier oder fünf Tagesmärsche von Ta-tsien-lu. Sie bringen ihre Holzkohle in Körben auf Jaks verladen in Karawanenzügen zum Markt. Da es in der Gegend von Ta-tsien-lu keine Steinkohlenminen gibt und die Winter dort sehr streng sind, ist die Holzkohle ebenso wie das Holz sehr begehrt. Leute, die vom Holzfällen oder vom Kohlenbrennen leben und kein anderes Handwerk erlernt haben, sind schwer dazu zu bringen, die neuen Verordnungen zu beachten, die das Schlägern der Bäume verbieten.

Während meines Aufenthaltes in Si-kang unternahm man den Versuch, entlang den Straßen Bäume anzupflanzen. Die Arbeit sollte von Soldaten durchgeführt werden. Diese hatten keinerlei Erfahrung, interessierten sich auch gar nicht für die Sache und wollten nur so schnell wie möglich damit fertig werden. Sie setzten aufs Geratewohl irgendwo, zwischen Steinhaufen oder in Bachbetten, junge Bäumchen ein, die schon mehr oder weniger vertrocknet, teilweise überhaupt abgestorben oder ohne Wurzeln waren. Viele davon wurden von den Bauern oder von Reisenden gestohlen, die in der Nähe kampierten und Feuer machen wollten, um Tee zu kochen. Manchmal rissen auch die Soldaten selber bei Einbruch der Nacht die Bäumchen wieder aus, die sie tagsüber gepflanzt hatten. Holz war eine wertvolle Beute.

Die Behörden von Si-kang arbeiteten auch ein Bewirtschaftungsprogramm aus. Eine eigene Abteilung ist beauftragt, die Möglichkeiten zur Hebung des Ackerbaus und der Viehzucht zu studieren. Zu ihrem Ressort gehören noch verschiedene andere Fragen, wie die Bewässerung bestimmter Distrikte, der Transport und Verkauf der landwirtschaftlichen Produkte, die Errichtung von Industrien auf genossenschaftlicher Basis.

Kleine Papierfabriken und Fabriken zur Herstellung von Eisengerät erhalten Kredite, die Gründung einer Lederindustrie, die Fabrikation von Stoffen, Decken und Teppichen werden gefördert.

Vorläufig machen fast nur die Chinesen von den Vergünstigungen Gebrauch, die die Verwaltungsbehörden bieten. Die Eingeborenen verhalten sich ebenso wie beim Schulbesuch auch diesen Neuerungen gegenüber gleichgültig, mitunter sogar ablehnend. Doch die Behörden setzen ihre Bemühungen fort.

Die Versuche in der Viehzucht und in der Milchwirtschaft erlitten ein ernsteres Fiasko. In Tai-ning, auf der Hochebene, wurde eine Ökonomie errichtet. Der von den Behörden ernannte Direktor war ein fähiger Mensch, der in Frankreich Fachstudien betrieben hatte; leider kannte er weder das Land, wo man ihn hinschickte, noch die Tiere, die dort gehalten wurden. Außerdem konnte er nicht Tibetisch, und die Chinesen, die ihm als Personal zugeteilt waren, konnten es ebensowenig. Sie wären vielleicht tüchtige Büroangestellte in einer chinesischen Stadt gewesen, eigneten sich aber nicht dazu, in 3000 Meter Höhe Cowboy zu spielen. Sie litten schrecklich unter der Kälte und hatten Angst vor den langen, spitzen Hörnern der landesüblichen Kühe, der Zomos und der Dis.*

Die vierschrötigen, riesenhaften Khampa, Hirten, die bei ihnen bedienstet waren, machten sich lustig über die schwächlichen Chinesen, die sich, unter dem rauhen Klima leidend, zu keiner Arbeit entschließen konnten und um ein Kohlenbecken zusammengedrängt in den Hütten hockten, die ihnen als Unterkunft dienten. Sobald sie einmal ihre Hilflosigkeit erkannt hatten, betrogen und bestahlen sie sie.

* Die Zomos sind Bastarde der kurzhaarigen Stiere und der Dis, der weiblichen Jaks. Die (männlichen) Zos und die (weiblichen) Zomos pflanzen sich auch untereinander fort.

Die Kühe waren nicht richtig gepflegt, beziehungsweise sie vertrugen die Fütterungs- und sonstigen Experimente schlecht, die ihre neuen Besitzer mit ihnen anstellten, und gaben keine Milch mehr; einige gingen auch ein. Die Butter, die die Musterwirtschaft in beträchtlicher Menge an verschiedene Stellen liefern sollte, traf nur in kleinen Portionen und in langen Intervallen ein.

In dieser betrüblichen Lage hatte der Direktor der Ökonomie einen Einfall, den er mir mitteilen kam.

Es gab keine Milch bei ihm, und ohne Milch konnte man keine Butter machen. Die Behörden, die die Meierei eingerichtet hatten, wollten jedoch, daß Butter erzeugt würde.

Die Hirten auf der Hochebene hatten Milch und Butter im Überfluß. Es war schlechterdings unmöglich, Milch in die Meierei zu transportieren und sie dort zu Butter zu schlagen, denn sie wäre unterwegs sauer geworden, doch der Direktor hatte irgendwo gelesen, man könne Butter auslassen und aus der flüssigen Butter neue »frische Butter« machen. Ich zweifelte stark an dem Gelingen dieser Prozedur, doch man unternahm den Versuch, allerdings nicht in Tai-ning, sondern woanders, herunten im Tal. Die so erzeugte Butter wird scharf gesalzen, sehr sauber in Wachspapier eingepackt und als »pasteurisierte Butter« verkauft. Die Tibeter, die sie kosteten, fanden sie ekelerregend; ich urteile weniger streng: Sie schmeckt eben wie Butterschmalz und nicht wie frische Butter, das ist alles.

Die Versuche in der Viehzucht hatten nicht mehr Erfolg als die in der Milchwirtschaft.

Man führte Vieh fremder Rassen ein, Stiere, Widder, Hengste und sogar Eber, um die einheimischen Herden hochzuzüchten.

Eines Tages begegnete ich einem dieser Stiere auf der Straße; er war schon recht groß, aber noch jung, denn die Importeure meinten, die jungen Tiere würden sich leichter akklimatisieren. Der junge Stier machte die Reise aus der Ebene ins Hochland in einem Karren, der von Männern an Seilen gezogen wurde. Er schien gar nicht ängstlich; aufrecht stand er in seinem Karren und betrachtete mit herablassender, würdevoller Miene die menschlichen Wesen, die sich seinetwegen so viel Mühe machten. Die

Szene ließ mich an die alten Zeiten denken, da die Menschen noch Tiergötter verehrten. Das Tier hier hätte in etwas anderer Dekoration recht gut ein heiliger Stier Apis sein können.

Die importierten Stiere vertrugen die Höhenlage der tibetischen Weiden und den eisigen Wind, der über sie hinweht, schlecht; die Natur hatte sie nicht für ein solches Klima bestimmt.

Die plumpen, mit dickem Fell bekleideten und mit riesigen Hörnern geschmückten Bräute, die man für sie ausersehen hatte, machten ihnen Angst. Die Dis und die Zomos wiederum betrachteten die miserabel gekleideten Fremdlinge mit einer jeder Neigung baren Verwunderung.

Die armen Stiere zitterten vor Kälte und brüllten herzzerreißend – wieder eine Sache, die den Kuh-Damen Kopfzerbrechen machte. Was für eine Sprache redeten diese Neuankömmlinge? . . .

Unsere Rinder brüllen, die Jaks und die Zos hingegen grunzen. Jede gemeinsame Unterhaltung war unmöglich. Man mußte die importierten Stiere wieder in wärmere Regionen zurückschaffen.

Die Hirten des Hochlands triumphierten. Mit überlegener Miene sagten sie jedem, der es hören wollte: »Glauben die Chinesen, wir wußten nicht, daß es solche Rinder gibt, wie sie sie uns daherbringen? Wir wissen sehr wohl, daß es die im Tiefland gibt, aber wir wissen auch, daß sie bei uns nicht fortkommen können.«

Mit den Hengsten ging es auch nicht viel besser.

Das entworfene Programm sah in einem Zeitraum von fünf Jahren die Aufzucht von 3400 Pferden für die Gestüte, von 950 Ponys für die Armee und von 850 Maultieren vor. Die genaue Zahlenangabe ist großartig. Leider blieb eine so reich bestückte Zuchtstation der bloße Traum einiger Bürokraten.

Wie schon erwähnt, haben die Eingeborenen für die Neuerungen, mit denen man ihr Land beglücken will, nicht viel übrig.

Die meisten sind mit ihrer Lage vollkommen zufrieden und fürchten alles, was ihre althergebrachten Sitten und Gewohnheiten stören könnte. Die Hirten sind geschworene Gegner jeder Vergrößerung des Ackerlandes, weil das Weideland dadurch verkleinert würde. Ferner glauben sie, durch die Ausbeutung der

Minen würde der im Boden enthaltene nährende Saft eintrocknen; infolgedessen würde kein Gras mehr wachsen und in weiterer Folge das Vieh keine Nahrung mehr finden und zugrunde gehen.

Tieren von fremder Rasse, die man einführt, begegnen sie mit Mißtrauen, sie fürchten, das fremde Blut könnte ihr Vieh verseuchen, oder schon das bloße Vorhandensein fremder Tiere in der Nachbarschaft könnte die Gesundheit ihrer Herden gefährden und schließlich zu ihrer Vernichtung führen.

Bis jetzt, sagen sie, habe sich niemand um die Belegung ihrer Kühe oder ihrer Stuten gekümmert, ein solches Vorgehen sei unnatürlich, und die Chinesen, die sich nun plötzlich in diese Sache einmischten, müßten damit irgendwelche teuflischen Absichten verfolgen.

»Wer weiß«, sagte einer jener primitiven Menschen der ungeheuren Einöden einmal zu mir, »wer weiß, ob diese verdammten Chinesen, wenn sie erst einmal unsere Kühe und Stuten gezwungen haben, sich mit Stieren und Hengsten aus den Ebenen einzulassen, nicht eines Tages mit fremden Männern daherkommen, denen wir unsere Frauen ausliefern sollen?«

Darf man sich angesichts so bizarrer Gedankengänge wundern, wenn die Versuche der Chinesen, die Eingeborenen ihres westlichen Grenzlandes zu erziehen, bisher noch wenig Erfolg hatten?

Es ist nur um so verdienstvoller, daß sie ihre Bemühungen trotzdem fortsetzen, und die Gouverneure von Si-kang und Sching-hai sind zu beglückwünschen, daß sie den Mut nicht verlieren und immer wieder von neuem an die undankbare Aufgabe herangehen.

IV

VOM LEBEN ZUM TODE

Einsiedelei auf Po-mo-schan. »Spionitis.« Von wilden Menschen und einer schönen Frau, die eine Füchsin war. Der große Friedhof. Totenbestattung und Totenkult bei Chinesen und Tibetern. Wenig echte Pietät. Der Sarg der Armen. Tod am Wegesrand. »Fidele Gegend.« Fähnchen gegen Fliegeralarm.

Als ich in Ta-tsien-lu ankam, fand ich die Stadt von Flüchtlingen überschwemmt und blieb einige Tage Gast der schottischen Missionäre der »China Inland Mission«; dann wurde mir eine Einsiedelei auf einem kleinen, oberhalb der Stadt gelegenen Bergplateau als Unterkunft angeboten. Dieses Angebot verdanke ich einem hochangesehenen chinesischen Bonzen, Tai-Hsu-Fa-Sse (Tai-Hsu, der Schriftgelehrte), mit dem ich früher in Verbindung gestanden war.

Tai-Hsu ist eine prominente Persönlichkeit in den politisch-religiösen Kreisen Chinas. Er ist wie Tschiang-Kai-Schek in Sche-kiang geboren und mit ihm befreundet, hat die ganze Welt bereist und die meisten Hauptstädte besucht, vor allem Paris, wo er längere Zeit mit Orientalisten verhandelte, um ein Forschungsinstitut für chinesisch-buddhistische Philosophie zu gründen.*

Einer seiner Schüler, ein Chinese, der dem tibetischen Klerus angehörte, wohnte auf dem Plateau, das den Namen Po-mo-schan trägt, und hatte über die dort erbauten Unterkünfte zu verfügen.

Ich hatte schon früher Gelegenheit, zu erwähnen, daß die tibetischen Mönche die Gepflogenheit haben, sich in kleine Häuschen, Tschamps Khang** genannt, zurückzuziehen und sich dort kürzere oder längere Zeit der Meditation zu widmen. Einige

* Seit der Niederschrift dieser Zeilen starb Tai-Hsu, im April 1947.

** »Haus der Betrachtung« – Anm. d. Übers.

solche Häuschen gab es auch auf Po-mo-schan, sie lagen verstreut in der Umgebung eines kleinen lamaistischen Klosters.

Das mir angebotene entsprach genau den Vorschriften für derartige Unterkünfte: Es war eine Behausung für einen einzigen Bewohner – einen Klausner. Die dicken Steinmauern bargen zwei Räume im Ausmaß von Schiffskajüten. In dem kleineren war zwischen der Mauer und einer Bretterwand eine Holzpritsche aufgeschlagen, die während der Nacht als Bett, während des Tages als Sitz diente, wodurch die Zelle um so mehr an eine »Kajüte« erinnerte. Vor der Pritsche stand ein schmaler Tisch. Ein paar Wandbretter, auf denen man Bücher aufstellen konnte, und ein kleiner Altar, unter dem sich ein Schrank befand, vervollständigten die Einrichtung. Auf dem Altar stand eine Statuette Tsong Khapas, des Gründers der Sekte der Gelugspa. Wenn ich sage »Altar«, so bedeutet das nichts weiter als einen erhöhten Platz, auf dem die Figur des gelehrten Reformators in würdiger Weise stehen konnte, nicht aber, daß er deshalb nach Art der Heiligen der katholischen Kirche verehrt wurde, zu denen man betet. Kein tibetischer Buddhist erwartet irgendeine Gunst oder Gnade von den verstorbenen Lamas, wie hoch angesehen sie auch immer wegen ihres Wissens, ihrer Weisheit oder ihrer Heiligkeit gewesen sein mögen.

Das durch ein kleines quadratisches Fenster spärlich erhellte Zimmerchen stand mit einem zweiten Gelaß in Verbindung, das als Küche diente. Man nimmt an, daß der Bewohner einer solchen Einsiedelei sich von der Welt abschließt und selbst für seine Bedürfnisse sorgt oder daß allenfalls einmal im Tag ein Schüler, zugleich sein Diener, zu ihm kommt, um ihm seine Mahlzeit zu bereiten. Währenddessen schließt dann der Klausner die Tür zwischen den beiden Räumen, und der Diener geht wieder, sobald er seine Arbeit beendet hat, und läßt seinen Herrn und Lehrer allein.

Vor dem einzigen Eingang des Häuschens lag ein Hof, dessen winzige Ausmaße denen der Behausung selbst entsprachen. Er war rings von einer Mauer umfriedet, hoch genug, damit der Klausner, wenn er hier Luft schöpfte, von draußen nicht gesehen werden konnte und selbst nur den Himmel und die Kämme einiger ferner Bergketten sah.

Die Unterkunft gefiel mir gleich aufs erste. Sie machte freilich nicht den »heroischen« Eindruck jener Höhle an den letzten Nordhängen des Himalaja in 3900 Meter Höhe, am Rande des ungeheuren Hochlandes von Tibet, in der ich fast drei Jahre verbracht hatte. Der Platz hier lag um ungefähr 1000 Meter niedriger, und die Gegend konnte nicht mit Gletschern prunken; am Fuße des Plateaus Po-mo-schan lag eine von Menschen wimmelnde Stadt, nicht unendliches, einsames Land. Doch ich unterdrückte meine ultra-radikalen Anachoretengelüste und war zufrieden.

In einiger Entfernung war Yongden in einer anderen Einsiedelei untergebracht, in einer Einsiedelei weniger strengen Stils, denn ein sehr breites Fenster erhellte das Hauptgelaß, das größer war als mein Zimmer, und gab den Blick nach draußen frei, nicht nur auf die Berglandschaft, sondern auch auf eine Rasenfläche, die sich bis zu einem Säulentor erstreckte, dem eigentlichen Zugang zu dem Plateau. Das Säulentor stand am oberen Ende des steinigen, sehr steilen Fußwegs, der in Serpentinen ins Tal hinunterführte. Fünf oder sechs Menschen höchstens klommen jeden Tag hier herauf, um den Lamas Proviant zu bringen, und mitunter überquerten ein paar Holzfäller, die von den umliegenden Bergen heimkehrten, die Wiese, wählten aber meistens andere Wege. Wenn Yongden auch nicht so streng abgeschlossen war wie ich, bot ihm sein breites Fenster also trotzdem nur wenig Ablenkung. Er lebte jedoch nicht allein; unser Diener hauste mit ihm zusammen und schlief in einem Bodenraum unter dem Dach über dem zweiten Gelaß der Behausung, das wie bei mir als Küche diente. Dort bereitete der Diener unsere Mahlzeiten, die er mir entweder herüberbrachte oder die ich von Zeit zu Zeit mit Yongden einnahm.

Aus meiner Küche hatte ich ein »Badezimmer« gemacht, indem ich einen Holzzuber hineinstellte. Solange die Einsiedelei stand, hatte die Küche sicherlich nie diesem Zweck gedient, denn die tibetischen Anachoreten halten ebenso wie die Dokpa nichts vom Baden. Nicht weil sie den Aberglauben jener primitiven Leute teilten, die sich einbilden, das Wasser könnte mit ihrem Schmutz auch ihr »Glück« wegwaschen, sondern weil sie die Zeit, die sie brauchen, um sich auszukleiden, sich zu waschen und sich wieder anzukleiden, für verlorene Zeit halten.

Zu diesem Thema lesen wir in der Lebensbeschreibung des Einsiedlers und Dichters Milarepa, er habe einem jungen Mädchen nach verschiedenen frommen Lehren zuletzt auch noch den Rat gegeben: »Jetzt sollst du dich nicht mehr waschen.« Dies findet seine Erklärung in meinen Ausführungen über die Dokpa: sich waschen ist bei einer Frau ein Zeichen von Koketterie.

Solange es Sommer war, trug ich meinen Zuber oft in den vollständig abgeschlossenen Hof hinaus, um dort zuerst mein Bad und dann ein Sonnenbad zu nehmen.

Bei einer solchen Gelegenheit ereignete sich einmal eine Tragödie.

Ich briet, sowenig wie möglich bekleidet, in der Sonne, als jemand an die massive Pforte klopfte, die den Hof abschloß. Es war nicht die Stunde, zu der man mir mein Essen zu bringen pflegte, ich nahm an, jemand, der eigentlich woanders hin wollte, habe sich geirrt und werde wohl wieder gehen, wenn niemand ihm antwortete, aber es wurde beharrlich weiter geklopft und jemand rief: »Aufmachen! Aufmachen!« Ich antwortete noch immer nicht. Darauf folgte ein Wortwechsel zweier Männer auf chinesisch und schließlich wiederholte der, der auf tibetisch »Aufmachen!« gerufen hatte, seinen Befehl. Diesmal antwortete ich zornig:

»Hier ist ein Tschamps Khang, hier darf niemand herein ... Ich wasche mich gerade ... Ich mache nicht auf.«

Der Mann rief noch einmal »Aufmachen!«, doch da er keine Antwort mehr erhielt, entfernte er sich brummend samt seinem Begleiter.

Am nächsten Tag erhielt ich die Erklärung für den Versuch, bei mir einzudringen.

Der Chinesisch-Japanische Krieg hatte in China eine Epidemie ausgelöst, die ein mir befreundeter Arzt »Spionitis« nannte. Anstatt die Spione in ihrer Mitte zu suchen, wo ihrer kein Mangel war, verdächtigten die Chinesen alle Fremden und sahen deren harmloseste Handlungen für hochbedeutsam und gefährlich an.

Warum ließ ich mir einfallen, einen so entlegenen Ort zu meinem Aufenthalt zu wählen, anstatt unter den Menschen zu leben? . . . Die Fahndenden fragten sich nicht, ob in der Stadt verfügbare Quartiere wären, und kamen nicht auf den Gedanken, daß es auf meinem einsamen Plateau nichts zu spionieren gebe, während das in der Stadt vielleicht hätte zutreffen können – obwohl ich auch daran zweifle.

Mein nächster Nachbar, den die Polizei abgerichtet zu haben schien, kam mir mit bösem Gesicht sagen, ich möge aufhören, die Gegend mit meinem Feldstecher zu betrachten, wie ich es mitunter zu tun pflegte, um das Wild auf den Bergen oder die Reihen der Holzfällerinnen mit den Lasten auf dem Rücken beim Abstieg über die Hänge zu sehen.

Ich schriebe angeblich auch den größten Teil des Tages. Die Wasserträger und andere Leute hätten, wenn sie zu mir hereinkamen, meinen Tisch mit Papieren bedeckt gesehen. Sehr verdächtig auch das! . . .

Der gute Mann fügte hinzu, er werde für alles Schlechte, das ich verübe, einstehen müssen, und schien zu fürchten, meine Missetaten wären zahlreich und schrecklich.

Polizisten kamen auch von Ta-tsien-lu herauf, um Yongden zu verhören.

Um der Sache ein Ende zu machen, schrieb ich an den französischen Konsul in Tscheng-tu, Doktor Béchamp.

Doktor Béchamp besaß jene Art diplomatischer Geschicklichkeit, wie man sie in China besonders schätzt, und hatte sich seit langem die Freundschaft mehrerer hochgestellter chinesischer Persönlichkeiten erworben, darunter auch die des Gouverneurs der Provinz Si-kang. Ihn informierte er von dem Vorgefallenen, worauf dieser in meiner Sache entsprechende Weisungen gab. Man entschuldigte sich bei mir und gab mir zu Ehren ein Bankett.

Ich trug niemandem etwas nach. Die Chinesen können, wenn sie wollen, recht unangenehm sein – doch wer wäre das nicht dann und wann? Im übrigen aber sind sie die reizendsten Menschen.

So blieb ich also in meiner Einsiedelei, und den lästigen Besuchen, denen ich ausgesetzt gewesen, folgten andere, teils solche der üblichen freundnachbarlichen Art, teils solche, die mit verschiedenen, oft recht interessanten Ereignissen in Zusammenhang standen.

Ich führte durchaus kein strenges Einsiedlerleben. Ich war ja auch nicht in dieser Absicht auf das Plateau Po-mo-schan gekommen, und meine Tage der Zurückgezogenheit waren vielfach von Ausflügen in die Berge oder von Unterhaltungen mit meinem Diener unterbrochen, der mir immer berichtete, was drunten in der Stadt vorging und worüber die Leute redeten.

Eines Tages kam er mit einer seltsamen Geschichte daher.

Die Chinesen erzählten, ein Offizier habe zwei Wilde nach Ta-tsien-lu gebracht, die nicht sprechen könnten und überhaupt gar nicht wie Menschen seien. Ich hätte sie sehr gerne gesehen, doch als mein Diener mir davon sprach, lag die Sache schon einige Tage zurück und man hatte sie bereits weitergeführt.

Ich dachte zunächst, es seien vielleicht große Affen gewesen, aber auf Grund näherer Informationen, die ich später erhielt, kam ich zu der Ansicht, es habe sich wahrscheinlich um ganz unzivilisierte Ureingeborene gehandelt, wie sie noch vereinzelt in den Bergen von Jün-nan leben. Sie konnten sicherlich sprechen, doch vermutlich verstanden weder die Chinesen noch die Tibeter ihre Sprache.

Ihr Auftauchen in Si-kang ließ eine Menge märchenhafter Geschichten über die sogenannten Migöd (in tibetischer Schreibweise: mi rgod) wiederaufleben. Manche dieser Geschichten haben einen realen Hintergrund und beziehen sich möglicherweise nicht nur auf die Ureinwohner von Jün-nan, sondern auch auf andere Eingeborene der dichtbewaldeten Berge an der Grenze von Tibet, in Assam und im Gebiet des Himalaja.

Andere sind reine Phantasie oder handeln, wie ein taoistischer Okkultist, sei er nun Chinese oder Tibeter oder Lolo, sagen würde, von zufälligen Begegnungen mit Wesen, die einer anderen Welt als der unseren angehören.

Die Bergbewohner im Himalaja reden viel von den »Migöd«, die angeblich in den Urwäldern hausen und sich nur selten ins offene Gelände wagen.

Hier eine solche Geschichte, die man mir erzählt hat:

Eine Frau hütete das Vieh im Gebirge, und da sie den ganzen Sommer dort verbringen mußte, hatte sie sich in einer Höhle eingerichtet. Als sie eines Abends in der Höhle ihren Tee kochte, sah sie plötzlich zwei riesige behaarte Füße über ihrem Kopf baumeln. Offenbar saß ein Riese oben auf dem Felsen über der Höhle und ließ seine Füße ins Leere herunterhängen. Die Frau war zu Tode erschrocken, wagte aber nicht davonzulaufen, denn die Füße des Unholds bewegten sich ununterbrochen über dem Eingang der Höhle; nach einer kleinen Weile zeigte der eine Fuß auf einen großen Dorn, der in dem anderen steckte. Als dieses Hinzeigen sich mehrmals wiederholte, begriff die Frau, der Riese wolle, sie solle den Dorn herausziehen. Zitternd und bebend tat sie es. Daraufhin verschwanden die Füße, und sie hörte das Geräusch schwerer Schritte, die sich durch den Wald entfernten.

Ein paar Tage später wurde ein toter Eber von der Höhe des Felsens vor den Eingang der Höhle geworfen, und auch in der Folgezeit bezeigte der Migöd noch mehrere Male seine Dankbarkeit durch ähnliche Geschenke. Was offenbar beweist – wenn die Geschichte als solche wahr ist –, daß der Migöd ganz einfach ein primitiver Mensch war, der um die Existenz anderer menschlicher Wesen wußte, in vielem geschickter als er selbst, denn er erwartete ja, die Viehhirtin werde – vielleicht mit der Spitze ihres Messers – den tief ins Fleisch gedrungenen Dorn entfernen, den herauszuziehen ihm selbst nicht gelang. Auch die Dankbarkeitsbezeigungen lassen auf eine menschliche Mentalität schließen.

Ebenso erzählen die Lolo Geschichten von »wilden Menschen«, die sie manchmal zufällig in den Wäldern zu Gesicht bekommen. Wie mir verschiedene Lolo sagten, verfertigten diese »Wilden« steinerne Werkzeuge zu ihrem eigenen Gebrauch, vor allem Beile, mit denen sie Baumäste abhacken. Vielleicht sind das jedoch nur Märchen, obwohl es in all den von mir erwähnten Gegenden kleine Eingeborenenstämme gibt, die auf einer sehr tiefen Entwicklungsstufe stehengeblieben sind.

Einige Zeit nach dem Auftauchen der »wilden Menschen« ereignete sich in Ta-tsien-lu ein anderer »wunderbarer« Vorfall.

Ein hoher chinesischer Würdenträger, der sich auf einer Reise befand, war in einer Herberge der Stadt abgestiegen. Er war in Begleitung mehrerer Diener und einer sehr schönen Frau. Dieser war mein Diener von ungefähr begegnet, wie sie, von einigen Soldaten eskortiert, in verschiedenen Geschäften Besorgungen machte.

Hier nun setzt das Wunderbare ein: Die schöne Frau war dies erst seit kurzer Zeit; vorher war sie eine Füchsin gewesen.

Man erzählte sich, ein Großlama habe dem Chinesen das Tier geschenkt, und zwar mit den Worten: »Ich gebe Ihnen einen Fuchs-Buddha.«

Die Füchsin hatte dann ihr Fell abgestreift, oder man hatte sie, nach einer anderen Version, durch magische Künste aus dem Balg schlüpfen lassen, und – o Wunder! – plötzlich hatte sich das Tier in eine junge Schönheit verwandelt. Das abgestreifte Fell bewahrte der Beamte sorgsam und der Frau unzugänglich auf, denn falls es ihr gelänge, sich seiner zu bemächtigen, würde sie sich auf der Stelle wieder in eine Füchsin zurückverwandeln.

Diese sonderbare Geschichte kursierte überall in der Stadt, und wo immer die Fuchs-Frau erschien, sammelte sich eine Menschenmenge, um sie anzugaffen.

Nun hatte der chinesische Würdenträger erfahren, daß ich mich in der Gegend aufhielt und droben auf Po-mo-schan wohnte, was ihn veranlaßte, sich in Begleitung eines Beamten der Stadt den Berg heraufzubemühen, um mir einen Besuch zu machen.

Nachdem wir eine Zeitlang geplaudert hatten, faßte ich mir ein Herz und sagte:

»Es heißt, ein Großlama habe Ihnen einen Fuchs zum Geschenk gemacht.«

»Nicht ein Lama, sondern ein Oberst«, berichtigte mein Besucher. »Es ist ein reizendes Tier und unglaublich schlau . . . Ich werde es mit nach Hause nehmen.«

Es fiel mir schwer, ihm das Märchen von der Verwandlung

zu erzählen, das überall so eifrig besprochen wurde, aber schließlich meinte ich, es würde ihm sicherlich Spaß machen.

»Wissen Sie auch«, fuhr ich fort, »daß die Leute sagen, Ihr Fuchs habe sich in eine hübsche Frau verwandelt?«

Der Chinese lächelte etwas verlegen.

»Der Fuchs ist immer noch ein Fuchs«, erwiderte er. »Es ist keine Frau aus ihm geworden.«

Als meine Besucher sich verabschiedeten, ließ der Beamte der Stadt den Eigentümer des Fuchses ein paar Schritte vorangehen und flüsterte mir zu:

»Er nimmt einen Fuchs und eine reizende, schlaue Geliebte mit nach Hause – das ist die Füchsin!«

Im Zusammenhang mit der angeblichen Verwandlung des Fuchses erzählte man in meiner Umgebung noch eine andere Geschichte. Die Leute behaupteten, sie habe sich erst kürzlich zugetragen, aber sie schien vielmehr die abgeänderte Fassung eines alten Märchens oder Märchenfragmentes zu sein, das man variiert hatte, um die ausländischen Jäger darin unterzubringen.

Man erzählte folgendes:

Zwei Weiße waren in der Nähe von Lü-ting-kiao, einem kleinen Städtchen südlich von Ta-tsien-lu, auf der Jagd. Sie verfolgten einen Fuchs, und als sie bei seinem Bau anlangten, sahen sie anstelle des Fuchses plötzlich ein uraltes Weib im Gebüsch liegen. Die Alte sagte zu ihnen:

»Mein Balg ist unendlich wertvoll, aber ihr könnt mich nicht töten. Euer Leben ist in meiner Gewalt.«

Da warfen sich die Jäger vor ihr nieder und suchten dann rasch das Weite.

In China und Japan gibt es unzählige Geschichten von Füchsen, die man dort für listige und mächtige Zauberer hält.

Das Märchen von ihrer Metamorphose in menschliche Wesen ist sehr geläufig. Das Motiv vom Fell, das sie abstreifen, aber zur Verfügung haben müssen, um wieder Füchse werden zu können, kehrt in verschiedenen hinduistischen Geschichten wieder, in denen Göttinnen die Frauen von Königen oder einfachen Handwerkern werden, wobei diese ein Diadem oder eine Schärpe oder sonst ein Kleidungsstück, das ihrer himmlischen Gefährtin gehört, sorgfältig verstecken müssen, denn sobald sie in dessen Besitz gelangt, kann sie wieder zur Göttin werden und für immer entschwinden.

Der Winter kam und brachte starke Schneefälle. Ich wäre sehr gern in meiner Einsiedelei geblieben, die fast ganz in den weißen Wächten verschwunden war, doch mein Diener teilte meine Gefühle nicht. Auf den steilen Serpentinen, die ins Tal führten, hinunterzusteigen, um Proviant zu holen, hielt er für eine höchst unangenehme Schinderei, und außerdem fror er in dem Bodenraum, wo er schlief. Wer ferner meine grenzenlose Liebe zur Einsamkeit nicht kannte, hätte sich darüber wundern können, daß ich um jeden Preis an einem Ort bleiben wollte, der sowenig Bequemlichkeit bot – wenn mich andererseits auch offenbar niemand mehr irgendwelcher böswilligen Absichten verdächtigte.

Kurz, ich entschloß mich, wenngleich mit Bedauern, Pomo-schan zu verlassen.

Es traf sich, daß gerade eine alte Holzbaracke draußen vor dem Südtor von Ta-tsien-lu frei war, an der Straße, die aus den Tälern von Si-kang schließlich zum Paß Je-da hinaufführte, das heißt: an der Straße nach Lhasa. So war ich, ohne es im geringsten beabsichtigt zu haben, fast wieder auf meinen alten Spuren. Zwanzig Jahre früher, als ich eines Abends nach einem nebligen Tag, aus den Urwäldern kommend, auf der Höhe des Passes Dungrung (4613 Meter) in offenes Gelände trat, war mein Blick zum erstenmal auf diese Straße gefallen, freilich viel weiter im Westen, in der Nähe von Tao.

Das war damals eine bange Zeit. Ich wußte, daß man mich als Ausländerin erkannt hatte, daß man alle meine Bewegungen beobachtete und daß ich Lhasa nie würde erreichen können, das Ziel meiner Reise, seit ich, sehr weit von jener Gegend, Gobi und Kan-su verlassen und einen großen Teil Chinas durchquert hatte.

Mein Wille, die verbotene heilige Stadt zu betreten, blieb ungebrochen; ich mußte hinkommen – aber wann und wie? . . . Ich konnte nicht voraussehen, daß meine sehnlichsten Wünsche drei Jahre später in Erfüllung gehen und noch übertroffen werden sollten, denn da kam ich nach Lhasa, nachdem ich auf dem Weg dahin Gegenden durchwandert hatte, in die nie ein Fremder seinen Fuß gesetzt.

Jetzt gehörten jene Tage des Mißerfolges und jene Tage des Triumphes der Vergangenheit an, und ich konnte ruhig die Straße betrachten, die sich da vor mir in immer größerer Ferne verlor. Die berückende Stadt, zu der sie führte, hatte kein Geheimnis mehr für mich.

Die Hütte, in die ich übersiedelte, lag nicht weit von einem riesigen Friedhof, der sich mehrere Kilometer weit am Berghang hinzog. Deshalb und aus anderen Gründen, auf die ich noch zurückkomme, pflegte ich die ganze Umgebung ironisch als »fidele Gegend« zu bezeichnen.

Wir werden in mehrfacher Hinsicht Anlaß haben, unsere Begriffe von den chinesischen Sitten, die wir aus der älteren Literatur schöpften, zu revidieren. Sie gelten keineswegs für das moderne China, und sie galten niemals durchgehend für alle Gebiete des ungeheuren Reiches. So ist etwa in der Provinz Si-kang von dem Totenkult, auf den die alten Moralisten so beredt und nachdrücklich hinweisen, wenig zu merken. Man sieht dort nirgends jene aus mehreren höheren oder niedrigen Grabhügeln bestehenden Familiengräber, die, kreisförmig angelegt, von Bäumen umgeben und in der Gegend verstreut, sonst eine charakteristische Eigentümlichkeit der chinesischen Landschaft sind.

Die Chinesen in Ta-tsien-lu begraben ihre Toten nicht oder doch nur ganz ausnahmsweise.

Im allgemeinen beschränken sie sich darauf, den Sarg in eine 20 bis 40 Zentimeter tiefe Grube zu stellen, die sie aus der Erde ausheben, oder sie setzen ihn unter einen Felsen oder in eine natürliche Bodenmulde. Ringsherum werden Steine aufgeschichtet, einige auf den Sargdeckel gelegt und manchmal eine dünne Lage Erde über das Ganze geworfen.

Früher oder später schwemmt der Regen die Erde weg, der Wind verstreut die Steine, und der Sarg liegt blank; in kurzer Zeit gehen die Bretter aus den Fugen, verfaulen, und die in Verwesung übergegangene Leiche oder das Skelett wird sichtbar.

Glücklicherweise sind die riesigen Geier in ihren Schlupfwinkeln im Gebirge immer auf Ausschau, und die Hunde helfen ihnen, das Gelände zu säubern. Dank dieser nützlichen Tiere kommt es zu keinen Epidemien. Die Geier fressen jedoch die Knochen nicht, und auch die Hunde können sie nicht alle zerbeißen, daher hätten Studenten der Medizin oder der Anthropologie zwischen den Steinen und im Gebüsch ein paar Schritte weit von meiner Hütte eine reichliche Menge anatomischer Demonstrationsobjekte sammeln können.

Doch es sollte noch besser kommen. An den steilen Böschungen, wo die primitiven Gräber stufenweise übereinander lagen, rutschte mitunter das Erdreich ab. Dann kollerten, mit Erde und Steinen vermengt, Schädel, Schienbeine, Schulterblätter, ganze Skelette oder Skelettbruchstücke, Leichenteile in allen Graden der Vertrocknung und des Zerfalls in schaurigem Wust durcheinander. Wochenlang bedeckte dieser Schutt die Wege, die unten am Hang entlangführten. Die Vorübergehenden schien das weiter nicht zu stören; trotzdem sahen die lokalen Behörden schließlich ein, daß eine Säuberung not tue.

Zu ihrer Durchführung wurden Frauen aufgenommen. Sie trugen die hauptsächlichsten Stücke der traurigen Überreste zusammen und schichteten sie in Tragkörbe. So beladen, zogen sie in Gruppen zu dreien und vieren auf der Hauptstraße durch die ganze Stadt, ohne die Ladeninhaber und die Passanten, die sie vorübergehen sahen, in ihrer unerschütterlichen Gleichgültigkeit im geringsten aus der Ruhe zu bringen.

Ungefähr drei Kilometer vom Stadtrand von Ta-tsien-lu gegen Osten klafft auf einer Anhöhe ein natürlicher tiefer Schacht; dort hinein werden die Leichen der Landstreicher geworfen, die zufällig in der Gegend sterben, und die jener Armen, deren Familien nicht die Mittel haben, einen Sarg zu kaufen oder die Kosten eines anständigen Begräbnisses zu bezahlen. Zu diesem Schacht wanderten die Frauen und schütteten den Inhalt ihrer Tragkörbe hinein.

Im Bergland von Se-tschwan habe ich mitunter gesehen, daß die Leute Särge einfach auf die Felder oder an den Wegrand stellten, doch kam das nur vereinzelt vor. In Si-kang hingegen war es gang und gäbe. Eine derart primitive Art der Bestattung war jedoch zweifellos nicht von alters her üblich, denn man findet da und dort sehr alte Einzelgräber oder Gruppen von Grabstätten, die aus kleinen, festgemauerten Türmen bestehen, oder von dikken, niedrigen Mauern eingefaßte Grabstellen, über die die Zeit einen Teppich von Rasen und wilden Blumen gebreitet hat.

Es ist überdies wahrscheinlich, daß die Eingeborenen von Kham vor dem Eindringen der Chinesen in ihr Gebiet ihre Toten einäscherten, wie es die Tibeter tun, und nur selten ein Grabmal errichteten, in dem sie die Asche beisetzten.

Manche moderne Grabstätten haben die Gestalt einer Kuppel und ähneln großen Pilzen, die aus dem Boden wachsen. Sie sind jedoch nicht zahlreich, und die Bewohner von Ta-tsien-lu und Umgebung, auch die reichen, stellen die Särge nur in der von mir geschilderten sorglosen Art ab.

Das ist um so erstaunlicher, als die Familien beträchtliche Summen für Trauerzüge und religiöse Gebräuche, für Almosen und Totenmähler ausgeben, mit denen sie das Wohlergehen der Verstorbenen in einer anderen Welt zu sichern glauben und die auf jeden Fall der Eitelkeit der Angehörigen schmeicheln.

Das Auffallendste an den Trauerzügen sind die mitgetragenen Banner. Sie bestehen aus langen Stoff- oder Papierstreifen, die an Stangen befestigt und der Qualität nach verschieden sind; es gibt solche aus schönem, besticktem oder aus einfarbigem Atlas, aus Kaliko, aus Musselin und, wie gesagt, aus Papier. Die meisten tragen Inschriften, die die Ehrentitel des Toten nennen oder in überschwenglichen Ausdrücken seine Tugenden und guten Werke rühmen.

Diese Banner schicken die Freunde des Toten in das Trauerhaus, so wie man bei uns Blumen schickt, doch wenn sie im Trauerzug ihren Zweck erfüllt haben, werden sie zu den Angehörigen des Verstorbenen zurückgebracht.

Sind keine Freunde da, die Banner in hinlänglich großer Zahl spenden, dann läßt die Familie selbst auf ihre Kosten Banner anfertigen, um den Trauerzug recht schön zu gestalten. Und wenn sie sich eine solche Aufgabe unter gar keinen Umständen leisten kann, aber trotzdem »ihr Ansehen wahren« will, wendet sie sich an einen Leichenbestattungsunternehmer, der ihr die Banner vermietet und sie nach der Zeremonie wieder zurücknimmt. Er hat ständig eine Kollektion von seidenen oder Papierbändern mit lobspendenden Inschriften auf Lager, die so allgemein gehalten sind, daß sie auf jedermann passen.

Trotz solcher »Prunkentfaltung« oder gerade ihretwegen waren die Leichenbegräbnisse der reichen Leute von Ta-tsien-lu nichts weniger als feierlich, sondern erweckten viel eher den Eindruck eines jämmerlichen Faschingszuges.

Es war üblich, die Straßenbettler zusammenzutrommeln*, die den Sarg tragen mußten, den kleinen Altar und darauf das Täfelchen, das den Geist des Toten birgt, oder nach moderner Gepflogenheit sein Porträt, und schließlich die Banner. Zerlumpt, verlaust, unbeschreiblich schmutzig, Krüppel, Blinde, die von anderen Bresthaften geführt wurden – so zogen sie in wüstem Durcheinander vorbei. Um bequemer zu gehen und um zu verhindern, daß die Bänder flatterten, hielten die Bannerträger sie an den Stangen fest und zerknitterten den schönen Atlas und den reinen Musselin in ihren schmutzigen Fingern, indes die Stangen, die sie meist nicht gerade hielten, durcheinander gerieten, aneinander stießen, in den engen Gassen an die Häuserwände streiften und so über den Köpfen der dahinziehenden Bettlerschar einen Kampf aufzuführen schienen.

Dann kamen die Musiker: bei großen Begräbnissen zwei Kapellen. Die taoistischen Chinesen mit Messingbecken, die Lamaisten mit Gyalings und kurzen Ragdongs**, beide Gruppen mit Trommlern.

Auch eine größere oder geringere Anzahl Mönche des lamaistischen Klerus und Novizen von neun bis zu fünfzehn Jahren mit Tempelfahnen gingen in der Regel im Trauerzug mit. Sie waren kaum besser gekleidet als die Bettler vor ihnen, und was die mangelnde Sauberkeit betrifft, hatten sie ihnen nichts vorzuwerfen. Die taoistischen Musiker, die nicht dem geistlichen Stand angehören, waren im allgemeinen anständig angezogen.

Der Sarg, in China immer sehr massiv, außer bei den Allerärmsten, war mit einem Überwurf bedeckt. Bei prunkvollen Lei-

* In Ta-tsien-lu sind sie organisiert.

** Siehe die Fußnote S. 93. Auch die kürzesten Ragdongs sind noch zwei Meter lang.

chenbegängnissen war dieser aus rotem Atlas und reich bestickt, bei abnehmendem Grad der Wohlhabenheit ein Paradetuch nach europäischem Muster, eine rote Wolldecke, ein einfaches Stück Kaliko.

Oft wurde ein Hahn auf den Sarg gebunden, der angeblich die bösen Geister auf dem Wege des Toten vertreibt. Das Tier wurde nicht etwa geopfert; wenn es seine Aufgabe erfüllt hatte, wurde es dem Eigentümer zurückgegeben.

Fast immer waren zwei mit weißem Stoff umwickelte Seile am Sarg befestigt, so als ob er mit ihnen gezogen werden sollte. Zwischen den Seilen, die sie mit je einer Hand hielten, gingen die nächsten männlichen Verwandten des oder der Verstorbenen. Hinter dem Sarg folgten die entfernten Verwandten, die Freunde und die Schar all derer, die sich, nur ein Gebot der Höflichkeit erfüllend, dem Trauerzug anschlossen.

War das Begräbnis das eines Mannes, dann folgten dem Sarg zuerst die Männer. Handelte es sich um eine Frau, dann kamen die Frauen zuerst und die Männer hinter ihnen.

Ehe der Zug vom Trauerhaus aufbrach, erhielten die Teilnehmer in der Regel eine weiße Papierblume, die sie sich ansteckten, oder ein Stück weißen Kattuns, das sie sich um den Kopf wickelten – ein Symbol der Trauer. Die nächsten Angehörigen kleiden sich ganz in Weiß, und die Etikette schreibt vor, daß das Gewand keinen Saum haben darf. Natürlich halten sich nur die wohlhabenden Leute an diese Bekleidungsvorschriften für tiefe Trauer. Die Aussicht, ein oder zwei Meter weißen Kattun zu bekommen, bewog nicht wenige Leute, an Begräbnissen teilzunehmen. Die Preise der Stoffe waren sehr gestiegen.

Am Stadtrand angelangt, machten die Leichenzüge für gewöhnlich halt. Nun, da der Dienst getan war, vollführten die Musiker alle zusammen einen großen Lärm mit ihren Instrumenten. Das Getöse dauerte ein paar Minuten, dann strömten die Musiker und alle Trauergäste in aufgelöster Ordnung wieder in die Stadt, mitten unter ihnen die Bannerträger, die ihre Banner in das Trauerhaus zurückbrachten; dort erhielten sie etwas zu essen und ein Almosen.

Inzwischen nahm man den Überwurf vom Sarg und band die

symbolischen Zugseile los. Die Frauen weinten und jammerten laut, die einen in wirklichem Schmerz, die anderen, weil es die Sitte so verlangt. Sie hatten schon auf dem Weg heraus ununterbrochen geseufzt und geschluchzt, doch den höchsten Ausbruch des Schmerzes für die Schlußszene hier aufgespart.

Dieses Wehklagen, dieses Jammern, gemischt mit dem mißtönenden Geheul der Oboen und Trompeten der Lamaisten, die wieder mit den klirrenden Becken der Taoisten wetteiferten, nahm den Begräbnissen alle Würde angesichts der Majestät des Todes. Im Gegensatz zu ihnen mußte ich an einen Leichenzug denken, den ich einmal in Kyôto vorüberziehen sah. Es war das Leichenbegängnis eines hohen Beamten, seine vier Söhne folgten dem Sarg, in hanfleinenen Gewändern, mit Strohschuhen. Sie gingen langsam, gleich Automaten, das Gesicht unbeweglich, die Augen trocken, starr, den Blick ins Leere gerichtet. Die Haltung des Jüngsten, der vielleicht neun oder zehn Jahre zählte, war ebenso beherrscht wie die seiner älteren Brüder. Diese jungen Menschen hatten ihren Vater wahrscheinlich geliebt, und ihr Schmerz mochte groß sein, aber der Kodex des Schicklichen, den zu befolgen sie erzogen waren, verbietet jede Zurschaustellung der intimen Gefühle. Wie eindrucksvoll war dieser Kondukt, der in tiefem Schweigen vorüberzog, und die stoische Haltung der Söhne des Verstorbenen!

Sobald der Tumult mit einem Schlag zu Ende war, setzte der Tote, nun nur noch von einem oder zwei männlichen Angehörigen oder von den Trägern allein geleitet, seinen Weg in die Berge, zu seiner letzten Ruhestätte fort. Nicht immer war es wirklich die letzte, denn ein Vorfall wie der von mir erwähnte oder irgendein anderes Ereignis konnte seine Ruhe stören, und Geier und wilde Hunde waren immer auf Beute aus.

Nicht bei allen Leichenbegängnissen wurde natürlich ein derartiger »Prunk« entfaltet, wie ich ihn schilderte. Es gab auch ganz armselige, ohne Banner, ohne Musiker, ohne Geistlichkeit, wenn kein Geld dazu vorhanden war, denn wie bei uns sind auch in China und Tibet die religiösen Zeremonien nicht umsonst. Die armen Begräbnisse waren nach meinem Empfinden würdiger und ergreifender als die reichen.

Die Leichenbegängnisse der Tibeter, die noch nicht die chinesischen Sitten übernommen hatten, waren im allgemeinen ganz schlicht und fanden am frühen Morgen statt.

Der Tote wurde nicht in einen Sarg gelegt, sondern aufrecht sitzend, mit untergeschlagenen Beinen, ineinandergelegten Händen, bekleidet und mit Schärpen geschmückt auf einen Tragstuhl festgebunden und so an einen einsamen Ort in den Bergen gebracht, wo schon ein Holzstoß vorbereitet war. Dort wurde der Leichnam eingeäschert, während Lamas heilige Texte rezitierten.

Auch die Mohammedaner hatten ganz schlichte Begräbnisse, nach den Vorschriften ihrer Religion ohne Sarg; der Leichnam war nur in ein Linnen gewickelt.

Die Chinesen beeilen sich mit der Beisetzung ihrer Toten nicht. Sobald der Leichnam einmal in seinem massiven Sarg liegt, lassen sie sich oft Wochen, ja selbst Monate Zeit. Nur die Armen, die Leute aus dem niederen Volk nehmen die Bestattung möglichst rasch vor. Je reicher die Familie ist, einer je höheren sozialen Klasse sie angehört, desto länger schiebt sie die Beisetzung hinaus.

Dieser alte Brauch verliert sich immer mehr, und in Ta-tsien-lu, auf tibetischem Boden, wo die Chinesen die Zugewanderten sind, gibt es keine alten Familien, die dem Adel gleichkämen und bei denen sich der Brauch noch erhalten hätte. Die Adeligen dort sind Tibeter, doch im allgemeinen ganz verarmt und daher in das niedere Volk oder in das Kleinbürgertum hinabgesunken. Immerhin kommt es gelegentlich vor, daß eine reiche Kaufmannsfamilie sich den Luxus leistet, ein Leichenbegängnis sehr lange hinauszuschieben, und lamaistische Mönche oder taoistische Priester, mitunter auch Vertreter beider Religionen, tagelang religiöse Texte am Sarg des Verstorbenen psalmodieren läßt.

Ich kannte verschiedene Möglichkeiten einer solchen Familie, die durch die Art der Leichenfeierlichkeiten für ihr Familienoberhaupt allgemeines Aufsehen erregte.

Ein Trauerzug, wie ich ihn schilderte, machte zunächst die Runde durch die Stadt; dann wurde der Sarg noch weiterhin von Bannerträgern und Musikern bis in die Berge oberhalb von Tatsien-lu geleitet. Dort besaß der verstorbene Handelsherr ein von Mauern umfriedetes Grundstück, auf dem ehemals ein kleines Haus gestanden war. Innerhalb der Umfriedung hatte man einen Pavillon errichtet und ihm gegenüber zwei Zelte aufgeschlagen.

Der Sarg wurde im Pavillon aufgestellt, und Mönche einer Lamaserie der Umgebung bezogen die Zelte. Sie mußten einen Monat lang dort bleiben und wurden reichlich mit Lebensmitteln versorgt, die man ihnen jeden Tag hinbrachte. Ihre Tätigkeit bestand darin, täglich drei Totenämter zu zelebrieren: eines am frühen Morgen, eines um die Mitte des Tages und eines bei Einbruch der Dämmerung. Die übrige Zeit durften sie nach Belieben verbringen, unter der Bedingung, daß immer einer von ihnen am Sarg Wache hielt. Für diese Wache hatten die Mönche einen großen Hund mitgenommen, denn es handelte sich nicht ausgesprochen darum, das Entweichen des Toten oder seines Geistes zu verhindern, sondern einem Diebstahl des Goldes und der kostbaren Gegenstände vorzubeugen, die mit dem Leichnam im Sarg eingeschlossen waren.

Das Diebsgesindel von Si-kang hatte sich die Ehrfurcht vor den Toten oder die Scheu, die ein Toter im allgemeinen einflößt, gründlich abgewöhnt. Diese üblen Subjekte mit starken Nerven machten sich nicht die geringsten Skrupel, Särge zu öffnen und alles von Wert herauszunehmen, was darin war, sogar die Leichen zu entkleiden, wenn sie gute Gewänder anhatten.

Man kann selbstverständlich der Ansicht huldigen, es sei sinnlos, ja sogar tadelnswert, mit den Toten auch Gold oder andere Wertgegenstände in die Erde zu versenken und die Leichen mit kostbaren Gewändern zu bekleiden, die ihnen von keinerlei Nutzen sind, während es unzählige Unglückliche gibt, die nichts zu essen und nichts anzuziehen haben; doch das ist ein Standpunkt, für den man im alten China nicht viel Verständnis hatte.

Über die »Totenämter«, die die lamaistischen Mönche am Sarg zelebrieren, sind hier vielleicht einige erläuternde Worte am Platz.

Die große Masse der Tibeter, sowohl Mönche wie Laien, ist in ihren Anschauungen der echten buddhistischen Lehre nichts weniger als treu. Die einen wie die anderen sind wieder zu der hinduistischen Vorstellung von einer »Seele« zurückgekehrt, die aus einem Leben in ein anderes wandert, oder haben sich von ihr überhaupt nie frei gemacht. Die Mönche nun, die beim Totenamt dem Verstorbenen ihre guten Dienste weihen, spielen die Rolle von »Führern«. Während einer Zeit, die gewöhnlich mit neunundvierzig Tagen angegeben wird, irrt die Seele in einem Zwischenreich umher, zwischen der Welt, die sie eben verlassen hat, und jener, zu der die latente Kraft aller von ihr je verübten körperlichen oder geistigen Handlungen sie hindrängt. Diese latente Kraft ist zwar der dominierende Faktor, der die näheren Umstände ihrer Wiedergeburt bestimmt, hat jedoch nichts schicksalhaft Unbedingtes; sie kann durch einen »Wissenden« modifiziert werden, das heißt durch jemand, der in die Topographie jenes Zwischenreiches eingeweiht ist (»Bardo«).

Ein solcher ist imstande, von dem Weg, auf den er »gedrängt« wird, ein wenig abzuweichen. Es bieten sich Seitenwege, Abzweigungen, die an einen anderen Ort führen als den, zu dem er gelangen würde, wenn er auf dem eingeschlagenen Weg weiterginge. Es kostet Anstrengung, die Richtung zu ändern, man muß hellsichtig sein, um sich nicht von verschiedenen Trugbildern täuschen zu lassen.

Wozu nun ein uneingeweihter Verstorbener nicht fähig ist, das bewirkt in ihm der von dem Offizianten gelesenen Text: Er beschreibt ihm die Welt, in der er sich jetzt befindet, rät ihm, wie er sich verhalten müsse, um soviel wie möglich die ungünstigen Wirkungen aufzuheben, die er durch seine schlechten Taten in seinen früheren Existenzen, vor allem aber im Laufe seines letzten Lebens, des eben beendeten, ausgelöst hat.

Wenn schon die irdischen Reste selbst der einst reichen Toten infolge der unzulänglichen Bestattung verschiedenen schaurigen Abenteuern ausgesetzt sind, so erst recht und um so sicherer die der armen Teufel.

Eines Tages sah ich, wie zwei Männer einen Sarg aus dem katholischen Hospital fortschafften. Ich blieb in einiger Entfernung stehen, um zu sehen, wohin sie ihn bringen würden. Einige Schritte von dem Tor, aus dem die Träger gekommen waren, löste sich zum Teil der Boden des Sarges und die Leiche fiel auf die Erde. Es war die Leiche einer sehr mageren alten Frau; das zerlumpte Kattunkleid, das sie anhatte, verriet ihre Armut.

Ein solcher Zwischenfall wird einem Europäer vielleicht sonderbar erscheinen, ist aber leicht zu erklären. Da Eisennägel teuer sind, nehmen die Schreiner an ihrer Stelle Holzstifte und auch diese in ungenügender Anzahl, wenn sie irgendeinen billigen Gegenstand anfertigen. Der Sarg der Armen gehört in diese Kategorie.

Die Träger riefen etwas, wahrscheinlich ein paar Flüche. Dann nahmen sie einen großen Stein und benützten ihn als Hammer, um die Holzstifte wieder in die vorgebohrten Löcher einzuklopfen.

Währenddessen blieb die Leiche der armen Alten liegen, wo sie herausgefallen war. Als die Arbeit getan war, ergriff einer der Träger die Tote am Arm und zerrte sie einige Schritte weit durch den Staub bis zu dem Platz, wo sie zuvor den Sarg niedergestellt hatten, um ihn zu reparieren. Dort hoben beide zusammen die Leiche auf und zwängten sie wieder in den Sarg, dessen Deckel nur lose obendrauf lag.

Sie werden keine zehn Minuten weit gehen, da wird der Boden wieder herausfallen, dachte ich. Die Männer hatten offenbar den gleichen Gedanken, denn sie beschränkten sich darauf, ihre Last an der Mauer des Spitalgartens auf die Erde zu stellen.

Und dann ... Ich sollte es mir vielleicht versagen, das Anstößige und Widerwärtige zu erzählen, das sich nun ereignete; doch es bekräftigt so eindeutig alles, was ich von dem Schwinden der Ehrfurcht vor den Toten in China sagte, daß ich es doch nicht unterdrücken will.

Einer der beiden Männer blieb noch einen Augenblick stehen: den Rücken dem Weg, das Gesicht dem Sarg zugekehrt, verharrte er unbeweglich, schien den Sarg nachdenklich zu betrachten. Die Leute kommen aus dem katholischen Hospital, es sind Christen, dachte ich; der Mann betet. Doch eine Sekunde später wurde ich meines Irrtums inne: Der Mann hatte nur ein Bedürfnis verrichtet.

Frauen, die mit Körben voll menschlicher Gebeine durch die Stadt gehen, Särge, die samt ihrem Inhalt über Böschungen am Berg herunterkollern – das sind Dinge, geeignet, unsereinen aus der Fassung zu bringen, doch die guten Leute im Westen wie auch in vielen anderen Gegenden des riesigen China sind daran gewöhnt, den Tod und Tote zu sehen, und lassen sich dadurch wenig erschüttern.

Es war in Ta-tsien-lu keine Seltenheit, in einer belebten Straße einen Leichnam irgendwo an eine Mauer gelehnt zu finden. Noch häufiger sah man einen draußen auf der Landstraße. Einer erschien mir einmal besonders erbarmungswürdig. Der Tote lag in einem dürren Gesträuch unmittelbar am Wegrand. Hatte er, weiß Gott wohin unterwegs, unter dem Strauch ein wenig Schutz gesucht, um zu schlafen, und hatte ihn der Tod während des Schlummers überrascht? Oder hatte ihn eine Müdigkeit überkommen, eine ganz seltsame, schwere Müdigkeit, und er hatte begriffen, daß er nicht mehr weiter könne auf der Straße – nicht mehr weiter im Leben? Da hatte er sich mit echt chinesischer Gleichgültigkeit, schwach wie er war, abseits vom Weg der Vorübergehenden hingelegt und ausgestreckt und war still liegengeblieben, bis die Bewußtlosigkeit all seinem Elend ein Ende machte.

Zu jenen Zeiten, da man in unseren Ländern noch weite Reisen zu Fuß machte, mag es wohl auch oft genug vorgekommen sein, daß Wanderer auf den großen Landstraßen starben.

Im Orient ereignet sich das ziemlich häufig, und die Toten sind nicht immer nur arme Schlucker. Auch Gautama Buddha starb auf einer Wanderung, auf der ihn einige seiner Schüler begleiteten.

Unterwegs von Se-tschwan nach Si-kang war ich einmal Zeuge eines plötzlichen Todes, dessen Ursache offenbar nicht Not und Elend waren: Ich überquerte den Ta-schan-ling; auf dem sehr steilen Weg, der zu einem Paß hinaufführte, ging ein Chinese ganz allein vor mir her, der eine Werkzeugkiste trug, mit Tischlerwerkzeug, wie man sehen konnte, da sie halb offen war. Das Wetter war schlecht, kalt, Regengüsse wechselten mit Hagelschauern. Meine Sänftenträger hatten Schwierigkeiten, nicht auszugleiten; um ihre Last zu erleichtern, ging ich zu Fuß weiter, hinter dem Tischler her. Er verriet keinerlei Anzeichen von Ermüdung und ging langsam, aber mit festen Schritten seines Weges.

Der Sturm fiel uns erst richtig an, als wir den Paß erreichten; er riß das Dach meiner Sänfte weg und trug es ein gutes Stück fort. Ich lief den Weg bergab, bis ich zu zwei strohgedeckten Hütten kam. Sie gewährten nicht viel Schutz, denn ihre Dächer waren undicht, doch ich mußte auf meine Träger warten, die zurückgeblieben waren.

Ich war seit etwa einer halben Stunde dort, als eine Bewegung entstand. Aus der Nachbarhütte kamen Leute, um mit dem Besitzer der Hütte zu sprechen, in der ich Unterschlupf gefunden hatte. Dieser schlug mit energischen Gesten und erhobener Stimme irgend etwas ab, was man von ihm verlangte. Ich verstand nur so viel, daß »irgendeine Sache irgendwohin« gebracht werden sollte und daß weder der Eigentümer der einen noch der anderen Hütte die »Sache« haben wollte.

Endlich begriff ich: Die »Sache« war die Leiche des Tischlers, den ich unterwegs überholt hatte und der soeben plötzlich gestorben war. Er mußte kurz nach mir angekommen sein, ich hatte ihn jedoch nicht kommen sehen. Vielleicht hatte der eisige Wind eine Kongestion bei ihm hervorgerufen, an der er starb.

Das ereignete sich mitten im Gebirge, und allem Anschein nach handelte es sich um ein plötzliches Unwohlsein. Ich erfuhr später, daß der Handwerker eine Arbeit in einer entfernten Gegend der Provinz beendet hatte und im Begriff war, nach Hause zurückzukehren.

Trotz des Friedhofs, der gleich neben meiner Behausung lag, trotz der schaurigen Einzelheiten, die er dem Blick darbot, trotz der Leichenzüge, die an meiner Tür vorbeikamen, und trotz der Hinrichtungen, die wiederholt ein paar Schritte von mir stattfanden, rechtfertigte mein Aufenthaltsort mitunter auch ohne Ironie die Bezeichnung »fidele Gegend«, die ich ihm scherzweise gegeben hatte.

Das war besonders dann der Fall, wenn die japanischen Flieger an die Grenzen von Si-kang kamen und Alarm gegeben wurde. In der Mitte der Stadt hatte man eine Sirene installiert, doch ihr schwacher Ton erreichte die Stadtrandgebiete nicht. Um diesem Übelstand abzuhelfen, hatte man ein Signalsystem eingerichtet. An verschiedenen Stellen wurden kleine Fahnen gehißt, und Polizisten liefen mit Fähnchen in der Hand durch die Stadt. Eine gelbe Fahne bedeutete: die Geschwader sind im Anflug auf Si-kang; eine rote: sie sind über dem Gebiet der Provinz; eine schwarze: sie sind im Anflug zu uns.

Die Einwohner verließen beim Anblick der gelben Fahne oder beim ersten Ertönen der Sirene bald nicht mehr die Wohnungen. Man sah die Fahnen oder hörte die Sirene zu oft, ohne daß Flieger sich zeigten. Beim Hissen der roten Fahnen begann der Auszug der Bevölkerung ins Freie, und mit den schwarzen Fahnen und dem ununterbrochenen Heulen der Sirene setzte eine rasche Flucht ein – eine verhältnismäßig rasche, nicht gerade eine Panik. Chinesen und Khampa sind nicht sehr leicht erregbare Leute.

In solchen Augenblicken bekam mein Friedhof ein ganz neues, unerwartetes, nichts weniger als melancholisches Gesicht. Es gab keinen unterirdischen Luftschutzraum für die Bewohner der Stadt. Im offenen Gelände waren sie bequeme Ziele für die Maschinengewehre der Flieger, die sie im Handumdrehen zu Hunderten hätten hinmähen können; sie schienen es weder zu ahnen noch sich darüber Gedanken zu machen. Sie wollten nur um keinen Preis bei einem Brand in ihrer kleinen Stadt mit den eng in einem Schlund zusammengedrängten Holzhäusern überrascht werden. Zwei oder drei Brandbomben hätten genügt, um aus ihr einen einzigen Feuerherd zu machen.

So lief denn jeder von seiner Wohnung auf dem kürzesten Weg ins Freie und nahm das Wertvollste mit, was er besaß. Für die Bewohner des südlichen Viertels war das »Freie« der riesige Friedhof.

Hier richteten sie sich gruppenweise zwischen den Gräbern ein oder lagerten sich auf den ältesten, grasüberwachsenen Grabhügeln, schwatzend, lachend und mit sichtlichem Behagen diese Erholungsstunde unter freiem Himmel genießend.

Als die Alarme häufiger wurden und die Leute längere Zeit außerhalb der Stadt bleiben mußten, deren Tore dann bei solchen Gelegenheiten geschlossen wurden, begannen die Flüchtlinge Proviant mitzubringen und auf den Gräbern Picknicks zu halten; als das die findigen chinesischen Händler sahen, erschienen sie auf dem Plan, die einen mit Obst, andere mit Zwieback und gebranntem Zucker, andere mit Zigaretten. Sodann rückte ein Gastwirt mit seiner Fahrküche an und bot Nudelsuppe und heiße Würstchen feil. Wieder ein anderer schenkte einheimischen Branntwein aus, jenen fürchterlich starken, der einen ähnlichen Geruch verbreitet wie unser Brennspiritus. Die guten Leute, die ja nie sehr erschrocken ausgesehen hatten, wurden ob solcher Seelenstärke geradezu fröhlich.

Eines Nachmittags hatte der Bischof die geweihten Hostien mit sich, die er aus der Missionskapelle in Sicherheit gebracht hatte. Einige Leute bemerkten unter seinem nicht vollständig zugeknöpften Überrock eine weiß und goldene Schärpe und wußten nicht, was sie zu bedeuten habe. Neugierig und weil sie nichts anderes zu tun hatten, suchten sie ein paar chinesische Christen in der Menge und fragten sie darnach. Der eine oder der andere von diesen simplen Menschen mußte ihnen zur Antwort gegeben haben: »Er hat unseren Gott mit sich hierhergenommen« oder etwas ähnliches, denn ein dicker einheimischer Kaufmann ließ daraufhin folgende Überlegung verlauten: »Anstatt daß er von seinem Gott beschützt wird, muß er ihn beschützen.« Das war jedoch nicht spöttisch, sondern durchaus gutmütig gesagt. Man merkte, der biedere Chinese dachte ganz einfach nur: Diese Götter der Ausländer sind doch sonderbar, und hatte nicht im geringsten die Absicht, ihre Eigenart und ihre Gepflogenheiten zu kritisieren. Sie waren eben »Ausländer«; die chinesische Logik war auf sie nicht anzuwenden.

Die japanischen Flieger kamen übrigens niemals nach Si-kang, obwohl Lan-tschau oder die Provinz Kan-su und Si-ning, die Hauptstadt von Sching-hai, ihren Besuch erhielten; und so hinterließen die auf dem Friedhof am Südtor verbrachten »Alarme« bei mir eine heitere Erinnerung.

Bald nachher sollte ich andere erleben, Nachtalarme, die nicht so harmlos waren. Die Japaner kamen neuerlich nach Tschengtu, wohin ich zurückgekehrt war. Die Familien der französischen Niederlassung und ihre Freunde, die bei ihnen zu Gast waren, zerstreuten sich in Gruppen in dem weitläufigen Park, es herrschte lautlose Stille und völlige Dunkelheit, die unholden Vögel der Nacht flogen über unsere Köpfe hin, und dann hörte man näher oder ferner das Krachen der Einschläge, sah mitunter die Röte der Brände . . . Wenn wir auch nicht so fröhlich waren wie die Leute in Ta-tsien-lu, so überkam uns doch bald eine ähnliche Gleichgültigkeit. Schließlich verließ ich bei Alarm mein Zimmer gar nicht mehr und schlief gleich wieder ein, wenn die Sirenen, die dort ganz gewaltig heulten, mich geweckt hatten.

V

VERBRECHERTUM UND GERECHTIGKEIT

Ernstes und Heiteres von Dieben und Räubern. Gaunergesellschaften. Dunkle Kriminalfälle. Kindliche Pietät. Ein Familiendrama. Spuk in der Dämmerung. Grausame Justiz: Folter, Bastonnade und Hinrichtungen. Die Bauernfänger. Unter militärischem Schutz.

Ich würde mich gerne möglichst rasch weniger düsteren Szenen zuwenden – auch an solchen wird es am gegebenen Ort nicht fehlen –, doch dieses Buch ist kein Werk der Phantasie, sondern ein Tatsachenbericht, in dem ich mich bemühe, Selbsterlebtes zu schildern.

Ist die Sicherheit in Sching-hai eine zweifelhafte Angelegenheit, so ist es in Si-kang auch nicht besser um sie bestellt. Morde auf den Straßen kommen häufig vor. Sogar in Ta-tsien-lu ist es nicht ratsam, spät abends auszugehen, denn man läuft dabei Gefahr, beraubt zu werden.

Räuberbanden operieren in der Nacht. Es kommt vor, daß bewaffnete Männer in ein Haus eindringen und die Hausbewohner mit vorgehaltenem Revolver auffordern, ihnen ihr Geld, ihren Schmuck oder ihre Waren auszuliefern. Mitunter treten, ohne erst die Nacht abzuwarten, ein oder zwei Kerle in einen Laden ein und verlangen kategorisch das Geld aus der Kasse. Leute wachen aus dem Schlaf auf und sehen zu ihrer unangenehmen Überraschung einen Dieb sich durch ein Loch, das er ins Dach praktiziert hat, in ihr Zimmer herunterlassen und zusammenraffen, was ihm paßt. Selten wagt der Bestohlene den Dieb zu stellen oder um Hilfe zu rufen. Der Missetäter ist fast immer bewaffnet, und außerdem würden die Freunde, die er auf jeden Fall besitzt, seine Festnahme denen, die an ihr schuld wären, übel entgelten lassen. Die Angst, umgebracht zu werden, veranlaßt daher den Unglücksvogel, der bestohlen wird, sich schlafend zu stellen, sogar wenn der Dieb – das ist vorgekommen! – die Frechheit besitzt, eine Lampe anzuzünden oder den elektrischen Schalter zu betätigen, um sich bei hellem Licht auszusuchen, was ihm gefällt.

Die Bevölkerung der Stadt beschuldigt die Soldaten der Garnison dieser Übeltaten, teilweise vielleicht mit Recht, aber nicht in allen Fällen, denn es gibt genug chinesische oder tibetische Spitzbuben in der Gegend. Allerdings sind die Soldaten Söldner, und manche wurden zwangsweise rekrutiert; der Sold ist geirng, die Menage schmal, und so können sie, ohne deshalb von Grund auf schlechte Kerle zu sein, vielleicht der Versuchung nicht widerstehen, sich ein »Taschengeld« zu verschaffen. Außerdem war die Grenze zwischen Soldat und Bandit in China schon immer ungenau und ist es bis auf den heutigen Tag; derselbe Mensch kann herüber und hinüber wechseln und zeitweise bald das eine, bald das andere sein.

Im folgenden ein Beispiel:

Ich ritt gemächlich einen Bergpfad entlang, als plötzlich ein paar Männer aus dem Gebüsch sprangen, sich vor mir aufpflanzten und mir den Weg versperrten. Fragen waren überflüssig, die Situation war klar.

»Welchen Betrag würdet ihr als angemessenes Geschenk ansehen?« fragte ich, indem ich mich einer alten höflichen Redensart bediente, die früher bei solchen Gelegenheiten üblich, jetzt aber wahrscheinlich schon etwas aus der Mode gekommen war. Ich war bereit, mit den Wegelagerern zu handeln, falls sie sich dazu herbeiließen. Doch ehe ich eine Antwort erhielt, tauchte noch ein Mann aus einem Graben auf, sah mich genau an und gebot dann seinen Spießgesellen mit einer Geste, sich zu entfernen.

Er lächelte mich an. Ich lächelte ihn an.

»Sie kennen mich nicht mehr?« fragte er.

»Ich habe Sie nie gesehen.«

»Aber, aber! Ich habe Sie doch einmal eskortiert. Ich war Soldat, damals.«

Und vergnügt erinnerte er mich an eine Menge Einzelheiten, an verschiedene Orte, an besondere Umstände, so genau, daß ich an seiner Wahrhaftigkeit nicht zweifeln konnte.

Das Kloster von Dordschi-tags im Lande Kham.

Pilger im Lande Kham.

»Sie waren damals sehr freigebig . . .« schloß er mit einem neuerlichen liebenswürdigen Lächeln.

»Und wenn ich mich nicht irre, erwarten Sie, daß ich mich auch jetzt wieder freigebig zeige«, erwiderte ich.

Der komische Kauz amüsierte mich.

»Ach – ich freue mich, Sie wiedergesehen zu haben.«

»Ganz meinerseits. Wäre die Angelegenheit – mit dem da erledigt?«

Ich nahm Geld aus meiner Gürteltasche und zeigte es ihm. Es war kein besonders hoher Betrag, doch der Taugenichts war damit zufrieden.

»Es ist gut. Danke.«

»Auf Wiedersehen!« sagte ich, nachdem er das Geld genommen hatte.

»Auf Wiedersehen und gute Reise! Vielleicht begegnen wir einander gelegentlich wieder.«

»Vielleicht eskortieren Sie mich eines Tages wieder einmal.«

»Möglich«, anwortete er ganz ernst. »Vielleicht werde ich wieder Soldat.«

Noch hat das chinesisch-tibetische Banditentum nicht allen Humor verloren, obwohl die Ritter von der Landstraße im Westen Chinas sich immer weniger und weniger »von der heiteren Seite« zeigen.

Die richtigen Räuber aus den Reihen der Khampa betätigen sich nicht unterhalb von Ta tsien-lu; die tieferen Regionen überlassen sie den Chinesen.

Die Gegenden zwischen Mau-kong und Ta-tsien-lu und von Si-tschang, die schon zur Zeit meiner früheren Reisen recht unsicher waren, bergen heute noch mehr Gefahren. Auf jeder beliebigen Straße und jedem beliebigen Weg zwischen Se-tschwan und Si-kang kann es dem Reisenden passieren, daß er sich plötzlich einer Bande von Bewaffneten gegenübersieht, die sogar mit Maschinenpistolen ausgerüstet sind, die Trägerkolonne anhalten und aus dem Gepäck heraussuchen, was ihnen paßt. Sie sind auch imstande, den Reisenden auszuziehen und sich seine Kleider, seine Uhr, seinen Schmuck und natürlich sein Geld anzueignen. Sobald das getan ist, gehen sie friedlich und ohne Hast ihrer Wege.

Wenn etwa, während sie beschäftigt sind, irgendwelche andere Passanten vorbeikommen, irritiert sie das in keiner Weise. Sie wissen genau, daß niemand sich einmischen wird. Die Vorübergehenden wenden den Kopf weg und beschleunigen ihre Schritte, um rasch weiterzukommen. Nur Soldaten, wenn sie in genügender Zahl sind, könnten die Räuber angreifen, vorausgesetzt, daß keine »Geschäftsinteressen« sie mit der Bande verbinden.

Diese Räuber haben ihren eigenen »Intelligence Service«. Sie sind im allgemeinen über die Bewegungen der Reisenden gut informiert. Sie kennen diejenigen, die Opium oder eben von den Goldfeldern kommendes Goldpulver mitführen, und wissen, was die von den Kulis transportierten Kisten und Ballen enthalten.

Wie die eben erzählte Episode zeigt, ist eine Begegnung mit derartigen Individuen nicht unbedingt tragisch, es kann dabei auch ein komisches Element vorherrschen – wenn auch nicht restlos komisch für die Opfer.

Einmal lag eine Räuberbande im Gebüsch unfern der Straße auf der Lauer und ließ einen amerikanischen Arzt und Missionar, der nach irgendeinem Ort in Si-kang unterwegs war, ungehindert passieren. Er ging voraus, seine Trägerkolonne, Kulis, die das Gepäck auf dem Rücken trugen, folgten ein paar Kilometer hinter ihm; er hatte keine Ahnung von der Gefahr, die seinem Gepäck drohte. Als die beladenen Kulis herankamen, brachen die Räuber aus ihrem Versteck und befahlen ihnen, die Lasten auf die Erde zu setzen. Alles war gut vorbereitet, Männer waren zur Stelle, die zupackten und die Gepäckstücke im Nu außer Sehweite brachten. Zwei chinesische Pflegerinnen in Tragsänften waren auch in dem Zug.

Die Räuber hielten sie an und zogen der einen von ihnen den Mantel, das Kleid und einen Teil der Unterkleider aus. Von der anderen bildeten sie sich, weiß Gott weshalb, ein, sie sei die Geliebte des amerikanischen Arztes, und ließen sie aus diesem Grunde ungeschoren. Die arme, zu Tode Erschrockene hütete sich zu protestieren, um nur ihre Kleider und die unter dem Ärmel verborgene Armbanduhr zu retten.

Ein ähnliches Abenteuer hatte ein französischer Priester. Er wurde vollständig ausgeraubt und nackt auf einem Weg in fast menschenleerer, öder Gegend zurückgelassen. Die Übeltäter verloren aus dem Paket, mit dem sie sich davonmachten, nur einen Schuh. Das war alles, was dem Reisenden blieb. Er mußte seinen Weg in schlichtem Adamskostüm fortsetzen.

Manchmal umzingelt eine Räuberbande unvorhergesehen ein Dorf, und zwar meistens gerade an einem Markttag, an dem die Bauern der Umgebung dort versammelt sind; den wehrlosen Landleuten bleibt dann weiter nichts übrig, als sich auf Gnade und Ungnade ausplündern zu lassen, um nicht noch Schlimmeres zu gewärtigen.

Wenn die Räuber einmal gerade »kein Ding zu drehen« haben, verlassen sie gerne ihre Schlupfwinkel, nisten sich für ein paar Stunden in den Dörfern ein und essen und trinken dort auf Kosten der Bevölkerung, die sie kennt, aber sie nicht anzuzeigen wagt.

Auf der Straße in der Nähe des Ta-schan-lin sah eine arme Frau eines Tages in einiger Entfernung eine Gruppe solcher Herrschaften in Festtagskleidern stehen und andere auf dem Weg zu einem Wirtshaus den Berg herunterkommen. Sie riefen der ersten Gruppe zu: »Kommt mit! Gehen wir essen, es ist Zeit . . . Wir haben Hunger!«

Die Frau hatte nichts bei sich, was die Räuber hätte locken können, und ging, belustigt über die Begegnung, ruhig ihres Weges weiter.

Seit Jahrhunderten herrscht in China ein Überfluß an »Gesellschaften«. Es gibt wenige Chinesen, die nicht Mitglied der einen oder anderen Gesellschaft wären. Die Verbände selbst verfolgten die verschiedensten Ziele. Selbstverständlich haben auch die Diebe ihre Gesellschaften, die noch dazu sehr mächtig sind. Während manche nur Angehörige der untersten sozialen Klassen zu ihren Mitgliedern zählen, rekrutieren sich andere aus den »angesehenen« und wohlhabenden Kreisen des höheren Bürgertums. Diebstahl, Schmuggel, Schleichhandel dienen diesen Leuten mitunter dazu, Fonds für politische Zwecke anzulegen, doch fehlt es auch an weniger noblen Motiven nicht.

Einmal hatte ich Gelegenheit, eine dieser Gesellschaften von der vulgären Art an der Arbeit zu sehen.

Die Bande drang eines Nachts in das französische Institut für Bakteriologie in Tscheng-tu in der Provinz Se-tschwan ein. Die Wachhunde bellten wütend, so daß die Bediensteten munter wurden. Sofort setzte eine dramatische Verfolgung ein; die Einbrecher waren mit langen Stangen ausgerüstet, mit deren Hilfe sie die Mauern erklommen hatten, und rannten nun in dem geräumigen Hof dahin und dorthin. Schließlich gelang es den Bediensteten, zwei von ihnen dingfest zu machen, sie banden sie an Bäume und peitschten sie tüchtig aus, dann ließen sie sie unter guter Bewachung bis zum Morgen angebunden.

Am Morgen sprach ein Unbekannter mit sehr selbstsicherem Auftreten vor.

»Warum haben Ihre Leute diese Männer geschlagen?« fragte er den Direktor des Instituts in arrogantem Ton. »Sie hätten mich nur rufen lassen müssen. Ich weiß, wie man solche Angelegenheiten regelt. Lassen Sie die Männer losbinden, ich will sie mit mir nehmen. Wurde etwas bei Ihnen gestohlen? . . . Nein? . . . Ach, ein Überrock . . . Ich werde mich darum kümmern. Ich hafte für ihn. Es ist nicht nötig, sich wegen einer solchen Bagatelle weiter aufzuregen.«

Der Direktor lebte schon lange in China und war mit den örtlichen Sitten gut vertraut. Er wußte sofort, daß die Diebe einer organisierten Gesellschaft angehörten, die bei der Bevölkerung Prämien zur Versicherung gegen Einbruch einhob. Es war unwahrscheinlich, daß die Polizei sich mit der Sache würde befassen wollen; vielleicht gehörten die Polizeiagenten selbst der Vereinigung an, vielleicht würden sie Repressalien zu befürchten haben, falls sie zugriffen. Auch beide Gründe zusammen konnten sie veranlassen, sich passiv zu verhalten.

Die komische Pointe dieser Posse war, daß der arrogante Vertreter des Vorstandes jener Gesellschaft sich als Schwager des Abortputzers des Instituts entpuppte.

Es kann vorkommen, daß man es nach dem Buchstaben des Gesetzes als Delikt ansieht, wenn jemand einen in flagranti ertappten Einbrecher verprügelt, selbst wenn er bewaffnet ist und seine Verfolger zu verletzen versucht hat.

Ein französischer Priester in Len-si, Provinz Si-kang, bemerkte, daß dauernd Säcke mit Reis verschwanden. Sein Verdacht richtete sich gegen das Dienstpersonal, und er sagte das den Leuten ganz offen. Diese waren indes unschuldig und wollten ihm ihre Unschuld beweisen; sie legten sich nachts auf die Lauer und ertappten einen Dieb dabei, wie er einem Komplicen einen Sack Reis hinausreichen wollte. Sie stürzten sich auf ihn und begannen ihn zu schlagen. Auf den Lärm hin kam der Missionar herbeigelaufen, worauf der Einbrecher ein Messer zog, das er unter dem Gewand bei sich trug, und auf ihn losstach. Glücklicherweise zerriß er ihm nur die Soutane, aber einer von den Dienstleuten, der sich dazwischengeworfen hatte, wurde leicht verwundet.

Der Einbrecher wurde der Polizei übergeben.

Fazit: Die Bediensteten des Missionars wurden wegen Gewalttätigkeit zu einer Strafe von 500 chinesischen Dollar verurteilt. Die mußte natürlich der Missionar zahlen. Man hatte es nicht gewagt, ihn selbst in die Sache hineinzuziehen, aber er war derjenige, auf den man es abgesehen hatte.

Die »Gesellschaften« blühten natürlich im äußersten Westen Chinas ebenso wie in anderen Gegenden des Reiches.

In Ta-tsien-lu sind die zerlumpten Bettler, die auf den Straßen herumlungern, Männer wie Frauen, organisiert und müssen sich in ihrer Tätigkeit an ganz bestimmte Vorschriften halten. Sie haben auch Beiträge an ihre Chefs zu entrichten. Der geringfügige Schutz, den diese ihnen angedeihen lassen, wird ihnen nicht gratis zuteil.

Eine geheimnisvolle Mafia, eine »mango negra« (»Schwarze Hand«), operiert auch in Si-kang und heißt dort im Volksmund »Fidschi«.

Um ihre Chefs zirkulieren verschiedene Gerüchte: Es seien Herren und Damen, die ein gutbürgerliches, achtbares Leben führten, ohne daß sie sich anscheinend mit Geschäften abgäben oder eine Anstellung hätten. Die Angesehensten trieben vermutlich Opiumhandel im großen, die Geringeren seien Straßenräuber oder ganz gewöhnliche Diebe.

Eines Tages bezeichnete man mir eine elegante Dame, die mir

ob ihrer originellen Art sich zu kleiden aufgefallen war, als die Frau eines einflußreichen Chefs der Fidschi. Sie plauderte eine Weile mit mir, und ich hatte den Eindruck, als hätte sie eine vornehme Erziehung genossen. Von den Beziehungen ihres Gatten zu den Fidschi weiß ich natürlich nur das, was man sich – vielleicht zu Unrecht – in der Stadt erzählte.

Auch andere Leute ohne besonders in die Augen fallende Beschäftigung, Kaufleute, Beamte, mehr oder weniger reich, gehörten der Fama nach der Vereinigung an. Ob diese Gerüchte übertrieben waren, wage ich nicht zu entscheiden.

Eines Morgens fand man fast unmittelbar vor meiner Tür, quer über dem Weg liegend, die Leiche eines Mannes. Er war mit Knüppeln erschlagen und seines Pelzrockes, seiner Stiefel, seines Hutes und eines Teiles seiner Unterkleidung beraubt worden. Auch Geld hatte er keines mehr bei sich.

Nach und nach kam durch das Gerede der Nachbarn an den Tag, daß der Unglückliche noch gelebt hatte, als die Mörder ihn liegenließen, und daß man ihn während der Nacht noch stöhnen gehört hatte: »Mir ist kalt, mir ist kalt.«

Kein Mensch hatte gewagt einzugreifen, als er überfallen wurde und um Hilfe rief, und auch als die Angreifer auf und davon waren, hatte sich niemand getraut, die Tür zu öffnen und sich des Sterbenden anzunehmen. Die Leute sagten, die Täter seien Soldaten gewesen, und sie hätten sich Vergeltungsmaßnahmen ausgesetzt, wenn sie sich um das Opfer gekümmert hätten. Der Ermordete war ein wohlhabender Tibeter, der sich unvorsichtigerweise nach Einbruch der Nacht unterwegs verspätet und eine große Summe Geldes bei sich gehabt hatte. Ein paar Lumpen, denen dieser Umstand offenbar bekannt war, hatten ihm auf seinem Weg aufgelauert und ihn die Stadt nicht mehr erreichen lassen.

Man ließ die Leiche zwei Tage lang auf der Straße liegen, angeblich zur Erleichterung der »Nachforschungen«. Die Mörder wurden nicht entdeckt – zumindest wurde keiner verhaftet.

Ein anderes Mal wurde der Besitzer einer nicht weit von meiner Hütte gelegenen Ziegelei ermordet, und zwar auf der Brücke über einen Wildbach in unmittelbarer Nähe seiner Ziegelöfen. Das Verbrechen mußte am späten Abend begangen worden sein, als der Ziegelfabrikant auf dem Weg nach Hause war. Passanten fanden die Leiche am nächsten Morgen.

Eines Tages wieder stürzte meine Magd zu mir ins Zimmer und rief, eine Frauenleiche liege am Ufer des Dza. Das war ganz nahe von mir, und ich ging hin.

Tatsächlich lag die Leiche einer noch jungen Frau zwischen den Felsen und Sträuchern auf der Böschung, die von der Straße zum Flußbett hinunterführte. Die Raben hatten ihr bereits die Augen aus den Höhlen gefressen, und die eine Hälfte ihres Gesichtes war verschwollen und blutunterlaufen, als sei sie mißhandelt worden.

Ich lese keine Kriminalromane und fühle in mir keinerlei Anlage zum Amateurdetektiv; trotzdem neigte ich zu der Ansicht, das Verbrechen sei nicht an der Stelle begangen worden, wo der Leichnam lag. Weder die Sträucher noch das Gras waren niedergetreten, wie dies nach einem wenn auch noch so kurzen Kampf hätte der Fall sein müssen. Die Kleider des Opfers waren weder zerrissen noch zerdrückt, und die Tote lag da, als hätte sie sich zum Schlafen hingelegt. Die vielen Toten, die man in der Stadt und in der Umgebung sah, hätten auch den Gedanken nahelegen können, die Frau sei möglicherweise eines natürlichen Todes gestorben oder habe Opium genommen, wie das die Chinesen in der Verzweiflung häufig tun, und sei dann hierhergekommen, um im Verborgenen zu sterben. Doch das blutunterlaufene Gesicht erzählte eine andere Geschichte.

Die Frau war vielleicht, als sie schon tot war, an diesen Ort geschafft worden, doch warum hatten die Mörder sie nicht in den Wildbach geworfen? Das Wasser war um diese Jahreszeit hoch und die Strömung reißend. Sie hätte die Leiche in kaum einer halben Stunde bis in den breiten Fluß getragen, in den der Dza mündet, und von dort noch weiter. Dann wäre es schwer gewesen, den Verbrechern auf die Spur zu kommen. Man fand sie allerdings auch so nicht, obwohl sie die Tote dort liegengelassen hatten, wo ich sie sah.

Am Abend holte man die Leiche auf die Straße herauf und ließ sie dort über Nacht und den halben nächsten Tag liegen. Dann bettete man sie auf eine Bahre und stellte diese fast gegenüber meiner Tür an die Mauer eines kleinen Tempels. Nach ein paar Tagen entschloß man sich, die Tote zu begraben – nach Landessitte natürlich, wie ich es bereits geschildert habe. Die Leute, die sich der Sache annahmen, hatten indessen offenbar kein Recht dazu. Die Polizei veranlaßte sie, den Sarg wieder dorthin zurückzubringen, von wo sie ihn weggetragen hatten.

Die Behörden meinten, der Sarg werde, wenn er dort stehe, die Neugier der Vorübergehenden erwecken, und sie würden auf diese Weise etwas über die Identität der Ermordeten erfahren. Das war eine merkwürdig naive Vorstellung. Kein Mensch wunderte sich; man sah viel zuviele blanke Särge in der Gegend, als daß jemandem gerade dieser besonders aufgefallen wäre. Schließlich mußte man ihn doch wegschaffen, und es blieb für immer ein Geheimnis, wer die Tote darin war.

Einige Monate später wurde wieder eine unbekannte Frau ermordet, diesmal am anderen Ende der Stadt. Die Mörder ließen die Leiche in einem Gäßchen liegen, das zum Fluß hinunterführte. Auch sie wurden nicht entdeckt.

Eine vollständige Aufzählung der Kriminalfälle, die sich im Verlauf mehrerer Jahre in meiner näheren oder weiteren Umgebung ereigneten, wäre langweilig, daher verzichte ich darauf.

Nur von einem will ich noch berichten, nicht um der näheren Einzelheiten willen, sondern weil er ein einmaliges Beispiel kindlicher Pietät darstellt.

Während meines Aufenthaltes in Tscheng-tu teilte mir eines Abends einer meiner Diener mit, man habe zwei Mörder verhaftet, die in Körben die Leichenteile eines von ihnen ermordeten und zerstückelten Menschen mit sich geführt hätten.

Der Fall war ungewöhnlich. Die Körbe mit dem schaurigen Inhalt befanden sich an einem Ort nicht weit von mir, und ich ging daher hin, sie mir anzusehen. Es waren tatsächlich Teile einer menschlichen Leiche, doch eingetrocknet, mumifiziert, von rötlicher Farbe wie unsere geräucherten Schinken. Der Kopf vor allem sah aus wie ein bemalter Holzkopf.

Die Körbe, vier an der Zahl, waren die üblichen, wie die chinesischen Kulis sie verwenden, um kleinere Waren zu transportieren; je ein Korb wird am Ende eines langen, biegsamen Bambusrohres aufgehängt, das der Mann auf der Schulter trägt.

Die beiden Beschuldigten waren zur Zeit im Gewahrsam der Polizei, konnten aber einwandfrei ihre Unschuld beweisen.

Der eine war der Sohn, der andere der Neffe des Toten. Dieser war auf einer Straße in Si-kang ermordet worden, und man hatte seine Familie, die sehr weit von dort wohnte, nämlich in Schen-si, von dem Unglück verständigt.

Die Familie, arme Landleute, hingen noch sehr an den alten Bräuchen, nach denen die Toten in ihrem Heimatdorf ihre letzte Ruhe finden sollen. In kindlicher Pietät hatten der Sohn und der Neffe des Ermordeten die weite Reise unternommen, um seine sterblichen Überreste heimzuholen und sie bei den Seinen zu bestatten.

Träger zu bezahlen, die den Sarg transportiert hätten – sie hätten zu der Strecke mindestens zwei Monate gebraucht –, kam für so arme Leute nicht in Frage; selbst die Kosten eines Sarges waren für sie unerschwinglich.

Wie also den Leichnam heimbringen und wie, wenigstens einigermaßen, seine Verwesung verhindern? Die beiden Bauernsöhne hatten das Problem gelöst, indem sie den Leichnam zerstükkelten und die Teile in Salz eintrocknen ließen. Dann suchten sie beim Gouverneur der Provinz um einen Geleitbrief an, darin ihnen bescheinigt wurde, daß sie keine Verbrecher seien, sondern eine kindliche Pflicht erfüllten und dafür nur Lob verdienten. Nachdem sie dieses Dokument vorgewiesen hatten, wurden sie freigelassen und setzten am nächsten Tag ihre Wanderung fort, jeder mit zwei Körben an den Enden einer Bambusstange.

Die seltsame Begebenheit rief die Erinnerung an eine andere wach, die ein paar Monate zurücklag.

Ein Unmensch war auf den Gedanken gekommen, Opium in der Bauchhöhle eines kleinen Kindes zu schmuggeln, das er getötet und »ausgenommen« hatte. Er trug das Kind in den Armen und gab vor, es sei krank. Den Leuten fiel jedoch die Unbeweglichkeit des armen kleinen Wesens auf, und der abscheuliche Verbrecher wurde verhaftet und hingerichtet.

Verbrechen aus Liebesleidenschaft gibt es in Tibet nicht. Die Menschen dort messen den sexuellen Beziehungen nur geringe Wichtigkeit bei. Polygamie und Polyandrie, die beide üblich und gesetzlich sanktioniert sind, stumpfen zweifellos auch das Eigentumsgefühl ab, das in unseren Ländern eine der Wurzeln dieser Verbrechen ist.

Im Verlauf mehrerer Jahre ereignete sich in Ta-tsien-lu ein einziges Drama dieser Art, und zwar unter Chinesen.

Die Geschichte war recht banal.

Ein chinesischer Beamter war längere Zeit von daheim abwesend. Als er zurückkam, hatte seine Frau einen Liebhaber bei sich. Wie der Gatte im ersten Augenblick reagierte, erfuhr ich nicht, jedenfalls teilte er seiner untreuen Frau bald darauf mit, er werde sie zu ihrer Familie bringen, und warf sie auf dem Weg dahin in den Fluß.

Auch eine andere Frau wurde in denselben Fluß geworfen, zu dem sich die beiden Gebirgsbäche Dze und Da unterhalb von Tatsien-lu vereinigen.

Dieses Verbrechen verdiente keine Erwähnung, wäre nicht die Art und Weise so ungewöhnlich, wie der Mörder nachher seine Tat selbst eingestand.

Er war ein Freund der Ermordeten und ihres Gatten. Eines Abends, als die Frau im Kino war und für den Kinobesuch ihren Schmuck angelegt hatte, suchte er sie dort auf und teilte ihr mit, ihr Mann sei mit den eingekauften Waren schon auf dem Heimweg, aber in einer Herberge nicht weit von Ta-tsien-lu krank geworden. Er könne nicht weiter, und in seiner Begleitung befinde sich der Vertreter eines Kaufmanns, dem er noch den Betrag für verschiedene größere Einkäufe schulde. Er hätte mit ihm vereinbart, ihn gleich bei seiner Ankunft zu Hause zu bezahlen, doch hindere ihn seine Erkrankung nun, sofort heimzukehren, und der Vertreter des Kaufmanns wolle andererseits keine Zeit verlieren. Der Mann bitte seine Frau daher, möglichst rasch zu ihm zu kommen und eine bestimmte größere Summe Geldes von daheim mitzunehmen. Die Frau kannte den Überbringer der Nachricht so gut, daß sie nichts argwöhnte, um so weniger, als sie tatsächlich ihren Mann mit den eingekauften Waren zurückerwartete.

Sie ging nach Hause, nahm das Geld und machte sich noch in der Nacht in Begleitung des Freundes auf den Weg – der sie ermordete, beraubte und ihre Leiche in den Fluß warf.

Dann setzte der Verbrecher seinen Weg fort und wandte sich nach Se-tschwan. Reichlich mit Geld versehen, ließ er sich in den Wirtshäusern aller Dörfer, durch die er kam, großartige Mahlzeiten auftragen und trank vor allem ausgiebig.

Nachdem er so ein paar Tage von Ort zu Ort gewandert war, traf er in einer Herberge, wo er gerade wieder haltmachte, den Gatten seines Opfers. Die beiden Freunde feierten ihre Begegnung bei einigen Gläschen, und als der Kaufmann auf seine Frau zu sprechen kam, die er nun bald wiedersehen sollte, sagte der andere: »Du wirst sie in Ta-tsien-lu nicht mehr finden, ich hab' sie umgebracht.« Der Kaufmann hielt dies für einen derben Scherz, doch der Mörder, der vollkommen betrunken war, blieb bei seiner Behauptung, so daß dem Gatten schließlich doch Zweifel kamen und er der Sache für alle Fälle auf den Grund gehen wollte. »Du kommst jetzt mit mir nach Ta-tsien-lu«, sagte er zu dem Betrunkenen, »dort werden wir ja sehen, ob meine Frau lebt oder nicht.«

Was man sich in der Stadt über die Angelegenheit erzählte, war wie immer unklar. Wie es dem Kaufmann gelang, den Mörder nach Ta-tsien-lu zu bringen, ob ihm jemand dabei half oder ob der Mann in geistiger Verwirrung freiwillig mitging, weiß ich nicht. Jedenfalls kam er in Ta-tsien-lu an, wurde des Verbrechens überführt und hingerichtet. Auch seine Hinrichtung war grotesk. Der Verbrecher hatte viele Freunde, die ihm das Grauen der Hinrichtung ersparen wollten. Sie gossen ihn derart mit Schnaps voll, daß er stockbetrunken zur Richtstätte geschleppt und enthauptet wurde, ohne eine Ahnung zu haben, was mit ihm geschah.

Der gedrängte Abriß, den ich hier über die Kriminalität in den Gebieten des westlichen China gab, soll beim Leser nicht die Vorstellung erwecken, die dortige Bevölkerung lebe in ständiger Angst. Das ist durchaus nicht der Fall; sie nimmt die herrschende Unsicherheit mit der gleichen Unbekümmertheit hin wie die

Bevölkerung von Paris, London oder New York, die ebensolchen oder noch größeren Gefahren ausgesetzt ist. Das flüchtige Bild, das ich entwarf, bestätigt andererseits jedoch die immer wieder, zu verschiedenen Zeiten und in verschiedenen Ländern gemachte Erfahrung, daß die Strafe im Grunde ein unzulängliches Mittel zur Verhinderung von Verbrechen ist.

Viele Verbrecher entgehen in Si-kang und Sching-hai der Gerechtigkeit, aber nicht alle, und wehe denen, die gefaßt werden.

Obwohl die Folter in China offiziell abgeschafft ist, wird sie in den entlegenen Provinzen und natürlich auch in den Provinzen an der Westgrenze immer noch angewandt.

Ein Mann oder eine Frau wird zum Beispiel mit aneinandergefesselten Händen und Füßen an einen Querbalken gebunden, so daß der Körper, in der Mitte abgebogen, durchhängt; dann werden dem Delinquenten Steine auf Brust und Bauch gelegt und mitunter noch, um das Gewicht zu erhöhen, ein großer Stein oder mehrere Steine am Rücken befestigt. Dadurch werden die Hand- und Fußgelenke überbeansprucht und oft ausgerenkt.

Eine Verschärfung dieser Marter besteht darin, daß man ein Gefäß mit etwas Petroleum unter den Unglücklichen stellt und den Inhalt anzündet. Die Flammen lecken den Rücken des darüber aufgehängten Opfers und rösten ihn nach und nach.

Dem Opfer Brandwunden mit brennendem Petroleum zuzufügen, scheint ein Lieblingssport der chinesischen Folterknechte zu sein. Oft wird das Feuer auch auf der Brust angezündet.

Eine entsetzliche Sache ereignete sich in Ta-tsien-lu. Eine schwangere Frau wurde an den Balken gehängt und mit Steinen belastet und gebar in dieser Lage. Das Kind war tot, und sein Tod befreite die Mutter nach chinesischem Gesetz von der Todesstrafe, die über sie verhängt war, denn, so sagt das Gesetz, ein einzelner Mord darf nicht mit zwei Leben gesühnt werden.

Die gemarterte Frau wurde also losgesprochen und in Freiheit gesetzt, doch was sich weiter ereignete, verdient als Zeugnis für die eigenartige Mentalität der dortigen Menschen berichtet zu werden.

Die Frau hatte ihre Mutter getötet. Die Leute in der Stadt erklärten einstimmig, die alte Mutter habe ihre Tochter aus schmutzigem Geiz jahrelang über alle Begriffe gequält. Schließlich beging die Tochter, die sich nicht mehr zu helfen wußte, die Tat. Dafür hatte sie die erwähnte Strafe erhalten.

Nun jedoch, da sie keine weitere Strafe zu gewärtigen hatte, erhob sich ihr eigener Vater gegen sie. Er bestürmte das Gericht, sie hinrichten zu lassen. Man wies ihn ab, die Schuldige sei nach Recht und Gesetz losgesprochen, doch der Alte gab keine Ruhe. Er kniete sich Tag für Tag vor die Tür des Richters, weinte, tobte, verlangte selber hingerichtet zu werden, wenn man seine Tochter schonte, denn er könne es nicht ertragen, sagte er, sie unter den Lebenden zu wissen.

Endlich gab der Richter wegen der dauernden Belästigungen oder aus anderen Gründen, die ihm allein bekannt sind, Auftrag, die Verbrecherin zu enthaupten.

Warum die Frau nicht geflüchtet war, als ihr Vater ihren Tod zu fordern begann, erscheint seltsam, doch für uns Menschen einer anderen Rasse ist es schwer, zu begreifen, was in einem armen Gehirn wie dem dieser Unglücklichen vorgehen mag.

Seither hat sich bereits eine Legende um sie gebildet. Die Lamaisten bewahren den hinduistischen Glauben an mehrere Existenzen. Sie meinen, wir würden nach dem Tode in einem guten oder schlechten Dasein wiedergeboren, je nach unserem körperlichen oder geistigen Verhalten in diesem Leben. Unter Umständen kann sich die Wiedergeburt jedoch verzögern, und der Geist des Toten (im Tibetischen wörtlich: das bewußte Empfinden) oder vielleicht sein »Astralleib«* irrt weiter umher, ohne sich auflösen und als neues Individuum reinkarnieren zu können.

So spukt angeblich auch das Gespenst jener Frau an dem Ort, wo sie enthauptet wurde. Eine Menge Leute behaupten, sie dort in der Abenddämmerung ziellos hin- und herwandern gesehen zu haben. Eines Abends stürzte meine jüngere Magd atemlos zu mir in den Hof und sank halb ohnmächtig um.

Die Sonne war schon untergegangen; von einem Einkaufsgang zurückkommend, hatte sie die Tote auf einem Stein hart an

* Der »Astralleib« ist ein ätherähnliches Gebilde, das nach dem Glauben der Ägypter die Auflösung des materiellen Körpers überlebt, aber nicht unsterblich ist. Ähnliche Vorstellungen finden sich bei den Chinesen.

der Straße sitzen sehen, am Rande des Angers, wo das Vieh für die Fleischer geschlachtet wird und wo die Hinrichtungen stattfinden. Dort war auch die Frau enthauptet worden. Die junge Magd hatte sie gut gekannt; sie beteuerte, sie ganz deutlich wiedererkannt und bemerkt zu haben, daß sie weinte.

Natürlich sahen alle Nachbarinnen in ihrem Bericht einen neuen Beweis für die Existenz des unseligen »Geistes«.

Die Folter wird nicht nur als Strafe angewendet, sondern auch um Beschuldigte zum Geständnis ihrer Verbrechen und zur Nennung ihrer Komplicen zu bringen.

Hierzu sagte man mir, daß zu dem Ort, wo man eine Folterung zu diesem Zweck vornimmt, kein Publikum zugelassen werde, damit der Delinquent unter der Marter nicht etwa aufs Geratewohl den einen oder anderen der Anwesenden als seinen Mitschuldigen bezeichne, in der Hoffnung, der Tortur damit ein Ende zu machen. Ich weiß nicht, ob die Vorschrift immer eingehalten wird.

Die Bastonnade wird mit sehr langen, schweren Stangen von den Dimensionen eines kleinen Balkens durchgeführt. Schon die ersten Schläge reißen für gewöhnlich die Haut auf; sie wird völlig zu Brei, wenn die Bastonnade länger dauert.

Im Kloster Kum-bum in Sching-hai, wo noch die altchinesischen Methoden der Rechtsprechung in Gebrauch sind, pflegte ich einmal einen Mönch, der wegen eines Diebstahls die Bastonnade erhalten hatte.

Seine Freunde riefen mich erst einige Tage, nachdem er geprügelt worden war; in der Zwischenzeit hatten sie sich darauf beschränkt, auf die Wunden Mist aufzulegen. Als ich dazukam, sahen diese furchtbar aus; an der Hinterseite der Schenkel, wohin die Schläge gezielt werden, während der Mensch mit dem Gesicht zur Erde liegt, lagen die Knochen bloß. In dem Mist der »Packungen«, die von einer starken Eiterabsonderung durchsetzt waren, wimmelte es von Würmern. Ich habe selten etwas Widerlicheres gesehen. Trotzdem beseitigten ganz simple antiseptische Waschungen die Infektion, und der bedauernswerte Mönch erholte sich ziemlich schnell. Als er wieder gehen konnte, machte er mir einen Besuch; da er ein Dieb war, wurde er aus dem Kloster ausgeschlossen und wollte mir vor seinem Wegzug noch für meine Bemühungen danken.

Bei dieser Gelegenheit sprach einer seiner Freunde über die Züchtigung, die er erlitten hatte, und sagte mit einem gewissen Stolz: »Unsere Klosterjustiz ist streng.«

Ja, das war sie wirklich.

Unwillkürlich drängt sich mir hier ein Vergleich auf: zwischen dem Fall dieses Tunichtguts, dem die lamaistischen Mönche so grausam die Haut zerfetzt hatten, und dem eines anderen Mönches in einem anderen Land. Dieser andere war allerdings kein Tunichtgut, sondern ein großer Mystiker und außerdem noch ein großer Dichter. Sein Verbrechen war, daß er seine Obrigkeit an die ursprüngliche Ordensregel erinnert hatte, die seine Ordensbrüder nur noch lax befolgten. Der Mann, der, nach seiner tiefen Einsicht zu schließen, nur das Beste wollte, war ihnen um eines kindlich-einfältigen Verlangens willen ein Dorn im Auge: Er wollte, sie sollten barfuß gehen, und sie wollten auf ihr Schuhwerk nicht verzichten.

So hielt man denn den unglücklichen heiligen Mann in einer engen, düsteren Zelle gefangen, darin es in Spaniens glühendem Sommer zum Ersticken war, und jeden Tag wurde er grausam gepeitscht, so daß seine grobwollene Kutte an den blutigen Wunden klebte. Sein Land und seine Zeit – das 16. Jahrhundert – kannten keine antiseptische Behandlung, und niemand war da, der seine Qualen gelindert hätte.

Die endeten erst an dem Tag, da es ihm gelang, seinen Peinigern zu entkommen und zu fliehen. Er hieß Johannes vom Kreuz, und die Römische Kirche hat ihn heiliggesprochen. Hat sie auch seine Peiniger gebrandmarkt?

Ein Taugenichts, den ich dann und wann mit Gartenarbeit auf dem kleinen, umfriedeten Grundstück vor meinem Haus beschäftigte, hatte weniger Glück als der diebische Mönch von Kum-bum.

Er war ein hübscher, großer Bursche mit symphatischem Gesicht und angenehmen, höflichen Manieren, aber ein unverbesserlicher Dieb.

Er folgte mit Vorliebe den Transportkolonnen der Kaufleute, mit der harmlosen Miene eines Menschen, der zufällig den gleichen Weg hat. Während dann die Maultiertreiber oder die Führer der Jaks miteinander schwatzten, ohne ihn zu beachten, pflegte er sich irgend etwas anzueignen, dessen er gerade habhaft werden konnte. Alles war ihm recht, ein Riemenende, das von einem Sattel oder einem Sack herunterhing, eine Decke, die über einen Warenballen geworfen und schlecht befestigt war, oder auch nur ein Stück von ihr, das er mit einem scharfen Messer abschnitt. Bei Einbruch der Dunkelheit wagte er es mitunter, ein Loch in einen Sack zu schneiden, und erbeutete so ein oder zwei Pfund Mehl oder Korn.

Gesund und kräftig wie er war, hätte er sehr wohl arbeiten und spielend seinen Lebensunterhalt verdienen können, doch er zog das müßige, freizügige Leben eines Strolches vor. Dafür wurde er grausam bestraft.

Des Diebstahls überführt, wurde er vor die Soldaten gebracht, die bei unbedeutenden Delikten häufig als Richter fungieren. Der Unglückliche wurde furchtbar geprügelt. Nach den Mitteilungen von Augenzeugen trat dabei eines seiner Augen aus der Höhle. Nachher wurde er noch an einen Balken gehängt, fiel herunter, erlitt einen Schädelbruch und starb, obwohl auf dem, was er verbrochen, nicht der Tod stand und obwohl ihn kein ordentliches Gericht verurteilt hatte.

Ein ähnliches Schicksal hatte eine Frau – eine wirkliche Schönheit. Sie gehörte einer angesehenen tibetischen Adelsfamilie an. Ihr Mann hatte sie verlassen, sie hatte ihr Vermögen verloren und suchte im Opium Vergessen für ihr Elend. Die Droge ist in China sehr teuer geworden; da die Frau kein Geld hatte, verlegte sie sich aufs Stehlen, um sich Opium verschaffen zu können. Sie wurde oft dabei überrascht und von den Leuten geschlagen, in deren Häuser sie sich eingeschlichen hatte. Eines Tages ertappte meine Magd sie, wie sie sich gerade mit einer Aluminiumkasserolle aus meiner Küche davonmachenwollte, ich mußte mich ins Mittel legen, um zu verhindern, daß sie allzu grob gezüchtigt würde. Als ich sie zum letzten Male sah, ging sie in Lumpen, und ihre Schönheit, die immer noch nicht verblichen war, hatte einen tragischen Zug. Später erfuhr ich, die Sodaten hätten sie, als sie wieder einmal auf frischer Tat ertappt worden war, ohne richtiges Urteil einfach in den Fluß geworfen.

Ein tragisches Ende, das zugleich einen gefühlvollen Liebesroman beschloß, fand eine andere hübsche Frau, die ich kannte.

Zur Zeit des »Langen Marsches«, des historischen Rückzugs der kommunistischen Armee durch China, hatte die Frau, als die Truppen im Jahre 1935 durch Si-kang und Sching-hai zogen, ihnen Hilfe geleistet. Sie war deshalb mehrmals im Gefängnis gesessen, hatte aber immer wieder entwischen können.

Die Justiz ist in den Grenzgebieten noch so wenig vereinheitlicht, daß die Frau in Ta-tsien-lu frei und unbehelligt leben konnte, obwohl Kan-tse gar nicht so weit entfernt ist. Sie hätte hier bleiben können, war jedoch leidenschaftlich in einen Kaufmann verliebt, der in Kan-tse wohnte, und ihre Liebe war stärker als ihre Vorsicht. Sie kehrte wieder nach Kan-tse zurück, um ihren Geliebten zu sehen, und wurde dort verhaftet. Diesmal gelang es ihr nicht, zu entkommen. Nach dem Urteil der Männer, die sich unberechtigterweise zu ihren Richtern aufgeworfen hatten, sollte ihr ein Bein amputiert werden. Die arme Frau, noch jung und schön, konnte den Gedanken nicht ertragen, ihr Leben lang verstümmelt zu sein, und erklärte, lieber wolle sie sterben. Ihre Ankläger nahmen sie augenblicklich beim Wort und stießen ihr ein Messer ins Herz.

Kleinere Vergehen, wie zum Beispiel wenn jemand die Straße vor seiner Tür nicht kehrt, oder andere ähnlich geringfügige werden mit Stockschlägen auf die flache Hand bestraft. Die Soldaten von Ta-tsien-lu verhängen diese Strafe mir nichts dir nichts, je nach Laune und ohne reguläres Urteil.

Schläge mit dem Lineal auf die Handfläche sind auch in den Schulen von Tibet eine gebräuchliche Strafe.

Was die in Si-kang oder Sching-hai kampierenden Hirten betrifft, so haben sie ihre eigenen Methoden, ihren ungeschriebenen Gesetzen Geltung zu verschaffen. Trotzdem kommt es bei ihnen häufig vor, daß sie in ihren Streitigkeiten Soldaten als Schiedsrichter anrufen, die auf dem Marsch sind und gerade an ihren Zelten vorbeikommen. Der Schiedsspruch sieht in solchen

Fällen regelmäßig eine Geldbuße vor, die die zu Richtern aufgerufenen Soldaten zum größten Teil selbst einstecken. Dieses sich immer wiederholende Resultat sollte die Hirten eigentlich mit der Zeit davon abhalten, sich an solche Gelegenheitsrichter zu wenden, doch sie werden nicht klüger und lassen sich stets wieder prellen.

Die Tibeter haben geradezu eine Leidenschaft für Prozesse; immer prozessieren sie gegen irgend jemand oder stehen als Beklagte vor Gericht, welchem Recht auch immer es dient und wer die Pseudorichter sein mögen, die Recht sprechen.

Eine Hinrichtung in Ta-tsien-lu ist ein kraß theatralisches Schauspiel, das für gewöhnlich außerhalb der Stadt, aber unmittelbar vor den letzten Häusern stattfindet. Ausnahmsweise wurden während meines dortigen Aufenthaltes einmal einige Soldaten auf einem kleinen Platz im Stadtzentrum füsiliert; sie hatten in verschiedenen Läden Diebstähle begangen.

Die, die enthauptet wurden, führt man im allgemeinen auf die »Straße nach China« hinaus. In der Nähe meiner Hütte wurden die Delinquenten mittels Schußwaffen ins Jenseits befördert. Man wird verstehen, warum ich in diesem Falle nicht sage »füsiliert«; der Ausdruck erweckt bei uns die Vorstellung eines mit Gewehren ausgerüsteten militärischen Hinrichtungskommandos, aber hier gab es nichts dergleichen.

Der zum Tode Verurteilte wurde auf seinem letzten Gang mit auf dem Rücken gefesselten Händen durch die Stadt geführt; rechts und links von ihm ging je ein Polizist und stützte ihn unter dem Arm. Mitunter war ein Bogen Papier auf dem Rücken des Unglücklichen befestigt, und zwar an einer Bambusstange, wie eine kleine Fahne; darauf war der Grund der Verurteilung angeschrieben. Bewaffnete Soldaten begleiteten den Zug, und hinter ihnen folgte ein Offizier zu Pferd.

Oft fiel mir auf, daß an der Spitze des Zuges jene roten Latten fehlten, die früher den zum Tode Verurteilten stets vorangetragen worden waren und die auch bei anderen Gelegenheiten immer als Symbole des Gesetzes und der Autorität figuriert hatten.

Oben: Alexandra David-Néel in den Bergen von Si-kang.
Unten: Die von Alexandra David-Néel im östlichen Tibet bewohnte Einsiedelei.

Einer jener frommen Gedenksteine, Tschorten genannt, den Gläubigen in einsamer Landschaft zur Schau gestellt.

Die Chinesen schienen immer sehr interessiert daran, Menschen töten zu sehen – eine krankhafte Neugierde, der man übrigens auch in anderen Ländern begegnet. Sooft eine Hinrichtung angekündigt war, eilte die Menge dem schauerlichen Zug schon voraus, und jeder war bemüht, sich einen Platz zu sichern, von dem aus er den Vorgang gut sehen konnte.

Die Menge, die Soldaten und die Verurteilten zogen immer an meiner Tür vorüber.

Drei Verurteilte, die ich so vorbeiführen sah, hatten eine ganze Bauernfamilie ermordet: zwölf Personen, Männer, Frauen und Kinder.

Man kann der Ansicht sein, solche Verbrecher verdienten kein Mitleid. Ich bin indessen eine unbedingte Gegnerin der Todesstrafe, außer etwa in Kriegszeiten, in denen sie notwendig werden kann. Wenn ein minderwertiger Mensch das Verbrechen begeht, einen anderen Menschen zu töten, dürfen wir deshalb nicht ein Gleiches tun.

Der Todesstrafe, so wie wir sie vollziehen, haftet ein sadistischer Zug an, der geeignet ist, den bösen Instinkten Nahrung zu geben. Ihr Zweck ist nicht sosehr, ein für seine Nächsten gefährliches Individuum unschädlich zu machen, als vielmehr unter dem Titel der Strafe ein Rachebedürfnis zu stillen.

Immer wieder kann man in den Zeitungen Nachrichten der folgenden Art lesen: »Die Hinrichtung des X mußte mit Rücksicht auf seinen Gesundheitszustand verschoben werden.« Mit anderen Worten: X ist zu krank, als daß man ihn töten dürfte. Das Ärgste ist aber, daß man diesen X, der vielleicht sterben und die Gesellschaft so von seiner unerwünschten Person befreien würde, sorgfältig pflegt, ihn wieder gesund macht oder wenigstens so weit gesund, daß er richtig empfinden kann, wie er getötet wird.

In einer solchen Handlungsweise liegt etwas Teuflisches, etwas von der perversen Freude eines Folterknechtes, der sich an den Qualen seines Opfers weidet. Solange derartige Empfindungen im Innern der Menschen genährt werden, ist es nicht weiter verwunderlich, wenn sie in Kriegszeiten oder bei ähnlichen Anlässen zum Ausbruch kommen und zu Greueltaten führen.

Das soll nun gewiß nicht heißen, daß absolut unverbesserliche, gefährliche Individuen im Verband der menschlichen Gesellschaft verbleiben sollen; lebenslängliche Internierung erfüllt jedoch vollkommen den Zweck, sie aus ihrer Mitte zu entfernen. Es gibt auf der Erde immer noch genügend einsame, nicht gerade angenehme Orte, wo man sie hinbringen und der Sorge um einen kargen Lebensunterhalt überlassen kann.

Ich war immer sehr erschüttert, wenn ich die verkrampften Gesichter und den schwankenden Gang der Opfer sah, die man in aller Eile nach demselben Platz schleppte, wo die Schlächter das Vieh schlachteten. Dort wurden die Verurteilten mit einem Pistolenschuß aus nächster Nähe, manchmal ins Genick, manchmal ins Herz, getötet. Die Leichen ließ man dann mitten unter den Hörnern, Hufen und Exkrementen der in den vorhergehenden Tagen oder erst einige Stunden vorher geschlachteten und abgehäuteten Tiere liegen.

Mitunter war der Verbrecher nicht sofort tot, der Soldat, der gegen eine Sonderentlohnung den Dienst des Henkers verrichtete, hatte schlecht gezielt.

Eines Tages bemerkten Leute, daß einer der auf dem Boden liegenden Menschen sich noch regte. Der Anblick des mit dem Tode Ringenden ließ die Menge völlig ungerührt, einige Gaffer liefen dem Hinrichtungskommando nach, das eben abmarschierte, und riefen den Soldaten zu: »Einer ist noch nicht tot!« Daraufhin ritt der Offizier in Begleitung eines seiner Männer zurück, und dieser machte dem Sterbenden nun erst vollends den Garaus.

Das geschah am frühen Vormittag. Die Leichen blieben an Ort und Stelle, so wie sie hingefallen waren, die Nacht über, den ganzen nächsten Tag und noch die folgende Nacht liegen. Dann erst wurden sie in Särge gelegt und weggetragen.

Ein anderes Mal wurden am selben Ort wieder drei Männer hingerichtet. Da hatte man die Särge schon vor dem Eintreffen der Verurteilten hingebracht und stürzte sie, sobald diese tot waren, verkehrt, den Boden nach oben, über die Leichen, wo sie gerade lagen. So blieb alles einige Tage lang.

Die Chinesen lassen die Leichen der Hingerichteten deshalb allen Leuten sichtbar liegen, weil sie meinen, ihr Anblick sei dazu angetan, ihnen Furcht einzuflößen und sie von bösen Taten abzuhalten. Eine müßige Hoffnung; denn was sind schon zwei oder drei Tote, die man irgendwo liegenläßt? Sieht man nicht Hunderte, ja Tausende auf den Schlachtfeldern – und hat ihr Anblick die Völker je dahin gebracht, keinen Krieg mehr zu führen? . . .

Ich weiß nicht, was für ein Verbrechen die drei begangen hatten. Ich hörte nur einen von ihnen, als er an mir vorüberging, sagen: »Ich warte auf ihn in der anderen Welt, ich werde mich rächen!« Die Worte galten dem, der ihn angezeigt und so seine Verhaftung und seine Verurteilung herbeigeführt hatte. Die Leute, die ihn gleich mir die Worte sagen hörten, prophezeiten dem Anzeiger nichts Gutes. Eine solche Drohung im Munde eines Todgeweihten erfülle sich immer, sagten sie. Der Angeber werde ganz gewiß sterben.

Wirklich erzählte man mir kurze Zeit später, er habe durch einen Unfall den Tod gefunden. Der Unfall ereignete sich zu weit entfernt von mir, als daß ich hätte feststellen können, ob das Opfer ihn etwa in einer Psychose unter dem Eindruck jener unheimlichen Ankündigung eines Wiedersehens selbst verschuldet hatte oder ob irgendwelche Freunde des Toten an seinem Zustandekommen beteiligt waren . . .

Eine dritte Hinrichtung fand nicht an der üblichen Stelle statt, sondern ein paar Schritte weiter, auf der Straße selbst. Zwei Männer wurden erschossen. Der eine war sofort tot. Der Soldat, der den anderen töten sollte, hatte den Einfall, sein Opfer in den Mund zu schießen. Er verwundete den Mann nur und zerschmetterte ihm die Zähne. Der Unglückliche, der vollkommen bei Bewußtsein war, verlangte Wasser.

Was mochte er sich dabei denken? Gehorchte er lediglich dem blinden Trieb, sein Leben zu verlängern, sei es auch nur um wenige Minuten? . . . Er wußte nur allzu gut, daß er nicht die geringste Chance hatte, es zu retten.

Man brachte ihm Wasser. Er hatte noch genug Kraft, zu trinken. Dann schoß ihm der Henker noch einmal mit der Pistole in den Mund, und da starb er.

Die beiden Männer hatten zu einer Bande gehört, die die Bauern auf folgende Weise zu übertölpeln pflegte:

Einer aus der Bande trat in einem Bauernhaus ein, gab vor, er sei ein Deserteur, und bat um Unterschlupf oder um Zivilkleider, damit er die Uniform ausziehen und fliehen könne. Sobald er einen Augenblick allein oder unbeobachtet war, versteckte er schnell ein Paket Opium oder Munition in einer Zimmerecke oder unter einem Möbelstück. Die chinesischen Bauern pflegen nur selten auszukehren, besonders in den Winkeln, so daß geraume Zeit vergehen kann, ehe sie die bei ihnen hinterlassenen verbotenen Dinge entdecken. Eines schönen Tages erschienen dann Soldaten in Uniform; es waren andere Mitglieder der Bande. Sie verkündeten in strengem Ton, sie seien beauftragt, eine Hausdurchsuchung vorzunehmen, um das Opium oder die Munition zu finden, die die Bauern bei sich versteckt hätten. Der Bauer schwor im Bewußtsein seiner Unschuld, er habe nichts dergleichen im Hause, wurde aber bald durch die Auffindung dessen, was der Besucher dagelassen hatte, überführt.

Die Banditen erklärten nun, sie müßten den Bauer samt seiner ganzen Familie ins Stadtgefängnis führen, wo alle die Zeit abzusitzen hätten, bis sie vor dem Richter erscheinen dürften.

Die unglücklichen Bauern verloren vor Angst fast den Verstand; untrügliche Beweise zeugten wider sie, sie hatten die härteste Strafe zu gewärtigen, vielleicht die Todesstrafe. Sie flehten die Banditen auf den Knien an, sie nicht vor den Richter zu führen. Nach langem Verhandeln gaben sich die Soldaten den Anschein, als wollten sie Milde walten lassen, und schlugen ein Abkommen vor: Sie würden das Geheimnis ihres Fundes bewahren, und der Bauer solle als Gegenleistung eine Erklärung unterzeichnen, daß er einem gewissen Soundso, den die Soldaten nannten, eine bestimmte Summe schulde. Im Falle der arme Teufel kein Siegel besaß*, machten sie sich erbötig, seine Un-

* Der Namenszug als Unterschrift ist in China wenig gebräuchlich. Weder die chinesischen Banken noch auch im allgemeinen die Post akzeptieren ihn. Jeder Chinese besitzt ein besonderes Siegel, das er auf Empfangsbestätigungen oder andere Dokumente drückt und das als seine Unterschrift gilt.

terschrift zu beglaubigen oder seine mündliche Erklärung zu bezeugen.

Damit begann das Martyrium des Bauern. Meistens besaß er den geschuldeten Betrag nicht, wenn der Tag der Fälligkeit herangekommen war, und man verlangte eine zusätzliche Summe für den Aufschub, den er benötigte, um seine Schuld zu bezahlen. Man bediente sich verschiedener Vorspiegelungen, um die Angst des Schuldners zu steigern und ihm noch mehr Geld zu erpressen. So mußte er von Monat zu Monat immer mehr Vieh oder Grund verkaufen, um die unbarmherzigen Schurken zu befriedigen, die ihn in ihren Klauen hielten.

Ein anderer Trick dieser Gauner bestand darin, daß sie auf einem Bauernhof irgendwelche Waren deponierten, deren Verkauf verboten war, vor allem wieder Opium, diesmal aber mit Zustimmung des Bauern, dem sie dafür einen Anteil am Gewinn beim Verkauf versprachen.

Nachdem einige Zeit verstrichen war, wurde der Bauer von einem angeblichen Freund höchst vertraulich verständigt, daß in der Gegend Hausdurchsuchungen stattfinden würden.

Der Verwahrer der verbotenen Dinge beeilte sich daher, sie entweder zu vernichten oder sie irgendwo auf den Feldern zu verbergen. Ohne daß er eine Ahnung hatte, wurde er bei dem, was er unternahm, beobachtet, und wenn er sich entschloß, das anvertraute Gut irgendwo zu verstecken, trugen andere Komplizen es weg.

Dann kam der »Eigentümer« der Waren daher und wollte sie zurückhaben. Der Bauer konnte sie ihm nicht ausfolgen, und nun begann die Erpressung ähnlich wie in dem bereits geschilderten Fall. Um nicht vor den Richter zu müssen, unterzeichnete der arme Tropf jede Erklärung, die man von ihm verlangte. Mehrere Bauern in Si-kang waren auf diese Weise vollkommen ruiniert worden.

Einige Mitglieder der Bande wurden zwar, wie gesagt, hingerichtet, doch es blieben immer noch genug übrig, die frei herumliefen und ihre Machinationen fortsetzten.

Zu demselben Zweck, zu dem man die Leichen der erschossenen Verbrecher vor aller Augen liegenläßt, stellt man auch Köpfe von Enthaupteten aufgehängt zur Schau: um nämlich bei Leuten, die vielleicht einen Hang zum Verbrechen in sich tragen, Furcht zu erwecken.

Vor ungefähr zwanzig Jahren sah ich auf einer Reise durch die Provinz Ho-nan zum erstenmal ganze Trauben von Köpfen, die an den Ästen der Bäume entlang den Straßen an ihren Haaren aufgehängt waren. Damals, zur Zeit des Bürgerkrieges, waren die Räuber besonders frech und die Hinrichtungen zahlreich.

In Ta-tsien-lu werden die Köpfe an einer Mauer am Eingang der Stadt zur Schau gestellt. Jetzt, da die Chinesen das Haar kurz geschnitten tragen, kann man die Köpfe nicht mehr an den Zöpfen aufhängen und zieht daher zu diesem Zweck einen Strick unter dem Kinn durch. Das gräßliche Schauspiel ist so noch viel abstoßender. Es erschüttert die phlegmatischen Chinesen jedoch nicht im geringsten, und ich muß selbst sagen: Das Grauen, das die bloße Vorstellung in einem zu erwecken vermag, stellt sich nicht ein, wenn man der Tatsache gegenübersteht.

Früher stellten die chinesischen Behörden den Reisenden eine Eskorte bei, wenn sie Gegenden zu passieren hatten, die Räuber unsicher machten. Ich lehnte diese Vergünstigungen immer ab, wenn es sich voraussichtlich um eine längere Reise handelte, denn in diesem Fall wären die Sonderentlohnungen, die ich meiner Leibgarde hätte geben müssen, höher gewesen als der Wert meines bescheidenen Gepäcks, das man mir hätte rauben können.

Außerdem machte sich die Eskorte, wenn die Banditen zahlreich waren, immer so schnell wie möglich aus dem Staub.

Die chinesischen Soldaten hatten damals ein sehr freies Leben, besonders abseits von den großen Straßen und in den Grenzdistrikten. Die Anzahl der Männer, die einen Reisenden eskortierten, sowie der Ort, bis wohin sie ihn begleiten sollten, waren nie genau festgelegt.

Eines Tages verlangten meine Maultiertreiber für die Durchquerung eines gebirgigen Gebietes, das jetzt zur Provinz Sitschang gehört, unbedingt eine Eskorte. Ich gab ihrem Drängen nach und benachrichtigte den Kommandanten eines Militärpostens in einem Dorf, daß ich eskortiert werden wolle.

Er schickte mir sechs Mann, und wir brachen auf. Wir waren kaum zwei Stunden unterwegs, als meine Eskorte mich verließ. Ich sah die Burschen eiligst einen Abhang hinaufklettern und im Gebüsch verschwinden.

Gut, dachte ich, die Kerle sind müde und haben keine Lust, weiter mitzugehen. Oder sie haben sich gar davongemacht, um irgendwelche Strolche, mit denen sie im Bunde sind, zu verständigen, daß eine Reisende unterwegs ist. Doch keine dieser Vermutungen stimmte.

Ein Stück weiter, bei einer Wegbiegung, kamen die Männer, die mich verlassen hatten, im Laufschritt wieder den Berg herunter, und zwar in Begleitung von einem weiteren halben Dutzend Soldaten, die nun meine Eskorte verstärkten.

Dieselbe Komödie wiederholte sich bei jedem Posten, an dem wir tagsüber auf unserem Marsch vorbeikamen. Als ich an dem Ort anlangte, wo ich übernachten mußte, stellten sich an die dreißig Soldaten im Hof auf und sahen mich mit fragenden Blikken an. Was wird sie uns geben? bedeuteten diese Blicke . . . Ich konnte mich nicht lumpen lassen.

Doch sobald sie fort waren, in ihre Kaserne, die glücklicherweise ziemlich weit von dem Dorf lag, befahl ich den Maultiertreibern, um einer weiteren Eskortierung zu entgehen, sich am nächsten Tag lang vor Tagesanbruch fertig zu machen; bei der Schnelligkeit, mit der sich meine Eskorte vergrößert hatte, mußte ich fürchten, bald eine kleine Armee um mich zu haben, für deren Sold ich hätte aufkommen müssen. So brachen wir also noch bei Nacht auf, und der Mond im letzten Viertel leuchtete unserer Flucht.

Trotzdem war zu jener Zeit eine Eskorte mitunter ganz angenehm. Sie erwies sich gelegentlich als durchaus nützlich, nicht als Schutz gegen die Räuber, sondern in alltäglicheren Situationen.

Ein paar Soldaten pflegten dem Reisenden gewöhnlich vorauszumarschieren und dafür zu sorgen, daß in der besten Herberge des Nächtigungsortes das beste Zimmer gesäubert und für ihn hergerichtet wurde. Gab es in dem Ort keine Herberge oder war sie allzu schlecht, dann redeten die Soldaten dem Besitzer des schönsten Hauses, das sie fanden, gut zu, dem durchreisenden

Fremden sein bestes Zimmer zu überlassen, und wenn der Besitzer dazu keine Lust hatte, zwangen sie ihn einfach, sich gastfreundlich zu zeigen.

Auch Lebensmittel bekam man leichter, wenn die Eskorte sich darum kümmerte. Kurz, ihre Bemühungen brachten einem viele kleine Vorteile.

Unnötig zu sagen, daß ein derartiges Begleitkommando auch für die Soldaten eine willkommene Gelegenheit war, auf dem ganzen Weg auf Kosten der Dorfbewohner gut zu leben und da und dort auch etwas mitgehen zu lassen.

Diese »gute alte Zeit« ist vorüber. Die Soldaten, die mich in Si-Kang eskortierten, mußten sich mit den ausgiebigen Mahlzeiten begnügen, die ich ihnen dreimal im Tag vorsetzen ließ, und mit einer reichlichen Entlohnung, wenn ihr Dienst zu Ende war.

Sie waren auch mit dem wenigen zufrieden; es waren freundliche junge Burschen, die mir zu gar nichts nütze waren und die ich nur in den Herbergen zu Gesicht bekam, in denen ich haltmachte. Tagsüber marschierten sie, wie es ihnen paßte, weit vor mir oder hinter mir her, niemals in Sicht meiner Reisesänfte.

Außer in einigen entlegenen Gebieten mit nicht-chinesischer Bevölkerung haben die Soldaten ihr ehemaliges Ansehen und ihre Macht fast völlig verloren. Herbergswirte, Bauern und kleine Kaufleute haben ihre angestammte Ängstlichkeit überwunden und scheuen sich gar nicht, Bezahlung zu verlangen oder ihre Türen überhaupt verschlossen zu halten, wenn sie nicht öffnen wollen. Vom Standpunkt des Rechtes und der Billigkeit, der ja im Grunde der richtige Standpunkt ist, liegt darin unleugbar ein Fortschritt. Die alten Gepflogenheiten waren durchaus fragwürdig. Freilich habe ich nicht bemerkt, daß sich die materielle Lage der unteren Schichten in China durch diese Hebung der Moral fühlbar verbessert hätte.

VI

ALLERLEI ÜBER MORAL

Unglückliche Ehen. Ein tüchtiges Ehepaar. Vielmännerei. Freie Liebe. Die »Kurtisane«. Heimliche und gewerbliche Prostitution. Ein Biedermann im Sündenpfuhl. Schönheitspflege. Kinder und Eltern. Grotesken des Erbrechts.

Über die Moralbegriffe, die in den westlichen Grenzprovinzen herrschen, ist wenig zu sagen. In Si-kang, in Sching-hai und in den benachbarten Gebieten ist die große Masse der Bevölkerung zu apathisch und zu schwerfällig, als daß man diesen Leuten besondere Tugenden oder Laster nachsagen könnte.

Die kleinen Tragödien, die sich bei ihnen ereignen, entspringen im allgemeinen dem Eigennutz, der Habsucht oder irgendwelchen Familienzwistigkeiten, oft auch allen drei Motiven zusammen.

Einige Beispiele mögen genügen.

Ein reicher Kaufmann hatte seine Tochter mit dem einzigen Sohn einer nicht minder wohlhabenden Witwe verheiratet. Nach Beendigung der Hochzeitsfeierlichkeiten – einer Reihe von Festmählern, die sich durch mehrere Tage hinzogen – mutete die Schwiegermutter ihrer Schwiegertochter zu, alle häuslichen Arbeiten in dem geräumigen Haus zu übernehmen. Die junge Frau lehnte das mit dem Bemerken ab, bei ihren Eltern seien Dienstleute für diese Verrichtungen vorhanden gewesen; doch dafür hatte die Schwiegermutter kein Ohr. Es falle ihr nicht ein, sagte sie, eine Magd zu bezahlen, wenn sie eine Frau im Hause habe, die unentgeltlich arbeiten könne.

Der junge Gatte war ein Taugenichts, ein Spieler, ein Bruder Liederlich, der immer erst um zwei oder drei Uhr früh nach Hause kam. Seine Mutter vergötterte ihn und war immer vom Bett aufgestanden, um ihm zu öffnen und ihm, wenn es ihm gerade einfiel, noch etwas zu essen oder zu trinken vorzusetzen. Von jetzt an, erklärte sie, sei das die Pflicht der Neuvermählten; sie müsse nun ein warmes Essen für ihren Mann bereithalten, wenn er nachts nach Hause komme. Auch das schlug die junge Frau rundweg ab. Die Zeit ist nämlich vorbei, da die Schwiegermütter in China blinden Gehorsam von ihren Schwiegertöchtern verlangen und sie tyrannisieren konnten. Darüber war sich aber die geizige Alte nicht klar.

Eines Tages nun wurden die Nachbarn durch ein Schreien und Stöhnen alarmiert, das aus dem Hause drang. Die alte Frau hatte ihre Schwiegertochter mit Hilfe einiger Verwandten an einen Pfeiler des Bogenganges gebunden, der rings um den Hof lief, damit ihr Sohn sie leichter prügeln könne. Das hatte er denn auch gründlich besorgt.

Am folgenden Tag kam ein großer, kräftiger Mann, der Vater der Mißhandelten, in Begleitung einer Schar von Freunden, Männern und Frauen, daher und belagerten das Haus, in dem die junge Frau gefangengehalten wurde. Die Schwiegermutter fürchtete, er könnte die Tür sprengen, und erschien, um mit ihm zu verhandeln. Nun wurde die Straße Schauplatz des Streites, und eine Flut von Beschimpfungen erfüllte die Luft mit einem Höllenspektakel.

Nachbarn und zufällige Passanten, in aller Eile informiert, um was es sich handelte, oder auch ohne im Bilde zu sein, nahmen teils für die Schwiegermutter, teils für den erzürnten Vater Partei und bildeten einen lärmenden Chor um die Hauptpersonen. Als sie alle miteinander entsprechend aufgeregt waren, gingen die Männer mit den Fäusten aufeinander los, und die Frauen zerkratzten sich gegenseitig das Gesicht.

Der junge Gatte war vorsichtshalber durch eine Hintertür ins Freie geflüchtet.

Zuletzt wurde die mißhandelte Frau von ihrem Vater weggeführt.

Die Rückerstattung einerseits des Geldes, das der Gatte den Eltern seiner Frau gezahlt hatte*, und andererseits der von der

* Es ist Sitte, daß der Mann den Eltern des Mädchens, das er heiratet, eine bestimmte Summe zahlt, als Ersatz der Kosten, die den Eltern aus der Erziehung ihrer Tochter erwuchsen.

Braut mitgebrachten Einrichtung und sonstigen Ausstattung gab noch Anlaß zu langwierigen, geräuschvollen Auseinandersetzungen, ehe endlich Ruhe eintrat. Später hörte ich, die bedauernswerte junge Frau habe ihr Glück bei einem anderen Manne versucht. Denn auch in China ist die Zeit der unauflöslichen Ehe und der dauernden Witwenschaft vorbei. Ehescheidungen sind selbst in den höheren Gesellschaftsschichten nicht selten, und viele Witwen, junge und solche mittleren Alters, verheiraten sich wieder.

Indessen nimmt das Schicksal so mancher Frau heute wie in früheren Zeiten unter den Widerwärtigkeiten einer unglücklichen Ehe mitunter immer noch eine tragische Wendung.

Ein junges Mädchen aus reicher Familie heiratete einen jungen Mann aus ebenbürtigem Stande. Ihre Schwiegermutter mißhandelte sie zwar nicht körperlich, schalt sie jedoch ununterbrochen und überschüttete sie dauernd mit haltlosen Vorwürfen.

Die junge Frau hatte ihre Eltern vergeblich angefleht, sie zurückzuholen und ihre Scheidung einzuleiten. Die Eltern waren noch ganz in der alten Vorstellung von der Unauflöslichkeit der Ehe befangen. Sie hätten sie der Familie ihres Gatten anvertraut, erwiderten sie, der gehöre sie nun an und könne sich von ihr nicht wieder trennen.

Die noch nicht zwanzigjährige Frau vergiftete sich mit einer starken Dosis Opium.

Nun erwachte die Habgier der Eltern. Sie waren zwar für die flehentlichen Bitten ihrer Tochter taub gewesen, doch jetzt, da sie tot war, zeterten sie, die Familie ihres Mannes habe ihren Tod verschuldet, ihre Schwiegermutter und andere hätten sie durch ihr Verhalten zum Selbstmord getrieben. Nach altem chinesischem Recht war das gleichbedeutend mit einem direkten Mord.

Sie verlangten von den Schwiegereltern der Toten, sie müßten die Kosten eines großartigen Leichenbegräbnisses tragen, an dem die Mönche aller Lamaserien der Stadt und der Umgebung teilnehmen sollten. Für sich selber forderten sie eine sehr hohe Geldentschädigung für den Verlust ihrer Tochter.

Die Familie des Gatten brachte die Sache vor das zuständige Gericht; dieses entschied gegen sie und verurteilte sie zur Zahlung sämtlicher Forderungen.

Ein besonderes Muster von Moral war wohl ein Paar, das durch seinen Lebenswandel nicht wenig zur Unterhaltung seiner sämtlichen Nachbarn beitrug. Der Mann war Diener bei einem Herrn, der ihn für verschiedene Arbeiten außer Haus verwendete. Die Frau . . . nun ja, die Frau war hübsch und trieb ein Gewerbe, dessen Ertrag es ihr ermöglichte, ihren Mann, der wenig verdiente, gut zu verköstigen, zu kleiden und überhaupt für seine Bedürfnisse zu sorgen.

In der Hütte, in der sie lebte, empfing sie reiche Kaufleute, die sich in Geschäften vorübergehend in der Stadt aufhielten. Meldete sich ein Besucher und der Mann war gerade zu Hause, dann wurde er schnell weggeschickt, um Branntwein zu kaufen. Er wußte, was man von ihm erwartete, und verfehlte nicht, sich auf seinem Einkaufsgang längere Zeit herumzutreiben. Bei seiner Rückkehr tranken alle drei fröhlich ein Gläschen miteinander.

Gelegentlich wußten tibetische Kaufleute die Gastfreundschaft der Dame sogar so hoch zu schätzen, daß sie in dem einzigen Zimmer der Hütte als Pensionäre Aufenthalt nahmen und einige Wochen oder mitunter einige Monate blieben.

Einmal, um die chinesisch-tibetische Neujahrszeit, stolzierte der Diener in einem schönen Gewand aus feinem Tuch und mit mehreren goldenen Ringen an den Fingern einher. Dieser prächtige Aufzug paßte nicht recht zu der allgemein bekannten Armut des Burschen. Ein paar Neugierige interessierten sich des näheren für das feine Gewand und die Ringe und erfuhren, daß der derzeit bevorzugte Liebhaber seiner Frau ihm das alles geliehen habe und es zurückbekomme, wenn er von der Dame einmal genug habe.

Das heitere Paar, er sowohl wie sie, waren Christen, das heißt, sie besuchten regelmäßig die Mission, was aber mit ihren intimen Angelegenheiten nichts zu tun hatte. Die Missionare können ja den Lebenswandel ihrer Schäfchen nicht bis ins einzelne überwachen, außerdem ist ihnen deren Mentalität fremd, und sie können ihnen nicht ins Herz sehen.

Derartige Zustände in einer Ehe, die uns skandalös erscheinen – obwohl dergleichen ja auch in unseren Ländern vorkommt –, werden von der rustikalen Bevölkerung der Grenzgebiete weniger streng beurteilt. Die Leute machten sich höchstens über den nachsichtigen Ehemann lustig. Was die Frau betraf, so machte sie aus ihrem Gewerbe gar kein Hehl, sondern war sogar auf ihre Rolle als tüchtige Familienerhalterin noch stolz.

Die Sexualmoral der Tibeter unterscheidet sich in mehr als einer Hinsicht von der unseren. Infolge der üblichen legitimen Vielmännerei – eine Frau kann zugleich auch mit den Brüdern ihres Mannes verheiratet sein – beurteilen die Tibeter auch die illegitime mit Nachsicht, auch wenn also die Liebhaber nicht Brüder sind.

In noch weiterreichender Duldsamkeit wird auch die gewöhnliche Prostitution zwar mißbilligt, aber nicht mit gleicher Schärfe wie bei uns.

Das gilt überhaupt für einen großen Teil Asiens. Die meisten Asiaten sehen den Geschlechtsverkehr als eine normale Lebensäußerung an, die nichts Tadelnswertes an sich hat, und halten es für kein Verbrechen, wenn Frauen Liebhaber haben, außer sie hätten einem legitimen Gatten* Treue gelobt.

Verbrechen aus Liebesmotiven sind bei den Eingeborenen der westlichen Grenzprovinzen äußerst selten oder kommen eigentlich überhaupt nicht vor. Das Gefühl gekränkten Stolzes oder der Zurücksetzung wegen der Untreue einer Frau oder einer Geliebten, die der Mann etwa als sein Eigentum ansähe, ist bei den Tibetern schwach entwickelt. Ist ein Mann mit dem Betragen seiner Frau unzufrieden, dann trennt er sich in der Regel in Frieden von ihr.

Infolge der Freiheit in sexueller Hinsicht, die viele Tibeterinnen der unteren Schichten mehr oder weniger genießen, gibt es in ihren Reihen keine gewerbliche Prostitution. Hingegen findet man chinesische Prostituierte in den Städten der Grenzprovinzen, in Si-nang und in Ta-tsien-lu.

In Ta-tsien-lu nahm eine solche unter ihren Berufskolleginnen eine Zeitlang eine Art Vorrang ein. Sie war die Tochter eines angesehenen Beamten; nach seinem Tode war die Mutter in be-

* Legitim bedeutet in Tibet nicht ausschließlich, daß die Ehe offiziell geschlossen, daß ein Ehekontrakt vorhanden sein müsse. Freie Verbindungen werden ebenso respektiert. Witwen ziehen, anstatt sich wieder zu verheiraten, einen solchen Bund häufig vor, und auch Kleriker, sofern ihnen nach den Regeln ihrer Sekte die Ehe gestattet ist.

drängter Lage zurückgeblieben, sie hatte begonnen, aus ihren Reizen Kapital zu schlagen, und die Tochter war in ihre Fußstapfen getreten. Ihr Salon hatte großen Zuspruch; außer ihrer Mutter, die bei den Männern immer noch sehr in Gunst stand, beherbergte sie noch einige weniger ansehnliche Frauen, die sie stets begleiteten, wenn sie ausging. Sie kleidete sich elegant, nach letzter landesüblicher Mode, und gab sich das Air einer großen Dame, was ihr von einem Chinesen, der Englisch sprach, den altertümlichen Titel einer »Kurtisane« eintrug.

Zahlreiche Kundschaft, hieß es, drängte sich wartend in ihrem Salon und vertrieb sich die Zeit mit Mah-Jongg* zu hohen Einsätzen. Weiter erzählte man sich, die »Kurtisane« empfange im Laufe eines Abends hintereinander bis zu zehn Besucher und mehr. Die Frauen ihrer Umgebung warnten sie oft, sie gefährde auf diese Weise ihre Gesundheit, doch sie wies ihre Ratschläge zornig zurück. Schließlich mußte sie einmal nach solch einer Orgie schnell ins Spital gebracht werden und starb dort zwei Tage später.

Es gibt noch einige Venuspriesterinnen nach Art dieser Frau im Grenzland, doch sie bringen es nie zu großem Vermögen, ihr Luxus bleibt dürftig, und sie können mit ihren Kolleginnen in den großen chinesischen Städten nicht konkurrieren. Die Provinzen im Westen sind keine geeignete Gegend für Eleganz und Raffinement, sie haben noch zuwenig Kultur.

Obwohl es in Ta-tsien-lu an Frauen von leichten Sitten nicht fehlte, kam einer der Stadtväter auf den Gedanken, die Stadt dürfe nun, da sie zur Hauptstadt aufgerückt sei, in keiner Hinsicht hinter den anderen Provinzhauptstädten zurückstehen und müsse so wie diese auch ein Bordell erhalten.

So wurde denn eines Tages bekanntgegeben, es seien unter der Obhut einer »Mama« etliche zwanzig Mädchen in der Stadt eingetroffen. »Mama« ist der euphemistische Titel für die Inhaberinnen öffentlicher Häuser. Man hatte angeordnet, die Mädchen müßten in einem Haus am Stadtrand, draußen im neuen Viertel, eingeschlossen bleiben. Wahrscheinlich hatte man sie jedoch von

* Das Lieblingsspiel der Chinesen, in dem viele sich ruinieren.

dieser Sonderbestimmung vorher nicht informiert. Nun protestierten sie, sie ließen sich eine solche Haft nicht gefallen, verabreichten ihrer »Mama« fürchterliche Prügel und tauchten schließlich in der Stadt auf, um da und dort in den Läden Einkäufe zu machen.

Allerhand Histörchen kursierten alsbald in der Stadt über komische Zwischenfälle, deren Schauplatz die Herbergen des neuen Viertels waren. Die wohlhabenden tibetischen Kaufleute und sogar einige Hirten aus dem Hochland stach die Neugierde, und sie wagten sich in den Sündenpfuhl; es kam zu Schlägereien. Wiederholt passierte es auch, daß diese ungeschlachten Kerle zunächst sämtliche Mädchen mit kritischen Blicken musterten, dann plötzlich erklärten, sie gefielen ihnen gar nicht, und seelenruhig wieder zur Tür hinausmarschierten.

Einmal hörte ich einen dieser derben Naturburschen selbst von einem Besuch in dem anrüchigen Haus berichten. Ganz ungeniert erzählte er:

»Die Besitzerin des Hauses ließ mich erst einmal zwanzig Dollar zahlen (chinesische Dollar). Hierauf musterte sie mich einen Augenblick vom Kopf bis zu den Füßen und bugsierte mich dann in ein Zimmer. Nach ein paar Minuten kam ein Frauenzimmer herein, weder hübsch noch besonders jung. Ich sah sie mir genau an, so wie die ›Mama‹ mich betrachtet hatte, und sagte dann zu ihr: ›Ich mag dich nicht. Was glauben denn die Leute hier, daß sie mir so eine alte Hexe schicken wie dich!‹ Darauf fing das Frauenzimmer an zu heulen und mich zu beschimpfen. Ich stieß sie beiseite und ging geradewegs zu der ›Mama‹. ›Geben Sie mir mein Geld sofort wieder zurück‹, sagte ich, ›ich will mit diesem häßlichen Weibsbild nichts zu tun haben, meine Frau ist viel hübscher.‹

Und da ich recht brüllte und ihr meine Fäuste zeigte, gab mir die ›Mama‹ mein Geld zurück«, schloß der Mann aus dem Weideland triumphierend, stolz auf seine Geschäftstüchtigkeit und auf seine Kraft.

Die Mädchen, die man hergebracht hatte, verschwanden so plötzlich, wie sie gekommen waren, oder wenigstens sah man sie nicht mehr in Gruppen durch die Stadt promenieren. Hatte man sie fortexpediert oder waren die freiwillig wieder gegangen? Ich weiß es nicht. Ein paar waren als Mätressen wohlhabender Bürger dageblieben.

Der Versuch, die kontrollierte Prostitution einzuführen, war gescheitert, was jedoch nicht heißt, daß es keine geheime Prostitution gab. Im Gegenteil, die Zahl der Frauen stieg, die, ohne sie als Gewerbe auszuüben, zu ihr ihre Zuflucht nahmen, wenn die Not sie dazu trieb.

Es fehlte nicht an Arbeitsmöglichkeiten in der Gegend, doch handelte es sich hauptsächlich um schwere Holzfällerarbeit, um Taglöhnerarbeit beim Straßenbau und dergleichen. Die Tibeterinnen, die im allgemeinen ebenso stark sind wie die Männer, verdienten gut als Kulis, und nur selten fand man eine unter den Prostituierten niederer Klasse. Diese waren normalerweise Chinesinnen, häufig durch Opiumgenuß heruntergekommen, aber auch als Gesunde nicht imstande, mit den kräftigen Tibeterinnen in körperlich anstrengender Arbeit zu konkurrieren.

Es wäre ein Irrtum, sich die Tibeterinnen aus dem Volk als abstoßende Mannweiber vorzustellen. Als ich von den Teeträgerinnen erzählte, sagte ich bereits, daß die meisten wirklich hübsch seien. Sie möchten auch gern gefallen und wenden mancherlei primitive Verschönerungsprozeduren an. Eine besteht zum Beispiel darin, unerwünschte Haare aus dem Gesicht zu entfernen. Die Operation wird mit einem Faden auf folgende Weise vorgenommen:

Das Mädchen hält das eine Ende des Fadens zwischen den Zähnen fest und wickelt den Mittelteil mehrmals um die vier Finger der linken Hand, wobei der Daumen frei bleibt. Dann wird eine Schlinge in den Faden gemacht und diese fest auf das Gesicht gedrückt, so daß sie die Haut an der betreffenden Stelle einschnürt. Hierauf wird die Schlinge durch wiederholtes Ziehen der rechten Hand am anderen Ende immer mehr zusammengezogen, bis sie den Haarflaum erfaßt und ausreißt. Der hierzu verwendete Faden muß sehr trocken sein und wird zu diesem Zweck häufig mit Kalk oder Sand abgerieben.

Cremes sowie rote und schwarze Schminke, letztere für die Umschattung der Augen, erhält man in den Läden von Ta-tsien-lu, aber auch in den Läden der Dörfer. Die schwarze Schminke wird nur von den Chinesinnen verwendet, das »Rouge« findet auch unter den Tibeterinnen reichlichen Absatz. Rote Wangen hat man in Tibet schon seit langer Zeit sehr gern. Als das Land mit der »Zivilisation« noch weniger eng verbunden war, bewahrten die Mädchen das rote Blatt Papier, das den Teepaketen stets beigepackt ist*, sorgfältig auf. Das Papier braucht man nur leicht anzufeuchten, damit es abfärbt; so bildete es ein primitives Schminkmittel. Die Schöne befeuchtete ein Stückchen Papier mit Speichel und strich sich damit über die Wangen. Die armen Mädchen machen es noch immer so, die anderen kaufen die Erzeugnisse der Parfümeure, und ich muß feststellen, daß sie sich ihrer mit Geschick bedienen.

Eine interessante Seite der Moral in Si-kang ist die Art, wie dort die Kindespflicht aufgefaßt wird oder vielmehr, wie ihre Gebote verletzt werden.

Seit langem hörten wir immer, China sei das eigentliche Land der Kindesliebe, und zahlreiche Beispiele außerordentlicher Opferwilligkeit und übertriebener Ehrerbietung wurden uns berichtet. Ich weiß nicht, ob diese Berichte reine Phantasie waren. Eine ins Übertriebene gesteigerte Kindesliebe bestand sicher in China und besteht immer noch, obwohl die Liebe und die Verehrung für die Eltern vielleicht nicht so gang und gäbe gewesen sein mögen, wie wir zu glauben geneigt sind, oder es sich dabei mehr um äußerliche Kundgebungen als um wirklich tiefe Gefühle handeln mag.

Wie das nun auch immer in vergangenen Zeiten gewesen oder in anderen Gegenden Chinas noch heute sein mag, bei der westlichen Grenzbevölkerung liegt der Mangel an Kindesliebe klar zu Tage.

Man begegnet dort zahlreichen alten Frauen, die von ihren verheirateten Töchtern als Mägde verwendet werden. Die Großmutter pflegt die Kinder, besorgt die Küche, die Wäsche,

* Rot ist in China die Farbe der Freude und des Glücks. Wenn man jemandem Süßigkeiten schenkt, legt man immer ein Blättchen rotes Papier obenauf; daher findet es sich auch in den Tee- oder Zwiebackpackungen.

fegt das Haus, holt Wasser vom öffentlichen Brunnen oder aus einem Bach, in einer Butte, die sie auf dem Rücken trägt. Lädt die Tochter Freunde zum Essen ein, dann bedient die Mutter bei Tisch und darf sich nicht etwa auch zu den Gästen setzen. Manche Töchter schlagen ihre alte Mutter sogar.

Die Söhne benehmen sich im allgemeinen besser, obwohl es auch solche gibt, die die Liebe der Mutter ausnützen, um müßig zu leben, und von ihr Geld verlangen, um mit Freunden zu trinken und Mah-Jongg oder Würfel zu spielen. Mitunter kommt es vor, daß sie, sobald sie verheiratet sind und im Bann ihrer Frauen stehen, zustimmen, wenn diese die alte Mutter aus dem Haus jagen will, obwohl die Mutter vielleicht sogar die rechtmäßige Eigentümerin des Hauses ist.

Ich will nicht behaupten, dies sei allgemeine Gepflogenheit. So ist es glücklicherweise nicht, aber immerhin sind Fälle wie die von mir zitierten nicht gerade selten.

Ob die Chinesen nun menschlicher fühlen als die eigentlichen Eingeborenen oder ob es an ihrer gleichgültigeren und trägeren Natur liegt, jedenfalls begegnet man bei ihnen in den gleichen sozialen Schichten nicht der gleichen brutalen Härte.

Merkwürdige Gepflogenheiten herrschen bei der einheimischen Bevölkerung von Ta-tsien-lu sowie der Nachbardistrikte auch hinsichtlich der Erbschaften.

Das gesamte Vermögen reicher Leute zum Beispiel geht bei ihrem Tode an die älteste verheiratete Tochter über, auch wenn sie Brüder hat.

Diese wurden meistens schon in jungen Jahren in einem Kloster untergebracht, damit sie später Mönche würden. Es kommt dann aber ziemlich oft vor, daß die jungen Leute, wenn sie ins Mannesalter kommen, keine Lust haben, das Leben eines armen, niederen Klerikers zu führen. Sie wollen lieber Handel treiben oder eine Anstellung in irgendeinem Büro haben. Doch sie besitzen absolut nichts; wie sollen sie da leben, bis sie eine Beschäftigung gefunden oder einen Beruf erlernt haben? Manche wagen das Abenteuer trotzdem, und dann kann man sie mitunter in Lumpen herumlaufen sehen, indes ihre Schwester behaglich in dem Hause lebt, das einst ihrem Vater gehörte.

Noch grotesker ist es, daß das Vermögen der Erbin, wen sie kinderlos stirbt, Eigentum ihres Gatten wird. Heiratet dieser wieder und hat er in seiner zweiten Ehe Kinder, dann beerben ihn diese, obwohl sie zu den ursprünglichen Besitzern des Vermögens in gar keinem verwandtschaftlichen Verhältnis stehen, und die legitimen Nachkommen gehen leer aus.

Das ist eine lokale Bestimmung, in Tibet existiert eine solche nicht. Dort wieder adoptieren Eltern, die nur eine einzige Tochter haben, ihren Schwiegersohn. In solchem Fall erben die Kinder des Paarers nach tibetischem Modus, das heißt, die Töchter den Besitz ihrer Mutter und die Söhne den ihres Vaters, jedoch nicht zu gleichen Teilen. Ein ausdrückliches Gesetz besteht diesbezüglich nicht, und dem Willen der Eltern ist also ein großer Spielraum gelassen.

VII

MAGIE, SCHWINDEL UND ABERGLAUBE

Ein »Dubtob«. Der Reis des Dalai-Lama. Wahrsager und Yogis. Der unglückliche Lama Soong. Die weißen und die schwarzen Bön. Ein Sonnenbetrachter. Die Entstehung der Welt. Asket ohne Furcht und Tadel. Eine Dämonenaustreibung. Weise und Schriftgelehrte. Nächtliche Heimkehr. Die Wiedergeburt des Panschen-Lama. Kalzang, der Unsichtbare. Pfingstrosen. Die Wettermacher. Das Verhängnis der Amme. Lebende Leichname. Aberglaube bei Bekehrten und Europäern. Der Götze und die Jungfrau von Orléans.

Barbarische Sitten und romantische Räuberbanden sind nicht das einzig Merkwürdige im äußersten Westen Chinas. Seit Jahrhunderten war das angrenzende Land Kham die Heimat der Magie, der Hexerei und zugleich der geistig bedeutendsten Tibeter. Nur ein Teil von Kham wurde China angegliedert; aus dem rein tibetisch gebliebenen Gebiet aber und von weiter her, aus dem eigentlichen Tibet, treibt das bodenlose Meer des Okkultismus seine Blasen bis in die Provinzen Si-kang und Sching-hai. Auch die Lolo und verschiedene Eingeborenenstämme von Jün-nan liefern ihren Beitrag dazu.

Außer vielen zerlumpten Schwindlern kommen von Zeit zu Zeit auch Männer von anderem Schlag auf ihren Reisen durch Si-kang: interessante Ngagspa (in das Formelwesen der Magie Eingeweihte), Bönpa, Bekenner der vor-buddhistischen Religion Tibets*, oder gelehrte Lamas der einen oder anderen Sekte der Rotmützen. Sie halten sich selten lange in Ta-tsien-lu auf. Der dortige Klerus, der sich zur Lehre der Gelbmützen**, der

* Dem Taoismus nahe verwandt, vielleicht sogar mit ihm identisch. – Siehe die Fußnote S. 15.

** »Schaser«, gelbe Mütze; volkstümliche Bezeichnung für die Gelugspa (»die Leute von tugendhaften Sitten«), nach der Farbe ihrer Kopfbedeckung. Die Träger der roten Mützen gehören verschiedenen Sekten an.

tibetischen Staatsreligion, bekennt, sieht diese »Andersgläubigen« mit scheelen Augen an.

Jahrelang suchte ich überall in Tibet diese von den Lehren des offiziellen Lamaismus unabhängigen Sektierer auf, um durch ihre Vermittlung etwas über alte Bräuche und in Vergessenheit geratenes Wissen zu erfahren. Daher widmete ich auch jetzt denen, die in meiner Umgebung auftauchten, immer meine besondere Aufmerksamkeit. So lernte ich eine Reihe wirklich ernst zu nehmender Denker kennen und unterhielt mich mit ihnen, doch die große Masse der übrigen war höchstens durch ihre Überspanntheit der Beachtung wert.

Einer von ihnen hatte den Beinamen »Dubtob«, das heißt der »Wundertäter« beziehungsweise wörtlich: »der, dem es gelang«, im Sinne von: dem es gelang, sich magische Kräfte anzueignen. Er war ein Mann von bäurischem Wesen, der die Eigenschaft der Allgegenwart zu besitzen schien, denn man begegnete ihm alle Augenblick bald da, bald dort.

Die chinesischen Ladenbesitzer hielten ihn für einen Narren, gingen aber in ihrem Aberglauben, von dem sie sich nun einmal innerlich nicht frei machen können, auf viele seiner Schrullen ein, so zum Beispiel wenn er sich von den ausgestellten Waren ein paar nicht zu teure Sachen aussuchte und sie mitnahm, natürlich ohne sie zu bezahlen. Im allgemeinen begnügte sich der Dubtob indessen damit, in Wirtshäusern oder Privathäusern, in denen er plötzlich erschien, etwas zu essen zu bestellen.

»Bringen Sie mir Suppe! Bringen Sie mir Reis! Geben Sie mir Fleisch! Schenken Sie mir Tee ein! Und jetzt einen Schnaps!« rief er in gebieterischem Ton, und die guten Leute beeilten sich, seine Wünsche zu erfüllen.

Während er wartete, daß man ihn bediene, vertrieb er sich die Zeit damit, die verschiedenen Dinge zu inspizieren, die sich im Zimmer befanden, und oft endete diese Untersuchung damit, daß er allerlei kaputtmachte. Ich war einmal dabei, wie er ein feines Porzellanservice, das auf einem Wandbrett paradierte, mir nichts dir nichts nahm und durch das Fenster in den Hof hinauswarf. Ein anderes Mal zertrampelte er die silbernen oder feuervergoldeten Untertassen oder die hübschen pagodenförmigen

Deckel, die zu tibetischen Tassen gehörten, mit den Füßen. Oder er riß Blätter aus seltenen Büchern heraus und zerriß sie in kleine Stückchen. Während er seinen Unfug trieb, war er ununterbrochen in Bewegung, ging hin und her und gestikulierte.

Brachte man ihm dann die Gerichte, die er verlangt hatte, so kostete er oft nur davon und warf das übrige auf den Boden oder gab es den Leuten, die gerade in der Nähe waren. Derjenige, dem diese »Gunst« zuteil wurde, wagte meist nicht, den Reis oder die Nudeln zurückzuweisen, in denen der Dubtob mit seinen ungewaschenen Händen herumgerührt hatte. Viele bildeten sich ein, es bringe ihnen Glück, wenn sie davon äßen.

Die meisten Tibeter glauben, die von heiligen Männern oder Großlamas übriggelassenen Speisereste hätten eine heilsame Wirkung. Der Reis, der auf der Schüssel* des Dalai-Lama oder des Panschen-Lama übrigbleibt, wird mit einer großen Menge von anderem gekochtem Reis vermischt, und winzige Portionen dieser Mischung werden an die Pilger ausgeteilt. Möglicherweise war kein einziges Reiskorn der Portion, die der Pilger bekommt, auf der Schüssel des Großlamas, doch die biederen Leute meinen, allein schon die Berührung mit den »echten« Reiskörnern habe auch den übrigen eine besondere Kraft mitgeteilt. Viele Pilger essen nur zwei oder drei Körner von der Portion, die sie erhalten, und nehmen den Rest als besondere Kostbarkeit mit. Zu Hause mischen sie die kleine Menge noch einmal mit einem ganzen Kessel voll Reis und teilen die neuerliche Mischung an ihre Freunde und Nachbarn aus, die ihren Anteil als sehr wirksames Medikament gegen schwere Krankheiten sorgfältig aufbewahren.

So ist es zu erklären, daß manche auch die Speisereste jenes Dubtob aßen, obwohl gerade dieser Mensch einer solchen Hochachtung nicht würdig schien.

Schenkte man ihm ein Kleidungsstück, so trug er es nur ein paar Stunden und gab es dann irgend jemandem, der ihm zufällig über den Weg lief. Die meiste Zeit, selbst im Winter, trug er nur

* Ich sage absichtlich »Schüssel« und nicht »Teller«, denn der Reis wird diesen hohen Persönlichkeiten in silbernen oder mitunter goldenen Schüsseln serviert. Der Brauch stammt aus Indien. Essen die Tibeter auf chinesische Art, dann wird der Reis in Schalen aufgetragen.

eine graue Baumwollkutte, die nach chinesischer Mode beiderseitig bis zu den Knien geschlitzt war. Während die Chinesen jedoch dazu Hosen tragen, hatte der Dubtob keine an, so daß er, wenn der Wind blies und die Kutte aufhob, bis zu den Hüften nackt war. Daß er trotzdem bei Frost nicht unter der Kälte litt, hatte für die Tibeter nichts Erstaunliches. Sie wissen alle, daß manche Einsiedler ihrer Heimat im Hochgebirge nackt mitten im Schnee leben.

Ich bin selber solchen begegnet. Durch ein besonderes Training erzeugen sie in sich die nötige innere Wärme, die sie befähigt, die niedere Außentemperatur ohne Schaden zu ertragen. Ich habe die Methode persönlich ausprobiert.

Der Dubtob hatte kein festes Domizil. Er schlief in den Häusern, in denen man ihn gastfreundlich aufnahm, oder verbrachte Wochen in einer Höhle an einem Berghang. Mitunter war diese Behausung zu klein, um ihn in seiner ganzen Länge aufzunehmen, und so blieb ein Teil seines Körpers außerhalb, dem Regen und dem Schnee ausgesetzt. So konnte er die längste Zeit Tag und Nacht zubringen, ohne etwas zu essen und ohne sich von der Stelle zu rühren.

Er mochte ungefähr fünfundvierzig Jahre alt sein, sein Haar ergraute bereits, doch er schien gesund und kräftig. Einige Prophezeiungen, die er gemacht hatte, brachten ihn mit anderen Wahrsagern im Ort in Konflikt. Ihre Streitigkeiten, in denen die Einwohner der Stadt Partei ergriffen, waren äußerst unterhaltsam.

Ich beobachtete diesen sonderbaren Menschen fast zwei Jahre lang. Er war sicherlich nicht ganz richtig im Kopf, aber keineswegs vollkommen verrückt. Sein exzentrisches Benehmen war zum guten Teil Verstellung und List, war für ihn ein Mittel, frank und frei leben zu können, ohne arbeiten zu müssen. So hart uns eine solche Lebensweise vielleicht auch erscheint, für einen kräftigen tibetischen Gebirgler der besitzlosen Klasse mochte sie immerhin ihren Reiz haben. Er verschwand dann plötzlich aus der Gegend von Ta-tsien-lu. Vielleicht hatte das Wohlwollen seiner Gönner allmählich nachgelassen, und er hatte sich aufgemacht, um anderswo ein Betätigungsfeld zu suchen.

Die Tibeter sehen die Geistesgestörtheit nicht als ein Zeichen von Heiligkeit an. Hingegen gibt es in Indien viele Wahnsinnige, wirkliche oder Simulanten, die als Heilige verehrt werden. Ihr Geist, sagt man, habe dauernde Gemeinschaft mit Gott, daher nähmen sie nichts mehr wahr, was mit unserer Welt zu tun hat, und wüßten auch nichts von den üblichen Formen normalen Verhaltens.

Man kann solche »heilige Männer« dort nach Art der Schwachsinnigen abwechselnd unverständliche Worte vor sich hinmurmeln und stöhnen hören, während ihnen der Speichel aus dem Mund rinnt. Andere verfallen in epileptische Krämpfe und beginnen dann plötzlich aus voller Kehle zu singen, zu gestikulieren und zu tanzen. Die Waischnawa üben sich darin, sich in derartige Zustände hochgradiger Erregung zu versetzen, ebenso verschiedene mohammedanische Sekten und die afrikanischen Neger. Sogar die Christen sind gegen derartige Verirrungen nicht vollkommen gefeit; einige gaben in Ta-tsien-lu ein Beispiel davon, zur selben Zeit, als der Dubtob die Einwohner mit seinen Verrücktheiten unterhielt.

Der Chinesisch-Japanische Krieg hatte eine Menge Flüchtlinge nach Ta-tsien-lu geführt, doch waren in der Stadt keine Quartiere aufzutreiben. Mangels einer besseren Unterkunft richtete sich eine Gruppe von Zugewanderten in einer ziemlich weit außerhalb der Stadt gelegenen alten Baracke ein. Dort hörte man sie Tag für Tag von Morgen bis Mittag laut schreien, heulen und weinen. Durch die Ritzen zwischen den Brettern der Baracke konnte man hineinsehen, und die durch den Lärm neugierig gewordenen Leute gingen natürlich hin, um auszukundschaften, was drinnen vorgehe. Sie sahen, wie die Fremden (es waren Weiße) sich niederwarfen, sich auf dem Boden wälzten und dabei immerfort weinten und schrien.

Das war ihre Art zu beten.

Noch ein anderes merkwürdiges Exemplar vom Stamme der Khampa trieb sich in der Gegend herum: ein alter Mann, Wahrsager (Mopa) von Beruf. Er trug immer einen langen Bergstock mit einem Dreizack am oberen Ende, von dem eine Menge Bänder in verschiedenen Farben herunterhingen. Er bettelte nie, seine Kleider waren sauber, und er schien, wenn auch nicht gerade reich, so doch nicht irgendwie im Elend zu sein. Die Kundschaft, die seine Wahrsagekunst in Anspruch nahm, entlohnte ihn offenbar ausreichend und seinen bescheidenen Bedürfnissen entsprechend. Trotzdem verlor anscheinend auch er, ebenso wie der Dubtob, mit der Zeit an Ansehen und bekam die Folgen in materieller Hinsicht zu spüren. Eines Tages fand ich ihn als Wächter auf einem kleinen, einsamen Bauernhof wieder. Er war höflich und umgänglich geblieben, wie ich ihn immer gekannt hatte, und schien keinen Mangel zu leiden.

Es gibt kaum einen lamaistischen Mönch, sei er nun ein niederer Kleriker oder ein geistlicher Würdenträger, der sich nicht gelegentlich als Wahrsager betätigen würde, den verschiedenen Leuten zuliebe, die ihn um eine Prophezeiung angehen oder um einen Rat, wie sie sich in diesem oder jenem Fall verhalten sollen, um Erfolg zu haben.

Auf unserer seinerzeitigen Fußreise nach Lhasa war der Lama Yongden als »Orakel« sehr gesucht, und während meines neuerlichen Aufenthaltes im Lande Kham baten mehrere Leute, die mich als lamaistische Nonne kannten, nicht nur ihn, sondern auch mich, ihnen das Geheimnis ihrer Zukunft zu entschleiern. Die Mitteilungen eines Mopa beschränken sich aber nicht auf das Wahrsagen der Zukunft; er muß seinem Kunden außerdem geeignete Maßnahmen nennen, wie er den Eintritt eines unglücklichen Ereignisses verhindern, sich davor hüten oder dessen Folgen abschwächen könne. Die Tibeter sind Deterministen, glauben jedoch, die Kombinationen der determinierenden Ursachen seien nahezu unendlich, so daß die Einführung neuer Elemente in eine schon bestehende Kombination von Ursachen imstande sei, ihre Wirkungen abzuändern.

Wie dem auch sei, ich schmeichle mir, daß meine Voraussagen und meine Ratschläge nicht weniger wert waren als die der professionellen Wahrsager.

Solche »Professionals« gibt es, und manche, die den Ruf genießen, in ihren Voraussagen nie zu irren, haben ein ansehnliches Vermögen erworben.

Zu ihnen gehörte unter anderen der in Si-kang beheimatete

Lama Soong, ein Mann mittleren Alters, der gewissermaßen die Rolle eines offiziellen Orakels spielte und von den höchsten chinesischen Behörden der Provinz konsultiert wurde.

Da sich viele seiner Prophezeiungen erfüllt hatten, stand er in hohem Ansehen, büßte es später jedoch auf Grund einer sensationellen Vorhersage, die nicht eintraf, schnell ein.

Der Lama hatte verkündet, die Japaner würden noch vor Ablauf eines Monats Ta-tsien-lu bombardieren. Das war anzunehmen. Si-ning, die Hauptstadt von Sching-hai, hatte Besuch von feindlichen Fliegern gehabt, und Tscheng-tu lag nach mehreren Bombenangriffen zum großen Teil in Trümmern.

Der Monat verging indessen und andere folgten, es gab zahlreiche Alarme, doch kein einziges Flugzeug erschien über der Stadt. Schließlich war der Krieg aus, ohne daß je eines aufgetaucht wäre.

Der Lama leugnete, einen Bombenangriff vorausgesagt zu haben, und beteuerte, alle derartigen Behauptungen seien nur falsche Gerüchte, doch eine Menge Leute versicherten nach wie vor, er habe die Vorhersage vor Zeugen gemacht. Das führte zu heftigen Auseinandersetzungen zwischen den Anhängern des Lamas und den Spöttern.

Dann kam es zu einem der häufigen Großbrände in Ta-tsien-lu, von denen ich schon sprach.

Diesmal ergriff das Feuer auch das Haus des Lamas Soong. Der wollte nach dem Beispiel der tibetischen Heiligen und Magier in zahlreichen Legenden eine große Geste machen: Er hielt seine Mönchstoga dem um sich greifenden Feuer entgegen und warf sie, Zaubersprüche murmelnd, ausgebreitet über die Flammen. Aber ach! Während in den Legenden die Flammen unter dem geheiligten Zeichen des frommen Ordens sofort erloschen, erhoben sie sich hier erst recht zu voller Höhe und verzehrten auch noch die Toga des reichen Propheten, die prächtige Toga aus feinem Tuch.

Ihm blieb nach dieser demütigenden Niederlage nur die Flucht. Sein Haus lag am Berghang, und den Hang hinauf trug man in aller Eile, was aus dem brennenden Gebäude zu bergen war.

Unglücklicherweise schlug der Wind um und trieb die Flammen nach dieser Seite; es war Winter, das Buschwerk, das am Hang wuchs, war ausgetrocknet und fing Feuer, und alles, was man geborgen und zwischen den Büschen niedergelegt hatte, verbrannte.

In diesem an sich höchst gewöhnlichen Vorfall sah die Menge ein Mirakel. Das Feuer, erzählten die Leute in der Stadt, habe sich wie ein vernünftiges Wesen benommen, es sei den Kisten und Ballen nachgelaufen, die die Dienstleute wegtrugen. Als der Lama das bemerkte, habe er befohlen, alles in einen Schutzraum zu bringen, den er für den Fall eines Bombenangriffs hatte ausheben lassen. Darauf, o Wunder! hätten sich die Flammen zu einer Feuerkugel zusammengeballt, die feurige Kugel sei durch die Luft geflogen, sei gerade in die Öffnung des unterirdischen Schutzraumes gefallen und habe alles in Asche verwandelt, was sich dort befand.

Und warum das alles? ... Alle Menschen hegen in tiefster Seele den Wunsch nach Gerechtigkeit, wenn sie auch nur allzu leicht das Unrecht Macht gewinnen lassen. Die Vernichtung der Habe des Lamas war die Strafe für seine Habsucht, denn obwohl er schon reich war, ließ er nicht ab, immer noch mehr Hab und Gut anzuhäufen, und tat nichts für die Bedürftigen.

Das Haus brannte vollständig nieder; drei Menschen konnten sich nicht rechtzeitig retten und kamen in den Flammen um, wie auch mehrere Pferde, die im Stall angebunden waren.

Die Spötter hatten eine neue Gelegenheit, sich über den unglücklichen Propheten lustig zu machen. Wieso, sagten sie, habe er den Brand nicht vorausgesehen und Maßnahmen dagegen ergriffen?

Dann und wann taucht aus der Tiefe der Wälder von Kham oder aus den unbewohnten Klüften der Berge ein Yogi* auf, ein Einsiedler oder sonst ein Mann vom Stamm der zahlreichen asiatischen Mystiker, und läßt sich vorübergehend in Si-kang nieder.

* Yogi ist die bekannte indische Bezeichnung, weshalb ich sie beibehalte. Die Tibeter gebrauchen den Ausdruck »Naldschorpa« (nrnal byor pas), das bedeutet: »der die Seelenruhe erlangt hat«.

Diese Männer zeigen sich nicht in der Hauptstadt, ja nicht einmal in den Dörfern. Sie wählen eine Höhle zum Aufenthalt oder eine Hütte, hoch über den bewohnten Tälern. Manche leben allein, andere in Gesellschaft von Schülern, die sie bedienen.

Wenn Holzfäller oder Kinder beim Beeren- und Kräutersammeln sie entdecken, verbreitet sich das Gerücht, da oder dort hause ein »heiliger Mann«. Dann klimmen Besucher die steilen Hänge hinauf, nehmen Geschenke mit – Lebensmittel oder Geld – und erbitten dafür den Segen des Yogi, seine Ratschläge, seine Weissagungen.

Ein solcher Yogi weigerte sich hartnäckig, Geld anzunehmen, was dortzulande selten ist. Wenn die Leute Münzen oder Geldscheine als Opfergaben vor ihn hinlegten, warf er sie weit weg. Als das bekannt wurde, versteckten sich Bettler in der Nähe seiner Höhle und verbrachten ihre Zeit höchst schamlos damit, das Geld, das ins Gras oder ins Gebüsch gefallen war, einzusammeln.

Ein anderer »heiliger Mann« ließ sich auf dem Plateau oberhalb des Tals nieder, wo auch ich eine Zeitlang in einer Einsiedelei gewohnt hatte.

Mein Kollege mußte sich einer gewissen Berühmtheit erfreuen, denn er erhielt viele Geschenke, war also ein wohlhabender Mann und Eigentümer einiger dreißig Pferde und Maultiere. Auch er las gelegentlich in der Zukunft, aber seine Hellsichtigkeit war offenbar mitunter etwas getrübt, denn eines Nachts, ohne daß er es vorhergesehen hätte, bemächtigten sich Diebe seiner Tiere und führten sie weg. Der Yogi hatte noch keineswegs den bewundernswürdigen Zustand unerschütterlich gleichmütiger Seelenruhe erlangt, dessen manche tiebetische Einsiedler teilhaft sind. Seine Wut war grenzenlos, er hetzte Leute nach allen Richtungen auf die Spur der Diebe und nahm die Hilfe der Polizei in Anspruch. Es war verlorene Mühe, Maultiere und Pferde sah man nie mehr wieder.

Nach diesem Abenteuer hatte der »heilige Mann« von der Gegend genug und machte sich davon.

Eines Tages erhielt ich den Besuch eines Bön, der unter den Klerikern seiner Religion eine angesehene Stellung einnahm. Die

Bön sind, wie schon erwähnt, die Bekenner des alten tibetischen Glaubens, einer Art Schamanismus. Die Chinesen setzen sie den Taoisten gleich und zum Teil sicher nicht ohne Grund. Mit noch größerer Wahrscheinlichkeit gehen die Bön und die Taoisten auf eine gemeinsame ältere Wurzel zurück. Bei beiden gibt es zwei Grade der Lehre: den populären Grad des Geisterkultes und der Zauberei und den höheren Grad des Mystizismus und der Philosophie.

Derzeit begegnet man in Tibet und in den westlichen Provinzen Chinas zwei Sekten der Bön: den weißen und den schwarzen Bön.

Die weißen Bön haben einen Großteil der Lehren, des Rituals und der Klosterregeln des Lamaismus übernommen, während die Lamaisten von den Bön viele dem Buddhismus durchaus fremde Anschauungen und Gebräuche entlehnten.

Die schwarzen Bön sind dem primitiven Schamanismus ihrer Vorfahren treuer geblieben. Man findet unter ihnen jedoch interessante Denker, deren Gedankengänge sich denen der ganz frühen chinesischen Mystiker nähern.

Mein Besucher war ein weißer Bön; er war wie ein Lama gekleidet, trug jedoch eine eigenartige Kopfbedeckung, von der ein Volant von Fransen über die Augen herunterhing.

Die tibetischen Yogis, die der »Sonnenbetrachtung« obliegen und stundenlang unverwandt ins Sonnenlicht schauen, schützen ihre Augen mit einer Art Visier aus Bärenhaar. Der Volant am Hut meines Bön schien dem gleichen Zweck zu dienen. Aber warum verhüllte er seine Augen auch außerhalb der Zeit seiner mystischen Übungen? . . .

Boshafterweise dachte ich, der Zweck des Fransenhutes sei eher, den biederen Mann als Yogi und Sonnenbetrachter zu kennzeichnen, das heißt als ein über der kommunen Geistlichkeit stehendes Individuum, um ihm kraft dieser Tatsache höhere Einkünfte an Geld und Naturalien zu verschaffen. Vielleicht irrte ich; es fehlt auch nicht an Leuten, die gern eine ausgefallene Kleidung tragen, nur um des Vergnügens willen, sich von anderen zu unterscheiden.

Nach meiner Gewohnheit stellte ich meinem Besucher verschiedene Fragen. Unter anderem sagte er mir:

»Alle Wesen, die derzeit existieren, sind aus der Erde entstanden. Sie sind aus der Erde jedoch nicht in den Gestalten hervorgegangen, wie wir sie heute sehen. Die Sache hat sich folgendermaßen zugetragen: unendlich kleine Teilchen lösten sich von der Erde; diese hatten eine unerhört schnelle Bewegung in sich, ballten sich dann allmählich in verschiedener Ordnung zusammen und bildeten so alle Pflanzen und alle Tiere. Doch der Zeitraum, während dessen sich diese Bildung vollzog, ist so außerordentlich lang, daß er mit gar keiner unserem Geist faßbaren Ziffer auszudrücken ist.«

»Und wie ist die Erde selbst entstanden?« fragte ich.

Der Bön antwortete: »Auch die Erde bildete sich aus einer Anhäufung unendlich kleiner Teilchen, die mit großer Geschwindigkeit rotierten, aber das geschah lange, sehr lange vor der Entstehung der lebendigen Wesen, und die Bildungsperiode der Erde selbst war auch viel länger.«

Ich weiß, daß die tibetischen Denker von keinem Ding zugeben, es sei an sich leblos; daher wagte ich eine weitere Frage:

»Sie sagen: die ›Entstehung der lebendigen Wesen‹; glauben Sie also, daß die ursprünglichen, schöpferischen Teilchen nicht ›lebendig‹ waren?«

»Natürlich waren sie lebendig«, erklärte der Bön. »Alles, was existiert, ist lebendig. Es gibt keinen Tod und keine toten Dinge als jene, die niemals lebendig gewesen sind. Aber ihr Fremden seid nicht imstande, das zu begreifen.«

Die Menschen des Ostens haben im allgemeinen eine sehr geringe Meinung von unserer Intelligenz.

Was der Bön mir erzählte, war die verkürzte und entstellte Fassung einer atomistischen Lehre, die im 5. Jahrhundert vor unserer Zeitrechnung in Indien herrschend war und von dort nach Tibet gelangte, wo sie anscheinend auf eine andere in Mittel- oder Nordasien, vielleicht auch in China entstandene atomistische Lehre stieß. Mein Besucher vermengte sie mit alten Anschauungen der Bön.

Eines Tages hörte ich Lärm auf der Straße. Jemand blies ein »Kangling« (ein aus einem Schenkelknochen verfertigtes Blasinstrument) und trommelte mit einer Handtrommel, einem Tamburin, wie das vor allem bei Asketen der tantristischen Sekten der Brauch ist, die man ständig auf den Friedhöfen sieht. Der Rhythmus des Trommelns und Blasens ließ deutlich erkennen, daß der Mann, der seine Mitmenschen mit diesem Konzert erfreute, nur ein Pseudo-Naldschorpa war; auch spielen die echten Naldschorpa ihre Instrumente nicht auf belebten Straßen, sondern nur an einsamen Orten und nachts.

Ich ging hinaus, um mir den Mann anzusehen und mit ihm zu sprechen.

Ohne sich lange bitten zu lassen, erklärte er mir gleich, er sei ein Abgesandter des hochangesehenen Lamas Laka, Vorsteher eines Klosters in der Nähe von Batang, ganz im Nordwesten von Sikang; er gab vor, dieser habe ihn mit der Mission betraut, der Bevölkerung von Kham seine Befehle, Ermahnungen und Prophezeiungen zu überbringen. Daher bereise er, der Abgesandte des Lamas, bald in dieser, bald in jener Gestalt das Land, wie es ihm seiner Aufgabe entsprechend jeweils gerade dienlich erscheine.

»Sie sehen«, sagte er, »ich bin ein Asket ohne Furcht und Tadel, und ich bin imstande, die schrecklichsten Dämonen zu beschwören und sie zu zwingen, meinen Befehlen zu gehorchen. Als ich vor zwei Jahren hier war, da reiste ich als großer Herr in reichem weltlichen Gewand, von mehreren Dienern begleitet, und alle ritten auf prächtigen Pferden.

Alle diese Gestalten sind aber nur Täuschung. Sie sind Schöpfungen der Zauberkraft des Lamas und meiner eigenen, mit der ich die seine unterstütze. Ich könnte im nächsten Augenblick verschwinden, und Sie sähen an meiner Statt jemand ganz anderen, zum Beispiel einen chinesischen General oder einen Bettler in Lumpen, je nachdem wie es mir paßte. Gestalten sind nur Trugbilder.«

Ich kannte wirklich einige Anachoreten, die solche Truggestalten hervorbringen konnten – das heißt, man hatte den bestimmten Eindruck, man sehe sie und berühre sie sogar. Ich sah die Männer verschwinden, während ich mit ihnen sprach, und plötzlich eine andere Person den Platz einnehmen, wo sie eben noch gewesen waren. Es liegen auch Berichte vor, manche Magier könnten sich nach Belieben in mehrere, jedoch miteinander identische Personen spalten, die alle zugleich existieren und verschiedene Handlungen verrichten. Doch noch einmal: Die Männer, die solche magische Leistungen vollführen, trommeln nicht auf den Straßen und prahlen nicht mit ihrer Macht. An irgendwelche übernatürliche Fähigkeiten dieses Pseudo-Yogi glaubte ich also nicht.

»Oh!« sagte ich, »ich wäre entzückt, wenn ich Sie im nächsten Augenblick eine andere Gestalt annehmen sehen könnte, zum Beispiel die eines reichgekleideten großen Herrn, hoch zu Roß, von Dienern begleitet, so wie Sie vor zwei Jahren das Land hier bereisten.«

»Das könnte ich ohne weiteres«, erwiderte der Landstreicher unverfroren, »doch es würde das Programm meiner derzeitigen Mission stören. Daher muß ich darauf verzichten.«

Eine solche Antwort hatte ich natürlich erwartet; ich lud den Scharlatan jedoch ein, bei mir im Hofraum einzutreten und eine Mahlzeit einzunehmen. Das akzeptierte er sofort – zu essen sind die Tibeter immer bereit.

Außer seiner Schenkelknochentrompete, dem Tamburin und einem langen Stab, der mit verschiedenfarbigen Seidenfetzen, Glasperlen, Muscheln und kleinen Spiegeln behängt war, führte der angebliche Asket auch eine menschliche Hirnschale mit sich, ebenfalls ein charakteristisches Requisit der Naldschorpas tantristischer Sekten. Während indes die – üblicherweise mit Silber beschlagene – Hirnschale den echten Yogis dieser Sekten nur als sakrales Gerät bei bestimmten Riten und zu nichts anderem dient, benützen die Scharlatane, die jene nachäffen, das schaurige Gefäß (das bei diesen armen Schluckern natürlich keinen Silberbeschlag hat), um den Leuten zu imponieren, ausschließlich als Trink- und Eßschale.

In Kenntnis dieser Gepflogenheit ließ ich meinem Gast wohlweislich keinen Teller geben. Ich erlaubte mir nur zu bemerken, daß an der Hirn- beziehungsweise Eßschale anscheinend eine undefinierbare, nicht gerade gutriechende Substanz, vielleicht Schmieröl, angekrustet sei, und machte mich erbötig, sie auswaschen zu lassen.

Da wurde der Strolch böse und erklärte mit entrüsteter Miene, alles, was mit dem Schädel in Berührung komme, sei durch die Berührung sofort gereinigt. Ich drang nicht weiter in ihn, und meine Magd füllte die unappetitliche Schale mit einer Mischung aus sämtlichen Resten unserer letzten Mahlzeit.

Mit überraschender Schnelligkeit verschlang der Mann den fettigen Inhalt der Schale, worauf ich sie wieder füllen ließ und er sie noch mehrmals leerte. In uneren Kasserollen waren keine Reste mehr, doch die Magd wußte sich Rat. Sie hatte das Geschirr noch nicht abgewaschen. Sie spülte die Kasserollen, die Schüsseln und Teller heiß ab und schüttete eine Handvoll Tsamba in das Spülwasser. Der unersättliche Yogi aß auch noch diese »Suppe«. Dann bekam er Tee, auf tibetische Art mit Butter abgetrieben.

Während dieser Diogenes von Kham meine Gastfreundschaft genoß, schwatzte er unaufhörlich und entpuppte sich als scharfer, sarkastischer Kritiker der einheimischen Geistlichen, der Lamas, die um die hohen chinesischen Beamten scharwenzelten, um Titel und Pfründen zu ergattern. Er spottete über ihre Methoden, den Gläubigen für die Abhaltung religiöser Zeremonien Geld aus der Tasche zu ziehen. Wenn diese den Lebenden oder den Toten wirklich etwas nützen könnten, meinte er, dann müßten sie sie aus purer Nächstenliebe vornehmen; verlangten sie jedoch Geld dafür, dann liege es auf der Hand, daß die Armen von ihrer Wohltat ausgeschlossen seien und daß es einem reichen Sünder – oder wenn er schon tot ist, einem Sünder, der eine reiche Familie hinter sich hat – in jener anderen Welt bessergehen müsse als einem weniger sündigen Menschen, der sich den Beistand eines Lamas nicht habe leisten können. Schmach und Schande, rief er, über diese geschäftstüchtigen Mönche!

Mein hungriger Gast war ein Original, trotzdem hielt ich es nicht für geraten, ihn darüber aufzuklären, daß Tibet nicht das einzige Land auf der Welt ist, wo das von ihm kritisierte Geschäft blüht, sondern daß es überall zu Hause und so alt ist wie die Menschheit selbst.

Meine Magd war von dem Pathos des heiligen Mannes sichtlich begeistert, obwohl sie den Sinn seiner Predigt nicht erfaßte, und ein phantastischer Gedanke keimte in ihrem Gehirn auf.

Sie war mürrisch und hatte mitunter ohne sichtlichen Grund Krisen von Übellaunigkeit. Sie wußte um ihren Zustand und schrieb ihn dem Einfluß von Dämonen zu, von denen sie sich von Zeit zu Zeit besessen fühlte. Derartige Vorstellungen sind sowohl den Tibetern wie den Chinesen geläufig. Daher wünschte sie nichts sehnlicher, als daß jemand ihr die bösen Geister austreibe, damit sie sie in Zukunft nicht mehr heimsuchen könnten. Und sie bildete sich plötzlich ein, der redselige Strolch, den sie mit dem Spülwasser bewirtet hatte, könnte sich bei ihr mit Erfolg als Geisterbeschwörer betätigen.

Könnte er? . . . Sie fragte ihn, und er erwiderte, das könne er sehr wohl.

Er befahl dem Mädchen, im Hof vor der Küchentür niederzuknien, und machte über ihrem Kopf allerlei Hokuspokus, wobei er zuerst leise vor sich hinmurmelte. Dann mit einemmal schrie er aus voller Lunge, ergriff seinen mit Bändern und allerhand Krimskrams dekorierten Stecken und verabreichte seinem knienden Opfer eine ausgiebige Tracht Prügel. Tränen rannen der Bedauernswerten über die Wangen, und sie vermochte ihre Schmerzensschreie nur mit größter Mühe zu unterdrücken. Als der Teufelaustreiber seine Arbeit beendet hatte, war er ganz erschöpft, und das Mädchen konnte sich kaum auf den Beinen halten.

»Jetzt habe ich die Dämonen gründlich gezüchtigt«, erklärte der Peiniger. »Sie werden nicht wagen, wiederzukommen und dich zu quälen.«

Die Magd dankte ihm, und da sie wohl wußte, daß einem niemand die bösen Geister gratis austreibt, drückte sie dem Mann, der die Geschäfte seiner geistlichen Kollegen so heftig verurteilte, etwas Geld in die Hand. Zu seiner Entschuldigung muß ich sagen, daß er die Gabe nicht verlangt hatte und sie als ein freiwilliges Zeichen der Dankbarkeit annehmen durfte.

Am nächsten Tag konnte sich das dumme Geschöpf nicht rühren. »Mir ist, als wären alle meine Knochen zerbrochen«, sagte sie. »Das war wirklich ein tüchtiger Dämonenaustreiber.«

So tüchtig war er aber nicht gewesen, daß er meine Magd von ihren Anfällen übler Laune geheilt hätte. Sie wiederholten sich wie zuvor.

Dann tauchte einmal ein chinesischer Taoist auf. Er fand allgemeine Beachtung, weil er sich ausschließlich von dem Kalkstein nährte, aus dem man den Kalk gewinnt. Die Leute brachten ihm Kalkstein, oder er holte sich ihn auch selbst aus den Steinbrüchen. Er zerrieb den Stein und aß das Pulver; ich sah es mit eigenen Augen.

Allerdings brachten die Bewunderer dieses »Mineralivoren« ihm außer den Steinen, die ihm angeblich zur Nahrung dienten, auch Geld.

Später erfuhr ich, der Mann sei in eine andere Gegend der Provinz gezogen und habe seine Kost geändert. Er nährte sich dort von Kerzen ausländischen Fabrikats.

Der Preis dieser Kerzen war nach der Unterbrechung der Verbindungswege mit Burma außerordentlich gestiegen, da kein anderer Importweg für ausländische Waren nach China bestand. Ich hatte den findigen Gauner im Verdacht, daß er die Kerzen, die ihm die leichtgläubigen Leute brachten wie früher die Steine, sammelte, sie dann anderwärts verkaufte und damit einen schönen Profit machte. Doch vielleicht war mein Urteil auch in diesem Fall voreilig.

Als ich in Jakyendo, im Süden von Sching-hai, an meiner Übersetzung des tibetischen Nationalepos von den Heldentaten Gesars von Ling arbeitete, trug ein Barde mir das Gedicht bei mir daheim vor.

Es war ein sehr berühmter Barde, ein Mystiker auf seine Art, der sich rühmte, geistige und staatsmännische Beziehungen zu dem Helden Gesar und zu mehreren Gottheiten zu unterhalten, die ihm in den einsamen Gegenden des Kuku-nor erschienen. Wahrscheinlich waren seine Behauptungen zum Teil Bluff, doch fiel der Mann mitunter tatsächlich in eine Art Trance, begann mit sonderbar elastischen, schnellen Schritten herumzulaufen, lief zum Ort hinaus und verschwand in Richtung des menschenleeren Weidelandes. In diesem Zustand bildete er sich vermutlich ein, Gesar und die anderen unsterblichen Helden des Epos erschienen ihm. Er identifizierte sich auch mit einem der Paladine Gesars mit Namen Diktschen Schempa, der angeblich in ihm wiedergeboren war. Vielleicht war er zuerst nur ein Schwindler gewesen, bis er sich dann in seine Rolle hineingelebt und eine Spaltung seiner Persönlichkeit sich vollzogen hatte. Oder die Sache verhielt sich umgekehrt: Er war ursprünglich ein ehrlicher Barde und erfand dann erst die geheimnisvollen Begegnungen und das Märchen von der Wiedergeburt, um sich in Geltung zu bringen.

In anderen, entlegenen Gegenden von Kham ist das Epos von Gesar nicht minder populär. Der Häuptling des Stammes, der im Vordergrund der verschiedenen Sagen des gesamten Stoffkreises steht, war ein Khampa, und die heutigen Nachfahren der einstigen Stammesangehörigen sind stolz auf ihre Verwandtschaft mit ihm.

Infolgedessen kamen nicht selten herumziehende Barden in meine Gegend, die Bruchstücke aus dem Epos vortrugen. Alle behaupteten, während sie sängen, komme der Geist Gesars über sie, und er selber sei es, der durch ihren Mund seine Geschichte erzähle. Aber sie waren in der Regel nur gewöhnliche Bettler, die bestimmte Episoden des Gedichtes auswendig gelernt hatten. Sie trugen eine Maske wie die Possenreißer, die die Leute an den Straßenecken unterhalten oder in den Teehäusern mit übertriebenem Gebärdenspiel ihre komischen, oft schlüpfrigen Geschichten erzählen; doch unterschieden sich die »Gesars«, wie sie allgemein hießen, von den Possenreißern durch einen Spitzhut, von dem Bänder und Schärpen herunterhingen.

Außer dem Heldengedicht von Gesar rezitierten sie auch Balladen von anderen Helden und von Göttern. Diese enthalten stets ein religiöses Motiv und ähneln stark unseren erbaulichen mittelalterlichen Legenden, wie etwa der berühmten »Legende aurea« des Bischofs Jakob von Voragine (1230–1298).

Wirrköpfe und Scharlatane sind indes nicht die einzigen Vertreter des lamaistischen Klerus, denen man in den westlichen Provinzen begegnet.

Es leben dort auch sehr achtbare, mitunter hochgebildete Lamas, und viele Angehörige der guten chinesischen Gesellschaft sowie vor allem des Beamtenstandes bekunden ein lebhaftes Interesse für ihre Lehren. So wurde ein »Gesches« (Doktor der Philosophie) der staatlichen Klosteruniversität Sera in Lhasa der geistliche Mentor des Gouverneurs von Si-kang und mehrerer anderer vornehmer Chinesen.

Von Zeit zu Zeit hält dieser Lama, Nga Wang Khempo (Khempo ist der Titel der Professoren von hohem Rang), einen Zyklus von Vorlesungen in dem ersten Kloster von Ta-tsien-lu. Die Vorlesungen sind nicht öffentlich; nur ein kleiner Kreis von chinesischen Laien und von Damen der Fremdenkolonie wird dazu eingeladen.

Ich wohnte einer Reihe dieser Vorlesungen bei. Sie fanden in einem länglichen Saal statt, an dessen Schmalseite der Lama nach tibetischer Sitte mit untergeschlagenen Beinen auf einem niedrigen Podium saß.

Ich fand die Atmosphäre sympathisch und eindrucksvoll. Leichter Weihrauchduft durchzog den Raum, eine Reihe buttergespeister Lämpchen brannte von einer Statuette Tsong Khapas, des Gründers der Sekte der Gelugspa, der der Lama angehörte. Ich fühlte mich wieder nach Tibet zurückversetzt, in die Zeit, die ich dort in rein lamaistischen Kreisen verbracht hatte.

Die gespannte Aufmerksamkeit des Auditoriums war auffallend.

Der Lama sprach Tibetisch, und einer seiner Schüler, der unmittelbar neben dem Podium saß, übersetzte seine Worte ins Chinesische. Der Lama hörte dem Übersetzer aufmerksam zu und konnte genügend Chinesisch, um dann und wann eine Ungenauigkeit zu korrigieren.

Nga Wang ist ein Gelehrter von Format. Wäre ihm daran gelegen gewesen, so hätten seine Vorlesungen sehr interessant sein können, doch nach der fast ausschließlichen Gepflogenheit seiner Kollegen paßte er seine Vorträge dem seiner Meinung nach niedrigeren geistigen Niveau seines Laienauditoriums an.

Damals zum mindesten tat er nicht recht daran. Eine ganze Reihe der anwesenden Chinesen war in buddhistischer Philosophie viel bewanderter als er. Sie hatten nicht wie er Hunderte Traktate auswendig gelernt, sondern über den Sinn der Theorien in den von ihnen gelesenen Büchern nachgedacht und sie kritisch diskutiert.

Vielleicht wußte das der Lama sogar, doch wie die meisten seiner Kollegen hielt er wohl nicht viel von einem philosophischen Wissen, das nicht aus den tibetischen heiligen Schriften stammte und nicht nach tibetischen Methoden erworben war. Was Nga Wang auch immer von den geistigen Fähigkeiten seiner Zuhörer halten mochte, er bemühte sich jedenfalls nicht, ihnen besonders tiefes Gedankengut zu vermitteln.

Einmal sagte er allerdings folgendes: Seinem Nächsten wohltun besteht nicht darin, daß man mit Absicht etwas unternimmt, von dem man sich einbildet, es müßte zu seinem Wohlbefinden beitragen. Worauf es ankommt ist, daß man selbst schlechthin eine Quelle von Wohlbefinden sei. Steht die Sonne: ihre Wirkung geht nicht nach einem Plan vor sich, den sie sich ausgedacht hat. Sie nimmt sich nicht etwa vor, die Gerste auf dem Felde des Bauern Tsering zum Reifen zu bringen, oder den alten Wang-Dü, der vor seiner Haustür sitzt, zu wärmen, oder die Welt zu erhellen, damit Menschen und Tiere sehen können. Sie *ist* die Sonne, die leuchtet und wärmt; sie kann nicht anders, als Wärme und Licht ausstrahlen und dadurch Glück und Wohlsein für alle Wesen wirken. Ebenso sendet der Weise, der ein lebendiger Quell von Vernunft und Güte geworden ist, seiner Natur gemäß Energiewellen aus, die eine wohltätige Wirkung in der Welt verbreiten. Diese Wirkung ist mit der der reinen Luft zu vergleichen, die jedermann, der sie atmet, gesund erhält: Sie fördert Werden und Wachsen der geistigen Erleuchtung und eines allseitigen, aufgeklärten Wohlwollens.

Diesen Gedanken findet man überall sowohl in Tibet wie in China; ich habe ihn oft entwickeln hören.

Nach Beendigung der Vorlesung grüßten die Zuhörer den Lama nach tibetischem Brauch mit einem dreimaligen Fußfall* und entfernten sich schweigend.

* Und zwar mit dem »großen Fußfall«, dem Kyang scha, den man nur vor seinem geistlichen Mentor macht. Er unterscheidet sich durchaus von dem Kotau der Chinesen. Die beiden Hände werden mit aneinandergelegten Handflächen zuerst über den Kopf erhoben, dann bis in Mundhöhe und zuletzt bis in die Höhe des Herzens gesenkt. Hierauf kniet man nieder und legt sich der Länge nach auf den Boden, die Arme über den Kopf hinaus vorgestreckt.

Am Tor des Klosters erwarteten Ordonnanzen und Diener mit Laternen ihre Herren.

In den Straßen von Ta-tsien-lu war zwar elektrische Beleuchtung eingeleitet worden und sie hatte auch eine Zeitlang funktioniert, dann aber waren zuerst einige Stadtviertel ohne Licht, und schließlich versank die ganze Stadt wieder in Finsternis.

Die Einwohnerzahl der Stadt hatte sich mehr als verdreifacht, und zwar sowohl durch die vielen Flüchtlinge aus den von den Japanern besetzten oder von einer Besetzung bedrohten Gebieten, wie auch durch die beträchtliche Zahl von Angestellten, die anläßlich der Erhebung Ta-tsien-lus zur Provinzhauptstadt eingetroffen waren, um in den Büros Dienst zu tun. Das kleine Elektrizitätswerk hatte nicht genügend Strom, um die ständig steigende Anzahl der von der Bevölkerung installierten Lampen zu versorgen. Die Lampen leuchteten ohnehin nur wie die Glühwürmchen. Doch selbst dieser schwache Strom wurde nur noch abwechselnd an einzelne Viertel abgegeben und die Straßen überhaupt nicht mehr beleuchtet.

So waren denn die Petroleumlaternen wieder auf der Bildfläche erschienen, doch ihre einst allgemeine Verwendung beschränkte sich jetzt auf die Leute, die sich Petroleum verschaffen konnten, entweder in ihrer Eigenschaft als hohe Beamte oder wenn sie reich genug waren, mehrere tausend Dollar für den Kanister zu bezahlen.

Im Finstern durch die Straßen zu gehen, in denen das Pflaster schadhaft und die Löcher vielfach mit Schutt und Glasscherben ausgefüllt waren, war nicht ungefährlich, es kam wiederholt vor, daß Leute stürzten und sich ein Bein brachen. Ganz abgesehen von ihrem praktischen Nutzen machen die vor einem Passanten hergetragenen Laternen ihn aber auch gegenüber dem Pöbel als eine vornehme Persönlichkeit kenntlich. Das ist ein bescheidenes Überbleibsel alter chinesischer Sitte, die ich noch miterlebte und an der ich, wie ich gerne gestehe, sehr viel Vergnügen fand.

In jener farbenfrohen Zeit war es noch so, daß einem eine Schar Diener mit Petroleumlampen vorauslief, wenn man nach Einbruch der Dunkelheit ausging; auf den Laternen standen Name und Titel der hochmögenden Persönlichkeit. Dann folgte die geräumige, mit lichtem Atlas ausgeschlagene Sänfte, das Dach mit Seidenfransen und Glaskugeln geschmückt, die im Wind klingelten und im Laternenlicht glitzerten.

In einer der Straßen von Tscheng-tu gab es ausschließlich Händler, die solche Beförderungsmittel aus dem Märchenland feilboten. Als ich im Jahre 1939 wieder hinkam, war die Stadt sehr verändert. Später, nach den Bombenangriffen, die einen Großteil der Stadt zerstörten, traten weitere Veränderungen ein; 1944 fuhren die Autos der reichen Chinesen schon durch breite Avenuen. Die malerische Straße, in der man früher Sänften hatte kaufen können, war verschwunden; in dem von westlicher Zivilisation überfluteten China hatten die im Licht der Papierlaternen schimmernden Sänften keine Lebensberechtigung mehr.

Die vornehmen Zuhörer des Lama Nga Wang gingen zu Fuß nach Hause, ihre Leute trugen Petroleumlaternen vor ihnen her, oder sie gaben es noch billiger und leuchteten sich selbst mit einer elektrischen Taschenlampe. Ich sah auch solche, deren Begleiter statt einer Fackel ein Stück harziges Holz angezündet hatten und es mit erhobenem Arm hochhielten. Petroleum war, wie schon gesagt, schwer zu haben und teuer, Batterien für Taschenlampen kosteten phantastische Summen . . . Hinter einem brennenden Ast herlaufend, waren diese überkultivierten Chinesen zu den primitiven Lebensgewohnheiten der Wilden zurückgekehrt: Diesen Rückschritt und noch manchen anderen viel ernsterer Art hatte der Krieg verschuldet.

Von den verschiedenen angesehenen Lamas der Provinz will ich noch Kiu-sang erwähnen, den Vorsteher eines Klosters in der Nähe von Dango, nicht weit von der Hauptverkehrsstraße, die von Ta-tsien-lu über Kan-tse nach Jakyendo führt. Er ist ein noch junger Mann, Doktor der Philosophie der Klosteruniversität Sera, der es bei seiner hohen Intelligenz auf wissenschaftlichem Gebiet zu etwas bringen könnte, wenn er sich nicht wie viele seiner Kollegen ganz der Politik verschrieben hätte. Der Gouverneur von Si-kang hat ihn zum Vertreter eines tibetischen Distrikts im Landtag ernannt.

Ein Chinese hat sich der lamaistischen Richtung des Buddhismus angeschlossen und lebt als Anachoret weniger strenger Observanz in einer Einsiedelei auf einem Bergplateau. Er heißt Da-Kang-Fa-Sse. Fa-Sse ist der chinesische Titel gelehrter buddhistischer Mönche und bedeutet etwa »Schriftgelehrter«. Da-Kang hat vor den übrigen Lamas voraus, daß er zugleich chinesischer und tibetischer Gelehrter ist und infolgedessen die philosophischen Werke einer großen Anzahl buddhistischer Autoren lesen kann. Er ist ein Mann mittleren Alters und lebt sehr zurückgezogen, unterrichtet jedoch gelegentlich zwei oder drei Schüler.

Mitunter kommt der Großlama von Li-tang, Tschogdug Kyaböne (Tschogdug, der Beschützer) mit großem landesüblichem Pomp nach Ta-tsien-lu, das heißt mit zahlreichen Dienern, alle auf guten Pferden, und mit einer Menge Gepäck. Er ist ein reicher Mann, Großgrundbesitzer, Eigentümer von Viehherden und Träger bestimmter administrativer und richterlicher Hoheitsrechte über seine Bauern und Hirten. Diese sind, wenn auch nicht nach Gesetz und Recht, seine Leibeigenen.

Seit einigen Jahren ist er mit einem tibetischen Gelehrten der Klosteruniversität Taschi-lonpo (das Kloster des Panschen-Lama) befreundet, an der er den Titel eines Professors führt. Der Gelehrte heißt Trinekye und ist ein Tulku; er gehörte der Hofhaltung des verstorbenen Panschen-Lama an und ist zum Erzieher des Kindes ausersehen, das einmal dessen Nachfolger werden soll.

Im Jahre 1943 gab Trinekye, von Tschogdug unterstützt, bekannt, er habe in der Nähe von Li-tang einen Knaben entdeckt, den er für die Reinkarnation des Panschen halte.

Der Leser wird sich der Stellen im Kapitel »Aus Geschichte und Sage« erinnern, wo bereits vom Panschen-Lama und, im Anschluß an die ihn betreffenden Ereignisse, vom Problem seiner Nachfolge die Rede war.

Sowohl vom jeweiligen Dalai-Lama wie auch von anderen, weniger bedeutenden Lamas und ebenso vom Panschen-Lama heißt es, sie stürben nicht. Sie gehören jener merkwürdigen geistlichen Aristokratie an, die eine Besonderheit des Lamaismus ist: den Tulkus, die, jeder für sich, ein Glied in der Kette von Reinkarnation ein und derselben Persönlichkeit sind.

Nach dem Glauben der Tibeter haben wir alle schon in einem

früheren Leben existiert und werden nach unserem Tode wiedergeboren – diejenigen ausgenommen, denen die höchste geistige Erleuchtung zuteil wurde und deren psychische Existenz wir uns nicht vorstellen können, weil sie von der unseren völlig verschieden ist.

Der Unterschied zwischen den gewöhnlichen Menschen und den Tulkus hinsichtlich der Wiedergeburt besteht darin, daß der Ahnherr (der Ku-kongma) einer Reihe von Tulkus durch die Macht seines Willens alle seine Energien zu einem einzigen Energiekomplex zusammengerafft und ihnen eine Richtung erteilt hat, von der sie nicht mehr abweichen können, und zwar um ein besonderes Werk zu vollenden oder eine Mission zu erfüllen, zu deren Vollzug es einer längeren Zeit als der eines einzigen Menschenlebens bedarf.

So lautet wenigstens die Lehre. Sie ist annehmbar für jemand, der an die Fortdauer und an die geschlossene Einheit eines geistigen Wesens oder einer Seele glaubt, die in einen anderen Körper wandert; doch als die Tibeter sie annahmen, entfernten sie sich völlig von der ursprünglichen buddhistischen Doktrin, die die Vergänglichkeit aller Erscheinungen behauptet und das Vorhandensein eines unveränderlichen Prinzips auf dem Grunde der Erscheinungskomponenten leugnet, aus denen sich die Einzelwesen aufbauen.

Es fehlt nicht an gelehrten Lamas, die die Vorstellung einer Generationenreihe von Tulkus mit der Lehre von der Vergänglichkeit der Individualität in Einklang zu bringen versuchen; doch ist hier nicht der Ort, ihre geistvollen Erklärungen einer Kritik zu unterziehen. Was ich im folgenden zu erzählen beabsichtige, betrifft lediglich den populären Glauben an die fortlaufenden Wiedergeburten des Panschen-Lama.

Den Knaben zu bezeichnen, in dem sich der verstorbene Panschen wiederverkörperte, war keine einfache Sache, denn das Kind mußte, abgesehen davon, daß es die Persönlichkeit des Panschen repräsentierte, wie alle Panschens auch als erfüllt vom Geist des Herrn des ewigen Lichtes und ewigen Lebens Öpagmed-Tsepagme gelten, wodurch es noch über den Göttern stand.

Als die chinesische Regierung die Überführung der Leiche des Panschen von Kan-tse nach Schi-ga-tse genehmigte, wo man für sie bereits ein prunkvolles Mausoleum errichtet hatte, kehrten die meisten Leute seiner ehemaligen Umgebung in China im Gefolge des Trauerzuges nach Tibet zurück.

Einige wenige, die sich mittlerweile in den westlichen Provinzen niedergelassen hatten, verblieben dort, unter ihnen auch die, denen die Sorge oblag, ihren verstorbenen Herrn in seiner neuen Reinkarnation ausfindig zu machen. Sie bildeten zwei getrennte Gruppen.

An der Spitze der einen Gruppe stand einer meiner alten Freunde mit Namen Lobzang, in China als Lo-Yüen (Meister Lo) bekannt. Als ich mich in Schi-ga-tse aufhielt, war Lobzang zweiter Kämmerer am Hofe des Panschen-Lama. Nach den Gerüchten, die unter den Tibetern der westlichen Provinzen kursierten, befand sich der größte Teil des reichen Schatzes in seiner Obhut, den der Panschen im Laufe seiner Wanderungen durch China und die Mongolei zusammengetragen hatte. Lobzang hatte sein Hauptquartier im Kloster Kum-bum in Sching-hai aufgeschlagen.

Die andere Gruppe bestand aus dem Lama Trinekye und dem Großlama von Li-tang.

Einige Persönlichkeiten aus dem Adel Tibets bildeten eine dritte Gruppe, die in Tsang residierte; da sie ihre Tätigkeit jedoch nicht in den westchinesischen Provinzen entfaltete, soll hier im weiteren von ihr nicht die Rede sein.

Lo Yüen und seine Leute fanden mehrere Knaben, mit denen es, nach verschiedenen merkwürdigen Symptomen zu urteilen, eine besondere Bewandtnis zu haben schien. Sie hatten entweder Äußerungen getan, die tiefe Weisheit verrieten, oder ihre Geburt war von Zeichen und Wundern begleitet gewesen. Mit zweien beschäftigte man sich länger, weil sie besonders interessant schienen, doch einer von ihnen starb. Lo-Yüen war um so eifriger bestrebt, sich über irgendwelche spezifische Anzeichen Gewißheit zu verschaffen, an denen man den reinkarnierten Panschen erkennen könnte. Wahrscheinlich wollte er sichergehen, daß der einzige Aspirant, der ihm nun geblieben war, diese Anzeichen besitze, oder er hatte vor, ihn damit auszustatten, wenn das nicht der Fall wäre. In dieser Absicht schickte er einige Leute seiner Umgebung zu einem sehr berühmten »Hellseher«, der im Kloster Labrang Taschikyil wohnte.

Unbeweglich auf seinem Thron, in seiner dunkelgranatroten Mönchstoga, verharrte der »Seher« von Labrang lange Zeit in tiefem Nachsinnen, während die Boten Lo-Yüens schweigend warteten, bis er das Wort ergriffe.

Endlich, als kehrte sein Geist von einer weiten Reise zurück, schien der Lama sich seiner Umgebung wieder bewußt zu werden und verkündete:

»Er wird vom Donner herkommen.«

Mehr sagte er nicht. Die Abgesandten verweilten noch längere Zeit; als sie jedoch keine weitere Erklärung erhielten, mußten sie sich mit einem Fußfall verabschieden und den Raum verlassen.

Lo-Yüen ist ein Mann von gesundem Menschenverstand. Ich weiß nicht, was er insgeheim von den Reinkarnationen des Pan-schen hält, doch dürfte er keinesfalls naiv genug sein anzunehmen, ein Kind könne mitten in einem Gewitter vom Himmel fallen, und außerdem war sein Kandidat nicht auf solche Weise zur Welt gekommen.

Indessen ist das tibetische Wort »Dug«, das Donner bedeutet, zugleich auch die Bezeichnung für ein phantastisches Tier, den Drachen – doch wie leichtgläubig die Tibeter auch sein mögen: daß ihre Großlamas Söhne von Drachen wären, würden sie denn doch nicht glauben. Was also nun? . . . Der Seher hatte nichts weiter gesagt.

Während Lo-Yüen sich in Sching-hai betätigte, stellte Trinekye in Si-kang Nachforschungen an. Mit dem Knaben, den er beobachtete, ereigneten sich plötzlich vor Augenzeugen allerhand merkwürdige Dinge.

Dann und wann erschien der Buchstabe A (in tibetischer Schrift) auf seiner Stirn*; zu anderen Malen nahm sein Gesicht eine violette

* Der Buchstabe A, geschrieben oder als Laut ausgesprochen, hat eine mystische Bedeutung und spielt außerdem eine Rolle in der Magie.

Färbung an*. Eines Tages ergriff das Kind einen kleinen hölzernen Reliquienschrein, der sich im Zimmer Trinekyes befand, und erklärte: »Der gehört mir!« Der Schrein hatte nun wirklich dem verstorbenen Panschen gehört, Trinekye hatte ihn von ihm zum Geschenk erhalten. Es war recht sonderbar, daß der kleine Knabe gerade auf diesen unscheinbaren Schrein aufmerksam geworden war, denn er stand mitten unter mehreren anderen, silbernen und vergoldeten, die dadurch, daß sie glänzten, die Blicke eines Kindes viel eher hätten auf sich lenken können. Man machte noch verschiedene andere Wahrnehmungen, und kurz darauf kamen neue Beweise für die »Echtheit« des Knaben von Li-tang an den Tag.

Höhere Mächte schienen ihre Hand im Spiele zu haben.

Zur Zeit, als der Leichnam des Panschen noch in Kan-tse war, pilgerten viele Fromme dahin, um ihm ihre Verehrung zu bezeigen. Unter ihnen befand sich eines Tages ein neuvermähltes Paar, Bauersleute aus der Umgebung von Li-tang.

Zufällig veranstalteten gerade an jenem Tage Würdenträger vom ehemaligen Hofe des Panschen ein Orakel, um irgendwelche Andeutungen zu erhalten, in welcher Gegend ihr Herr wiedergeboren wäre.

Die Zeremonie fand vor dem Leichnam des Panschen statt und spielte sich folgendermaßen ab:

Man hatte verschiedene Antworten auf die Frage »Wo bist du in diesem Augenblick?« auf kleine Papierblättchen geschrieben. Da hieß es zum Beispiel: im Norden; im Süden; im Osten; im Westen; in Kham, in China; in Tibet; in der Mongolei und so fort. Die Papierblättchen waren einzeln zusammengeknüllt, so daß sie Kügelchen bildeten, und wurden in ein Gefäß geworfen. Ein Lama mußte das Gefäß, wie das in China üblich ist, mit beiden Händen halten und es schütteln. Die erste Kugel, die herausspringt, gibt die Antwort.**

* Die violette Gesichtsfarbe ist auch eines der Zeichen, an denen man jene Frauen erkennt, die verkörperte Feen sind.

** Dies ist die chinesische Art der Orakelbefragung in den taoistischen Tempeln, nur werden dort anstelle der Papierkügelchen, die in das Gefäß gelegt werden, dünne Stäbchen verwendet. Jedes Stäbchen trägt eine Inschrift und eine Nummer, nach der man dann die Antwort in einem Orakelbuch nachschlägt.

Nachdem man Weihrauch verbrannt und verschiedene Riten vollzogen hatte, kniete der dazu bestimmte Lama vor dem Leichnam des Panschen nieder und schüttelte das Gefäß. Ein Kügelchen sprang heraus, das Papier wurde entfaltet, und zum höchsten Erstaunen aller las man darauf einen Satz, den niemand auf eines der Blättchen geschrieben hatte: »Ich bin hier, ganz nahe.«

Ein Wunder! ... Der Panschen selbst hatte die Worte geschrieben.

Wenn ich in meinen Büchern Episoden aus dem tibetischen Leben erzähle, muß ich häufig innehalten und meine Leser bitten, die Leichtgläubigkeit der Tibeter nicht voreilig zu belächeln. Gibt es bei uns nicht zahlreiche Spiritisten, die behaupten, in ihren Seancen Augenzeugen ähnlicher Phänomene gewesen zu sein wie jenes, das hier die Lamas von Kan-tse in Erstaunen versetzte?

Auch andere seltsame Dinge hatten sich mit dem Leichnam des Lamas bereits ereignet und waren von jenen Leuten bemerkt worden, denen das Amt zufiel, das Salz, in dem der Leichnam zur Austrocknung hockte, zu erneuern, sobald es feucht war, und ihn wieder aufzurichten, wenn er in sich zusammensank. Obwohl diese sich Tag für Tag bemühten, den Kopf des Panschen in die Richtung nach Tibet zu wenden, gerade vor sich hin, drehte er sich immer wieder zur Seite, gegen China.

Die Lamas hatten daraus den Schluß gezogen, ihr Herr wünsche, sein Leichnam möge in China bleiben.

Hätte ich mir nicht grundsätzlich vorgenommen, in diesem Buch jede politische Erörterung zu vermeiden, dann würde ich sagen, die Chinesen hätten nicht recht daran getan, daß sie den Leichnam nicht behielten und nicht ein prunkvolles Grabmal für ihn errichteten, das zahlreiche Pilger angezogen hätte – doch das geht mich im Grunde nichts an.

Nach dem »Wunder« des auf so geheimnisvolle Weise niedergeschriebenen Satzes unterlegte man der Kopfbewegung der Mumie jedoch einen anderen Sinn.

Während die Lamas ihre Aufmerksamkeit der Zeremonie der Orakelbefragung zuwandten, machte das erwähnte Pilgerpaar wiederholt seinen ehrfurchtsvoll-frommen Fußfall vor der Leiche des Panschen.

Die Frau aber war schwanger.

Die rätselhafte Antwort: »Ich bin hier, ganz nahe«, konnte sich darauf beziehen. Im Augenblick kam indes niemand auf diesen Gedanken; niemand beachtete das bäuerliche Ehepaar unter den vielen Pilgern.

Die Leutchen selbst wiederum wußten natürlich nichts von der Antwort auf dem Zettelchen, das aus dem Gefäß gefallen war, und hatten nicht einmal eine Ahnung, daß man gerade eine Orakelbefragung abhielt, denn die Laien aus dem Volk kennen die Bedeutung der Zeremonien nicht.

Der Bauersmann aus Li-tang lebte indes schon seit dem Eintritt der Schwangerschaft seiner Frau dauernd in der Vorstellung, das Kind, das sie unter dem Herzen trug, könnte der wiederverkörperte Panschen sein.

Hunderte von Tibetern, denen ein Kind geboren werden soll, wiegen sich immer in der Hoffnung, es sei vielleicht der Tulku irgendeines mehr oder weniger bedeutenden, kürzlich verstorbenen Lamas. Denn außer der Ehre, die der ganzen Verwandtschaft widerfährt, wenn ein Tulku in der Familie ist, sind auch die materiellen Vorteile, die seinen nächsten Angehörigen durch ihn erwachsen, sehr begehrenswert.

Meistens enden die ehrgeizigen Träume der Eltern mit einer Enttäuschung; ihr Sohn wird ein gewöhnlicher Bauer, ein Kaufmann oder, wenn sie den höheren Gesellschaftsschichten angehören, ein angesehener Beamter.

Als die Stunde seiner Frau herankam, hielt der biedere Mann, der glaubte, sie würde den wiederverkörperten Panschen gebären, seine Hütte nicht für würdig, der Wiederkehr einer so hohen Persönlichkeit zur Welt Raum zu geben. Eine Höhle am Berghang dünkte ihn ein geeigneterer Ort, und so führte er denn seine Frau in eine Höhle, die er vorher mit Weihrauch geweiht und gereinigt hatte.

Mit dem Neugeborenen kehrten die Eheleute dann ins Dorf zurück, und ungefähr vier Jahre später wurden Trinekye und Tschogdug Kyabgöne auf das Kind aufmerksam.

Doch die Verkündung des »Sehers« von Labrang schien nicht auf das Kind zu passen. Der reinkarnierte Panschen werde »vom Donner herkommen«, hatte er gesagt. Wo war der »Donner« in diesem Fall? . . . O ja, er war da: Der Vater des Knaben lebte zwar in Li-tang, doch er stammte aus einem kleinen Staat im Himalaja, der auf den Karten den Namen Bhutan führt. Bhutan ist jedoch nicht sein eigentlicher Name; die Eingeborenen nennen ihn Dug-yül, das heißt »Land des Donners«. Sich selber nennen sie Dugpa, Leute des Donners.

So kam das Kind also »vom Donner her«.

Ich weiß nicht, ob Lo-Yüen im entgegengesetzten Winkel der westlichen Provinzen, in Kum-bum, auch eine Beziehung zwischen seinem Kandidaten und dem Orakel von Labrang herausfand; es gelang ihm jedoch, bei den chinesischen Behörden seine offiziöse Anerkennung durchzusetzen, worauf eine feierliche Inthronisation in Kum-bum erfolgte.

Ein dritter Kandidat war, wie schon andeutungsweise erwähnt, der Sohn eines Adeligen aus Tsang. Es ist anzunehmen, daß die Politiker von Tsang mit dieser örtlichen Kandidatur den alten Gedanken verfolgten, ihre große Provinz zu einem von den jeweiligen Panschen-Lamas regierten, selbständigen Reich zu machen.

Eine Auslosung in Lhasa sollte entscheiden, welcher Kandidat den geistlichen Thron von Taschi-lonpo endgültig besteigen würde. Es fragte sich nur, ob die Kandidaten sich der Entscheidung durch das Los unterwerfen würden, bei der sie immerhin den Verdacht hegen konnten, sie wäre gefälscht.

Die Knaben, die bei der Verlosung leer ausgingen, müßten dann nach Hause zurückkehren, und wer weiß, ob ihnen nicht infolge des Unwillens der Eltern, die in diesem Fall den anzüglichen Scherzen der Nachbarn ausgesetzt wären, ein schweres Leben bevorstünde.

Alles wäre indes für die armen Jungen nicht verloren. Die Tibeter und die Mongolen ließen es in ihrer außergewöhnlichen Schwärmerei für den Tulku nicht damit genug sein, Tausende Inkarnationen von Helden und Heiligen zu schaffen, sie kamen auch noch auf den Gedanken, diese zu vervielfachen, indem sie erklärten, eine Person könne sich gleichzeitig in mehreren anderen reinkarnieren. Die Theorie, die diesem Gedanken zugrunde liegt, ist zu kompliziert, als daß sie sich hier erörtern ließe. Nur soviel sei gesagt: Die Tibeter glauben, die drei wesentlichen Elemente einer Persönlichkeit – der Geist, das Wort und die leibliche Gestalt – könnten sich getrennt wiederverkörpern.

So hört man beispielsweise von dem Tulku des Geistes eines bestimmten Lamas X reden und zugleich von seinen transzendenten Brüdern, den Reinkarnationen des Wortes und des Leibes jenes selben Lamas X. Bei Tulkus niederen Ranges genießen die Reinkarnationen des »Wortes« und des »Leibes« geringeres Ansehen; der reinkarnierte Geist nimmt den Platz des verstorbenen Lamas ein. In den meisten Fällen erscheint nur ein einziger Tulku.

Im Falle des Dalai-Lama und des Panschen-Lama wird auch den Kandidaten, die alle Prüfungen außer der letzten, entscheidenden bestanden haben, eine gewiße Achtung zuteil. Man nimmt offenbar an, daß auch in ihnen, trotz ihrer Zurückstellung, »etwas« von der erhabenen Individualität, die sich in den großen Lamas »verkörpert«, lebendig ist. Wenn auch in letzter Instanz nicht erwählt, können sie doch Ahnen einer neuen Reihe von Inkarnationen werden, auf die immer noch ein Abglanz hohen Ansehens fällt.

Unter Umständen kann die Echtheit des Erwählten in Zweifel gezogen werden, doch ist es sehr unwahrscheinlich, daß man ihn deshalb seines Amtes wieder entsetzt. Das ereignete sich vor nicht zu langer Zeit mit dem Knaben, der gegenwärtig die Stellung des Dalai-Lama einnimmt. Die Partei, die seine Echtheit bestritt, zog den kürzeren; ihr Führer, ein Mönch, wurde seines Mönchshabites entkleidet und im weißen Laiengewand ausgestoßen und verbannt.

Die Verehrung, die der Tulku genießt, hat verschiedene, teilweise recht eigenartige Formen.

Die Gläubigen grüßen ihn selbstverständlich mit einem dreifachen Fußfall, werfen sich aber auch in seiner Abwesenheit, seiner Residenz zugekehrt, nieder und sind dabei überzeugt, der Lama wisse um die Verehrung, die sie ihm bezeigen, und segne sie dafür.

Doch mit Fußfällen und Opfergaben hat es nicht sein Bewenden. Die breite Masse der Tibeter hält nicht nur die Person des Tulku für geheiligt, sondern auch alles, was zu ihm gehört und was er berührt. Seine alten Gewänder werden in kleine Stücke zerschnitten und als glückbringende Amulette verteilt. Will ein Tulku jemandem ein neues Gewand zum Geschenk machen, dann ist es eine besondere Zuvorkommenheit von ihm, wenn er es vorher kurze Zeit trägt oder dies wenigstens sinnbildlich tut.

Während meines Aufenthaltes in Schi-ga-tse wollte mich der verstorbene Panschen-Lama nach einer philosophischen Diskussion, die zwischen einem Professor der Universität Taschilonpo und mir stattgefunden hatte, mit einem Zeichen seiner Wertschätzung bedenken. Er entschloß sich, mir ein golddurchwirktes Mönchsgewand zum Geschenk zu machen, wie es die Gelehrten und die Lamas von hohem Rang tragen. Seine Mutter, deren Gastfreundschaft ich genoß, drang in ihn, das Gewand ein paar Minuten lang zu tragen, ehe er es mir übergab. Sie glaubte, es werde auf diese Weise ein wohltätiges Fluidum in sich aufnehmen, das künftig meine geistige Entwicklung und mein materielles Gedeihen fördern würde.

Als lamaistische Nonne und Naldschorma (Yogini) widerfährt es mir oft, daß man kleine Stückchen von meinem Kleid oder auch ein paar an den Nähten ausgezupfte Stoffäden von mir erbittet, und mitunter ersucht mich jemand, ein Fleckchen Stoff oder ein Blatt Papier an meinem Gesicht zu reiben und es ihm als Talismann zu schenken.

Das niedere Volk geht in seinem Aberglauben noch weiter, wenn es sich um einen Tulku von besonders hohem Rang handelt. Dann bewahren die Leute nicht nur die Reste seiner Mahlzeit als Kostbarkeit auf, sondern erbitten auch seinen Urin als Medikament; im allgemeinen wenden sie ihn nur äußerlich an, doch manche besonders Fromme trinken ihn mitunter auch.

Während unseres Aufenthaltes in Ta-tsien-lu wurde mein Adoptivsohn Yongden häufig von Leuten belästigt, die um seine freundschaftlichen Beziehungen zu dem Lama Trinekye wußten und ihn baten, ihnen etwas Urin von ihm zu beschaffen. Natürlich wies Yongden ihr Verlangen zurück und versuchte sie dahin zu bringen, sich ihres unappetitlichen Aberglaubens zu schämen. Doch was er auch sagte, es fruchtete nichts, die Leute wurden nur zornig und schalten ihn einen Egoisten, der seinen Mitmenschen nicht helfen wolle.

Aberglaube führt oft zu widerlichen Gepflogenheiten. Man sagt, die Jünger Mohammeds hätten das Wasser getrunken, darin der Prophet gebadet habe. Manche Hindus trinken das Wasser, mit denen man die Götterstatuen abspült oder in dem ihr geistlicher Mentor (Guru) sich die Füße gewaschen hat.

In der von einem gelehrten Karmeliter abgefaßten Lebensgeschichte des heiligen Johannes vom Kreuz wird berichtet, der Leichnam des Heiligen sei in mehrere Stücke zerlegt worden, damit mehrere Klöster Reliquien erhalten konnten. Dasselbe geschah mit dem Leichnam der heiligen Theresia von Avila, der berühmten Reformatorin des Karmeliterordens, und zahlreicher anderer männlicher und weiblicher Heiliger. Eines Tages nun sollte ein Bruder des heiligen Johannes vom Kreuz einen seiner Arme in ein bestimmtes Kloster bringen. Unterwegs geriet der Bote in einen furchtbaren Sturm und wähnte sich in Lebensgefahr. In seiner Angst rief er seinen heiligen Bruder an und aß ein Stück der Armreliquie, die er transportierte.

Nun einiges über verschiedene abergläubische Vorstellungen der Laienbevölkerung im äußersten Westen Chinas.

Unter den Bekennern des Lamaismus ist die Göttin Dolma sehr populär. Sie ist eine tibetische Entsprechung der hinduistischen Göttin Tara, einer der zehn Verwandlungen der Schakti, der personifizierten Lebenskraft. Die meisten Frommen kennen ihre ursprüngliche Bedeutung natürlich nicht und verehren Dolma vor allem als Schutzgöttin der Reisenden.

Es gibt eine lange Anrufungsformel der Göttin, die den Reisenden, wenn er reinen Herzens ist und sie gläubig nachspricht, angeblich für Räuber unsichtbar macht.

Die Legende weiß zu berichten, Kaufleute wären auf diese Weise an der Spitze einer langen Karawane mitten durch eine Reihe von Räuberbanden gezogen, ohne von ihnen gesehen zu

In Weidengeflecht verpackt, wird der Tee in hohen Traglasten aus China gebracht.

werden; ja mitunter ereignete sich ein noch größeres Wunder: anstelle der Kaufleute oder der Pilger sahen die Missetäter eine Prozession von Göttinnen vorüberziehen.

Ein anderer, unter den Eingeborenen und den im Lande lebenden Chinesen weitverbreiteter Aberglaube gilt den angeblich von selbst entstandenen Dingen (Rang djung). Statuen von Gottheiten, die nach diesem Aberglauben nicht von Menschenhand verfertigt sind, gibt es in Tibet und in ganz Westchina im Überfluß. Manche sind groß, andere sehr klein, manche aus Stein, andere aus Bergkristall, aus Koralle, aus Malachit, aus Silber, aus Gold. Manche sind sehr fein gearbeitet, andere zeigen kaum die Umrisse einer Gestalt.

Außer den Statuen werden für die Gläubigen noch alle möglichen anderen »von selbst entstandenen« Dinge zur Schau gestellt. Meistens sind es fromme Gedenksteine, »Tschorten« genannt, und Steinplatten mit Inschriften oder Bildnissen.

Es gibt solche, von denen es heißt, sie seien plötzlich an den Orten erschienen, wo sie zu sehen sind, und andere, die von Ausgrabungen stammen. Im letzteren Fall haben angeblich immer irgendwelche Wunder die Ausgrabungen veranlaßt. Der gleiche Aberglaube herrscht in Indien.

Nach der Legende war der geheiligte Lingam*, der Schiwa darstellt und im Tempel von Puschpatinatha in Nepal verehrt wird, ursprünglich in der Erde verborgen. Kühe weideten an der Stelle, und der Kuhhirte wunderte sich, daß sie keine Milch gaben. Er hatte den Verdacht, daß irgendwelche diebische Bauern sie melkten, versteckte sich, um sie zu erwischen, und sah, wie die Kühe selbst ihre Milch an einem bestimmten Platz vergossen. Man grub an der Stelle nach und fand den Lingam. Noch heute sind die Gläubigen der Meinung, er habe sich selbst in der Erde gebildet.

Die gleiche Geschichte kehrt im Zusammenhang mit der Auffindung anderer Gegenstände in Dutzenden von Legenden wieder; unter anderem erzählt man sie auch von der Statue einer Gottheit, die dem tibetischen König Sron-Tsan-Gam-Po

* Lingam ist das indische Wort für Phallus.

(7. Jahrhundert) zum Geschenk gemacht wurde und die in Lhasa aufbewahrt wird.

Steine in der mehr oder weniger deutlichen Form eines menschlichen Körpers, eines Kopfes, eines Tieres, eines »Tschorten« sind von den Eingeborenen der westlichen Provinzen sehr geschätzt und gelten vielfach als Talismane. Einen Stein nachmeißeln, um seine Ähnlichkeit mit einem menschlichen Körper oder einem anderen Ding zu unterstreichen, ist eine häufige Gepflogenheit skrupelloser Schwindler, die ihre Ware dann als »Rang djung« (von selbst entstandenes Ding) an den Mann bringen.

Amüsant ist, daß die Eingeborenen, wenn sie durchreisende ausländische Mineralogen Steine untersuchen sahen, mitunter meinten, auch sie suchten von selbst entstandene Statuetten oder »Tschorten«, und ihnen solche von verschiedenster Art anboten. Andere dachten, die dummen Ausländer interessierten sich für alles, was ausgegraben werde, und rühmten sich, sie könnten ihnen ihr Geld herauslocken, indem sie ihnen irgendwelche »Funde« verkauften. Zu diesem Behuf legten sie an verschiedenen Stellen Verstecke mit allen möglichen Gegenständen an und versuchten, die Fremden dorthin zu führen, die sich natürlich über sie nur lustig machten.

In diesem Zusammenhang fällt mir eine heitere Geschichte von einem Mann aus Drapa namens Kalzang ein, die man mir erzählte. Der Mann hatte irgendwo in Schutt und Erde einen Stein gefunden, den er für eine auf wunderbare Weise entstandene Statuette der Göttin Dolma hielt.

Drapa ist ein Distrikt von Si-kang, dessen Einwohner in dem Ruf stehen, sich gerne als Diebe und Straßenräuber zu betätigen. Kalzang teilte diese Neigung seiner Landsleute für widerrechtlichen Besitzerwerb, war aber ein einfältiger Mensch.

Er zeigte seinen Fund seinen Freunden und behauptete, wenn er ihn bei sich trage und die Göttin Dolma anrufe, könne er sich unsichtbar machen. Man lachte ihn aus.

Das erschütterte seinen Glauben jedoch nicht; er wickelte das Götzenbild in ein Stück alter Seide und trug es unter seinem Gewand. Ein paar Spaßvögel, die das wußten, stellten sich, als sähen sie ihn nicht, wie er an ihnen vorüberging, andere spielten bei seinem Anblick Schrecken und Ehrfurcht und machten mitten auf der Straße einen Fußfall vor ihm. Diese Komödie bestärkte den Einfaltspinsel in seiner Einbildung. Wahrhaftig, der Talisman wirkte, er machte ihn unsichtbar, oder die Leute sahen an seiner Statt die Göttin!

Kalzang war aber nicht der Mann, sich mit einem Wunder, das nichts eintrug, zufriedenzugeben, sein Gaunerinstinkt brachte ihn auf den Gedanken, daß er da ein Mittel besitze, ohne Risiko Reichtümer zu erwerben, und daß er das ausnützen müsse.

Voll löblichen Eifers begab sich der Taugenichts nach Tatsien-lu, sah sich dort die Läden genau an, ihre Ein- und Ausgänge, und beobachtete die Ladeninhaber, um sich mit ihren Gewohnheiten vertraut zu machen. Als er hinlänglich Bescheid wußte, machte er sich an den Laden heran, den er für sein erstes Unternehmen ausersehen hatte.

Es war schon dunkel. Kalzang saß rittlings auf einer Mauer, hielt seinen Talisman an sich gedrückt und murmelte die Lobpreisung seiner Göttin Dolma.

Von seinem hohen Sitz aus sah der Strolch den Ladeninhaber über den Hof gehen, in ein Zimmer eintreten, mit ein paar Stäbchen Weihrauch, die er bereits angezündet hatte, wieder herauskommen und sie in einen Winkel des kleinen Hofes tragen, wo sich offenbar ein Altar befand, den man aber in der Dunkelheit nicht sehen konnte.

Nachdem der biedere Kaufmann so seine tägliche Andachtsübung verrichtet hatte, kehrte er in das Gemach zurück, aus dem er vorher gekommen war, schloß die Tür und legte sich schlafen.

Kalzang blieb auf seiner Mauer allein; die köstlichen Weihrauchdüfte stiegen zu ihm auf, es herrschte tiefe Stille. Wahrhaftig, dachte der Dummkopf wieder, der Talisman wirkt; ohne Zweifel wurde der Chinese der Gegenwart der Göttin auf geheimnisvolle Weise inne und ehrte sie mit einem Weihrauchopfer, und mich, mich hat er nicht entdeckt!

Das Wunder ging weiter: Der Dieb sprang von der Mauer,

erbrach die Tür des Ladens, bemächtigte sich des Geldes in der Kasse und so vieler Waren, als er nur tragen konnte, und kehrte heim, ohne daß jemand ihn gesehen hatte.

Das erfolgreiche Abenteuer bestärkte Kalzang so sehr in seinem Glauben, daß er es gleich wiederholen wollte und der Meinung war, er könne alle Vorsicht beiseite lassen. So ging er denn am hellichten Tag in einen Laden und begann in vollem Vertrauen auf seine Unsichtbarkeit zusammenzuraffen, was ihm gefiel. Der Händler war im ersten Augenblick verblüfft, gewann aber gleich seine Geistesgegenwart wieder und verabreichte dem nur allzu gut sichtbaren Kalzang unter Mitwirkung seines Ladengehilfen eine Tracht Prügel, die sich gewaschen hatte. Darauf übergaben ihn die beiden Chinesen der Polizei, und am nächsten Tag erhielt er über richterlichen Befehl erst noch eine ausgiebige Prügelstrafe.

Ein Freund Kalzangs, dem ich diese Geschichte verdanke, bemerkte dazu mit überlegener Miene: »Dolma schützt nur die, die reinen Herzens sind. Nie würde sie jemandem helfen, eine böse Tat zu begehen. Kalzang ist bestraft worden, weil er sie beleidigt hat.«

Doch an der Zauberkraft der echten, von selbst entstandenen Statuetten der Göttin zweifelte der Khampa nicht.

Einen Glauben an Talismane, die unsichtbar machen, gab es in allen Ländern der Welt. Wir finden sie in den »Märchen aus Tausendundeiner Nacht« erwähnt und bei mittelalterlichen europäischen Autoren. Eine reizende Novelle Boccaccios (1313–1375) mit dem Titel »Der Stein, der unsichtbar macht« erzählt das Abenteuer eines Einfältigen, der sich mit mehreren Freunden auf die Suche nach diesem wunderbaren Stein begibt, und wie die Freunde ihn zum Narren halten. Die Geschichte endet so wie die Kalzangs mit Prügel für den Helden, nur erhält er sie von seiner Frau, für die er höchst sichtbar bleibt.

Bei den Tibetern gibt es ferner den »Diptsching«, das »beschattende Holz«. Auch der Kult bestimmter Bäume und Pflanzen kommt überall vor.

»Glückliches Volk, dessen Götter in Gärten gedeihen!« sagt Juvenal in seiner 15. Satire spottend von den Ägyptern, die Lauch und Zwiebel heilig hielten. Er hätte die Chinesen von Si-kang in ihrer Wahl einer in den Gärten gedeihenden Gottheit feinsinniger gefunden – bei ihnen ist es eine Blume: die Pfingstrose.

Die Pfingstrosen erscheinen nicht wirklich vergöttlicht, die Chinesen glauben vielmehr nur, daß sie dem Glück bringen, in dessen Garten sie wachsen, und schreiben ihnen prophetische Kräfte zu. Solange die Pfingstrosenstauden im Garten kräftig gedeihen, darf der Betreffende erwarten, samt den Seinen gesund zu bleiben und gute Geschäfte zu machen. Wenn hingegen die Knospen welken, ehe sie sich öffnen, wenn die Blätter verdorren, ist das ein schlechtes Vorzeichen und bedeutet materielle Verluste, Krankheit oder Tod.

Pfingstrosen, die in der Nähe des Hauses wachsen, soll man ehrfürchtig behandeln. Der Boden rings um die Stauden muß sorgfältig sauber gehalten werden; wenn man die Blumen einer Gottheit darbringt oder sie einer hochgestellten Persönlichkeit schenkt, muß man Weihrauch neben ihnen anzünden und sie mit Bandschleifen schmücken.

Außerdem soll man die Pfingstrosenstauden als vernunftbegabte Wesen ansehen, soll mit ihnen sprechen, sie mit freundlichen Worten loben und ihnen auf verschiedenerlei Weise zu gefallen suchen.

Bei meiner Ankunft in Ta-tsien-lu gab es viele Pfingstrosen in der französischen katholischen Mission. Auch bei meiner Hütte stand eine Staude. Die Blüten waren rosa und sehr groß. Nach und nach verdorrten alle Stauden und gingen ein.

Die Einheimischen erklärten das damit, daß die Fremden die Pfingstrosen nicht richtig zu behandeln verstünden und ihnen nicht die schuldige Achtung und Aufmerksamkeit erwiesen. Eine neue Nonne, die die Leitung des Klosters übernommen hatte, habe Stauden ausgegraben, um sie zu verkaufen, und den Boden rings um die anderen verunreinigt, indem sie zur Düngung den Inhalt der Latrinen verwenden ließ.

Das Absterben der Pfingstrosen kündigte den Zusammenbruch Frankreichs an; das Eingehen der Staude in meinem Gärtchen den Tod meines Mannes.

In vielen, wenn nicht in allen Ländern rühmen sich die Priester der verschiedenen Religionen, durch bestimmte Zeremonien oder Anrufung der Götter das Wetter beeinflussen zu können.

China und Tibet machen darin keine Ausnahme. Die lamaistischen Mönche und die taoistischen Priester, die diese besondere Kunst verstehen, stecken ansehnliche Honorare dafür ein, daß sie es regnen lassen, wenn Regen nötig ist, und Hagelschlag verhindern.

Obwohl die Chinesen und die vielen Mischlinge des Tales von Ta-tsien-lu immer wieder zu diesen Wettermachern ihre Zuflucht nehmen, haben sie doch außerdem noch ihre besonderen Ideen bezüglich der Mittel und Wege, wie sie Regen bekommen können, wenn Trockenheit das Gedeihen der Ernte bedroht.

Im zweiten Kapitel erwähnte ich, als ich von dem göttlichen Charakter verschiedener Naturobjekte sprach, einen See, der durch Lärm böse wird und sich für die angetane Unbill rächt, indem er einen Regenschauer erzeugt.

Die Leute, die an diese seltsame Empfindlichkeit des Sees glauben, müssen andererseits eine geringe Meinung von seiner Intelligenz haben, denn sie tragen kein Bedenken, ihn zu ihrem Vorteil zu überlisten.

Ich zweifle sehr, daß der chinesische Stadtmagistrat die Leichtgläubigkeit des niederen Volkes teilt, doch ist er offenbar der Ansicht, man müsse ihr willfahren, und wirkt daher an der Befolgung der örtlichen Sitte mit.

Wollen die Bauern Regen haben, dann entsenden die Stadtväter ein Dutzend Leute an das Ufer des Sees. Sie werden entlohnt und mit Proviant versehen. Ihre Aufgabe besteht darin, am Ufer so lange zu schreien und Steine in den See zu werfen, bis er in Zorn gerät und es regnen läßt. Anscheinend bleibt diese Komödie nie ganz ohne Wirkung.

Ich kann nicht garantieren, daß der Erfolg immer eintritt, kann jedoch bezeugen, daß er mitunter die Erwartungen der Landleute übertrifft.

Einer von den Wintern, die ich in der Gegend von Ta-tsien-lu verbrachte, war abnormal trocken; die üblichen Schneefälle und die Frühjahrsregen blieben aus. Männer wurden an den See geschickt, und es regnete.

Dann kam der achte Tag des vierten Monats nach dem chinesisch-tibetischen Mondkalender. Er ist ein hoher Feiertag; die Menge – Chinesen wie Tibeter – strömt zu den Lamaserien, zündet buttergespeiste Lampen an und verbrennt Weihrauch auf den Altären der Tempel. Zu dem Fest gehören auch Picknicks, die Familien ergehen sich im Freien. Regenwetter wäre da natürlich nicht willkommen gewesen, denn jedermann hatte seine schönsten Kleider an. Die an den See entsandten Leute erhielten daher Befehl, sich ruhig zu verhalten und sich in einige Entfernung vom Ufer zurückzuziehen.

Der Tag war sonnig.

Man hielt indes die in den vorhergegangenen Tagen gefallene Regenmenge nicht für ausreichend. Daher ging das Schreien und Steinewerfen in den See am Tag nach dem Fest neuerlich los. Es regnete. Aber der Zwölfte desselben Monats war wieder ein Feiertag. Hatten die Männer, die beauftragt waren, den See zu reizen, die Befehle nicht richtig verstanden, die man ihnen gegeben hatte, oder hatte der See es satt, sich zum Narren halten zu lassen, und war ernstlich böse? Ein heftiges Unwetter ging über dem Tal nieder, wo Hunderte Menschen zusammengeströmt waren, um sich zu vergnügen. Der Sturm riß die Zelte in Stücke, ein Wolkenbruch verdarb die schönen Kleider der Frauen. Die Regengüsse hielten mehrere Wochen an, die kleinsten Bächlein verwandelten sich in tosende Wildbäche, das tiefer gelegene Gelände stand die ganze Zeit unter Wasser. Der ganze Sommer war regnerisch, und fast die gesamte Ernte war verloren.

Die Eingeborenen haben ferner die merkwürdige Vorstellung, man müsse, wenn das Erntewetter gut sein soll, im Frühjahr Pferderennen veranstalten. Die Rennen erfreuen ihrer Meinung nach die Schutzgötter, und diese geben ihre Zufriedenheit kund, indem sie den Bauern das richtige Wetter bescheren, wie es die Felder brauchen.

Die Rennen werden indes nicht jedes Jahr abgehalten, weil

sie hohe Ausgaben verursachen: Preise zur Verteilung an die Sieger, Bankette und so fort.

Richtige Rennplätze gibt es in den westlichen Grenzprovinzen nicht. Die Rennen finden auf irgendeinem halbwegs ebenen Gelände statt.

Die Tibeter sind nicht so gute Reiter wie die Mongolen, doch gibt es immerhin sehr tüchtige unter ihnen. Der ganze Charakter der Rennen ist barbarisch, sie bieten mehr oder weniger nur eine Gelegenheit zur Entfaltung roher männlicher Kraft. Ein Vergleich zwischen diesen wilden Rennen und jenen unserer westlichen Länder ist unmöglich, und wollte man den Vergleich trotzdem anstellen, so würden die letzteren recht gleichförmig und langweilig erscheinen.

Auch Chinesen, hauptsächlich Offiziere, nahmen an den Rennen in Ta-tsien-lu teil; sie brachten eine gewisse Leichtigkeit und einen besonderen Reitstil mit, der auf unterhaltsame Weise mit der wilden Jagd der teilnehmenden Khampa kontrastierte.

Vor mehreren Jahren wurde ein langgestrecktes ebenes Geländestück auf der Talsohle als Flugplatz hergerichtet. Einige wenige Flugzeuge landeten dort, dann fand man, der Platz sei zu eng von den Bergen eingeschlossen, und legte weiter draußen im tibetischen Gebiet der Provinz Si-kang ein anderes Flugfeld an.

Seither finden die mehrere Tage dauernden Rennen auf dem verlassenen Flugplatz statt. Chinesen und Tibeter schlagen entlang der Rennbahn und auf den Hängen ringsum Zelte auf und kampieren dort fröhlich, essen und trinken vor allem ausgiebig, singen und spielen verschiedene Spiele. Die Tibeter sind große Liebhaber solcher Erholungsstunden im Freien. Im Sommer kann man in der Umgebung Lhasas, Schi-gatses und der großen Lamaserien viele weiße, mit blauen und roten Arabesken und Volants geschmückte Zelte sehen. Es sind die Zelte von Lamas, Beamten und reichen Kaufleuten, die dort einen Urlaub verbringen und sich das – in ihrem kalten Land seltene – Vergnügen machen, in den Flüssen zu baden.

Mehrere dicke Bände ließen sich mit der Schilderung der verschiedenen Aberglauben füllen, die im westlichen China im

Schwange sind; ich will hier noch von einem berichten, dessen komische Auswirkungen ich in unmittelbarer Nähe miterlebt habe.

Eine Chinesin aus bürgerlichen Kreisen nahm eine Amme für ihr neugeborenes Söhnchen auf. Amme und Säugling wurden im Hause der Großmutter des Kindes untergebracht. Alles ging gut; zur vorgesehenen Zeit wurde das Kind entwöhnt. Eine andere Mutter, die ihr Kind, das sie eben zur Welt gebracht hatte, nicht selbst stillen konnte, hörte, die Frau, die den Säugling abgesetzt hatte, habe noch Milch, und vertraute ihr das Neugeborene an. Man erlaubte der Amme, das Zimmer bei der Großmutter des ersten Säuglings zu behalten, und dort brachte sie nun den zweiten Säugling hin. Die alte Frau wußte jedoch vorher nicht, wie alt das Kind war, das man zu ihr ins Haus brachte, und erfuhr jetzt, es sei noch keinen Monat alt.

Kommt nun aber ein Kind, das weniger als einen Monat alt ist, in ein Haus und ist mit den Leuten, die dort wohnen, nicht verwandt, dann entweiht es das Haus und bringt lauter Unglück, Krankheit und Tod über die Eigentümer und ihre Verwandten. So will es ein Aberglaube in der dortigen Gegend.

Was konnte man nun tun? ... Das Kind war ins Haus gekommen, daran ließ sich nichts ändern. Die Großmutter schalt die Amme, jagte sie samt dem Säugling, der unschuldigen Ursache der ganzen Aufregung, davon und brachte die Sache vor Gericht.

Der Richter teilte den Aberglauben der Klägerin. Wirklich, das Haus sei besudelt und müsse entsühnt werden, die Schuldige habe dafür zu sorgen – das war die Amme.

Die war nun sehr arm, sie mußte verschiedene Sachen verkaufen, die sie noch besaß, und Schulden machen, um Weihrauch zu kaufen, mit dem die Zimmer ausgeräuchert werden mußten, rotes (glückbringendes) Papier, das man an die Türen klebte, und Knallfrösche zu dem Zweck, die bösen Geister zu erschrecken und aus dem Haus zu vertreiben.

Außerdem mußte sie die alte Besitzerin des Hauses fußfällig um Verzeihung bitten, sich vor dem Standbild des Schutzgottes der Familie unzählige Male niederwerfen und ihn anflehen, sich zu besänftigen und der Hausherrin sowie ihrer Verwandtschaft nichts Böses zu tun.

Um nicht in die Streitsache hineingezogen zu werden, nahm die Mutter des zweiten Säuglings ihr Kind zurück, so daß die unglückliche Amme zu allen Ausgaben, die sie hatte machen müssen, auch noch ihren Verdienst verlor.

Es war nicht schwer, sich ihre Gefühle vorzustellen, doch ich war dieser Mühe außerdem überhoben, denn die Frau vertraute sie meiner Magd an, die sie mir weiterberichtete.

Während die Ex-Amme ihre zahllosen Fußfälle vor dem Altar des Schutzgottes vollführte, hatte sie, anstatt seine Gunst für die Großmuttter und ihre Familie zu erflehen, leise Verwünschungen vor sich hin gemurmelt:

»Möge die unbarmherzige reiche Herrin des Hauses ihr ganzes Vermögen verlieren! Mögen die Pocken die Gesichter ihrer Enkelinnen entstellen, so daß sie keine Männer kriegen! Möge der Tod sich in diesem Hause einnisten, und mögen all, die es bewohnen, ein recht kurzes Leben haben!« und so weiter.

Findet man einerseits im Westen Chinas so manchen Aberglauben, der in seiner Art nur ganz einfach albern ist und zum Lachen reizt, so gibt es andererseits auch eine ganze Menge recht düsterer geistiger Verirrungen und bösartiger Zauberbräuche.

Die in Tibet weitverbreitete Vorstellung, man könne einem Menschen einen Teil seines Lebenssubstrates entziehen, ist auch den Eingeborenen an der Grenze geläufig.

Dieser Glaube beruht auf folgender Theorie: Dem Menschen wohnen mehrere, teilweise voneinander unabhängige geistige oder halbgeistige Prinzipien inne. Eines dieser Prinzipien kann man aus dem Gesamtverband herauslösen, ohne dessen vollständige Auflösung herbeizuführen, das heißt, ohne den Tod des Individuums zu verursachen.

Infolgedessen kann ein Mensch, wenn er auch eines dieser Elemente beraubt ist, mit verminderter Lebensintensität kürzere oder längere Zeit, ja sogar mehrere Jahre weiterleben. Die Lostrennung des Elementes kann sich auf Grund innerer Ursachen vollziehen, oft jedoch wird es aus dem Gesamtverband durch einen Dämon oder durch einen Zauberer herausgerissen. Sie machen dann dieses Teilwesen zu ihrem Sklaven, lassen es für sich »arbeiten« und fressen es mitunter auch auf.

Ein anderer Aberglaube betrifft die berüchtigte Prozedur des »Ro lang«, das ist des wiedererweckten Leichnams. Der Zweck der Prozedur ist, sich zu bereichern oder sich magische Kräfte anzueignen. Hier die Beschreibung des Vorgangs, wie er geschildert wird:

Der Hexenmeister muß sich des Beistandes eines kräftigen, unerschrockenen Gehilfen versichern. Das ist nötig, weil der Ausführende dabei sein Leben aufs Spiel setzt und weil sein Gehilfe, wenn er selber den Mut verlieren sollte, imstande sein muß, das Hersagen der schützenden magischen Formeln fortzusetzen. Manche, die besonders mutig sind, operieren jedoch allein.

Der Meister muß sich auf den ausgestreckten Leichnam legen, die Hände auf die Hände, die Füße auf die Füße des Toten legen und den Mund auf seinen Mund. Während er so liegt, spricht sein Helfer magische Formeln, oder wenn er allein ist, tut er es selbst.

Mitunter ist es nicht der Hexenmeister, der sich auf den Leichnam legt, sondern ein Figurant, den er dazu gewinnt, die gefährliche Rolle zu übernehmen, indem er ihm eine ansehnliche Belohnung verspricht.

Nach einiger Zeit macht sich die Wirkung der magischen Formeln fühlbar. Der Leichnam beginnt sich zu bewegen. Der furchtbare Augenblick ist gekommen. Der Leichnam richtet sich empor, springt und tanzt umher wie ein Tobsüchtiger; der auf ihm Liegende hat sich mit ihm erhoben, hält ihn fest umklammert und tanzt mit ihm. Mitten in dem entsetzlichen Tanz tritt die Zunge der Leiche aus dem Mund – rasch muß der Meister sie mit seinen eigenen Zähnen fassen und ausreißen. Gelingt es ihm, dann stürzt der Leichnam wieder leblos zu Boden; gelingt es ihm jedoch nicht und lockert er die Umarmung, dann entwischt der lebendig gewordene Leichnam, rennt davon und tötet in seinem Lauf blindlings jeden Menschen und jedes Tier, das ihm in den Weg kommt.

Die herausgerissene Zunge wird zu einer Zauberwaffe, und der Leichnam verwandelt sich in einen Goldklumpen.

Von Ehrgeiz und Begehrlichkeit angestachelt, unternehmen

manche wirklich die gräßliche Prozedur, und ihre Einbildungskraft ist so lebhaft, das Grauen, das sie dabei überkommt, so heftig, daß mitunter der eine oder andere selbst neben der Leiche tot niederfällt.

Man muß von diesem Aberglauben wissen, um eine Frage zu verstehen, die mir während des Krieges gestellt wurde:

»Was macht man in Europa mit den toten Soldaten?«

»Soweit es möglich ist, begräbt man sie und bezeichnet auf irgendeine Weise das Grab.«

Die Antwort befriedigte den Fragenden offenbar nicht.

»Gibt es in Europa keine Leute, die imstande wären, sie wiederauferstehen zu lassen, damit sie von neuem mitkämpfen? Sie könnten nicht mehr getötet werden, weil sie ja schon tot sind, und würden eure Armeen sehr vergrößern.«

Es handelte sich nicht darum, die toten Soldaten wieder zu wirklichem Leben zu erwecken, sondern nur zu einem mechanischen Leben von Robotern, und sie so noch einmal an die Front zu schicken.

Nur wenn Leute dauernd Geschichten hören wie die vom »Ro lang« oder von »geistigen Elementen«, die ein Zauberer anderen Menschen entwendet und sich zur Arbeit dienstbar macht, können sie sich etwas so Phantastisches, Ungeheuerliches vorstellen wie Regimenter von wieder auferstandenen Toten.

Viele Chinesen glauben an »Tote«, die unter der Anleitung eines Zauberers oder unter der Einwirkung anderer Ursachen bestimmte Tätigkeiten verrichten.

Schaurige Geschichten sind über eine Art Wuduismus in Umlauf, der angeblich in Jün-nan existiert.

Bekanntlich wollen viele Chinesen in ihrer Heimat begraben sein, wo die Familie oft einen eigenen Friedhof hat. Sterben sie nun weit weg in der Fremde, dann müßte ihr Leichnam in die Heimat gebracht werden, doch ein solcher Transport ist immer sehr teuer. Mancher, der fern von seiner Familie lebt, schließt daher ein Abkommen mit einem Leichenbestattungsunternehmer und bezahlt ihm einen bestimmten Betrag, wogegen dieser sich verpflichtet, seinen Leichnam an den Ort zu schaffen, wo er begraben liegen soll.

Vielfach sagt man jedoch den Leichenbestattungsunternehmern nach, sie seien unehrlich und trachteten, sich die Kosten für den Transport eines Sarges zu ersparen, um das empfangene Geld zu behalten. Zu diesem Zweck wenden sie sich an einen Zauberer, der es versteht, einem eben erst verstorbenen Menschen einen gewissen Anschein von Leben einzuhauchen. Der wiederbelebte Leichnam hat sogar einen Schimmer von Bewußtsein, auf Grund dessen er annähernd die Rolle eines Lebenden spielen kann, und begibt sich allein oder von einem Gehilfen des Zauberers geleitet an den Ort, wo er bestattet werden soll. Dort fällt er leblos nieder.

Eine Menge Leute glauben an dieses Märchen, und mitunter kann man einen Landmann, wenn er auf der Straße einem Wanderer mit unsicherem Schritt und in die Stirne gedrücktem Hut begegnet, sagen hören: »Das ist ein Toter!«

Reisende berichten, daß auf den Antillen gewisse Zauberer ähnlich verfahren, um den Bauern Helfer für die Feldarbeit zu verschaffen. Diese Halb-Lebendigen, »Zombies« genannt, handeln wie Automaten, haben jedoch genügend Bewußtsein, um zu wissen, daß sie tot sind, leiden unter der Tätigkeit, zu der man sie zwingt, und wünschen sehnlichst, wirklich tot zu sein und ihren Frieden zu haben.

Viele von ihnen hat man gleich nach ihrer Beerdigung wieder ausgegraben, und wenn ein solcher zufällig an seinem Grab vorbeikommt, stürzt er sich hinein und bleibt dann endgültig tot.

Wenn derartige Geschichten auch auf den Antillen, so weit entfernt von Jün-nan, in Umlauf sind, dann kann man dies als einen neuen Beweis dafür ansehen, daß die menschliche Phantasie, was Aberglauben und Märchen betrifft, sich in einem sehr engen Kreis bewegt.

Werfen wir nun, nachdem wir einige Beispiele von Aberglauben bei den »Heiden« der westlichsten chinesischen Provinzen Revue passieren ließen, einen Blick auf die abergläubische Einstellung der »bekehrten« Eingeborenen, Katholiken wie Protestanten, gegenüber den Missionaren.

Um etwas darüber zu erfahren, muß man natürlich das Vertrauen der Pseudo-Bekehrten gewinnen, was voraussetzt, daß man Asiate und vor allem kein Christ ist.

Ich bin verschiedenen chinesischen Gelehrten, einigen meiner tibetischen Freunde und dem Lama Yongden zu großem Dank für zahlreiche nähere Auskünfte auf diesem Gebiet verpflichtet. Andererseits hatte ich vielfach Gelegenheit, auch selbst allerhand seltsame Fakten aufzuzeichnen.

Die meisten Bekehrten gehören den unbemittelten Klassen der Bevölkerung an. Die Hoffnung, irgendwelche materielle Vorteile zu erlangen, hat sie veranlaßt, sich der Gemeinde dieser oder jener Mission anzuschließen. Ihre »Bekehrung« hat in ihnen den Glauben ihrer Vorfahren nicht restlos ausgetilgt. Die alten Vorstellungen überwuchern den neuen Glauben, falls in den Köpfen dieser einfältigen Menschen überhaupt auf Grund der Belehrungen durch die Missionare so etwas wie ein neuer Glaube entstanden ist. Das ist jedoch keineswegs immer der Fall.

Der »Bekehrte« lebt infolgedessen in einem ähnlich verwirrten Geisteszustand wie jene Helden verschiedener mittelalterlicher Legenden, die ihre Seele für Reichtümer, Macht oder andere Dinge dem Teufel verschrieben haben. Der abtrünnige Lamaist oder Taoist hat bekommen, was er in seinem armseligen Glückshunger begehrte: ein Stückchen Land, eine Anstellung, ein bißchen Geld – doch die Angst vor dem Zahltag lastet auf ihm. Er hat sich den »fremden Dämonen« als Sklave verdingt; wie werden diese mit ihm verfahren? Außerdem fürchtet er die Rache der Gottheiten und Dämonen seiner früheren Religion, die er durch seine Abtrünnigkeit erzürnt hat.

Noch eine andere, dem Fremden schwer verständliche Regung mischt sich in die Angst, die ihn quält. Er fürchtet nicht nur das Böse, das die Götter und Dämonen ihm vielleicht vorsätzlich antun *wollen*, sondern auch sonstige Übel, die *automatischen* Folgen der Besudelung, die er sich selber zugefügt hat. Kein Angehöriger der unteren sozialen Schichten zweifelt daran, daß die Fremden und vor allem die Missionare unrein sind, ähnlich wie bestimmte Kasten in Indien für unrein gelten, eine Auffassung, die nichts mit der guten oder schlechten moralischen Haltung der betreffenden Personen zu tun hat. Sie halten diese Unreinheit gewissermaßen für ansteckend, in erster Linie für diejenigen, die regelmäßig die Missionare besuchen, und ganz besonders für diejenigen, die den religiösen Zeremonien beiwohnen oder sich an ihnen beteiligen.

Manche Bauern in den Gegenden des Himalaja ebenso wie die Hindus weigern sich oft, ihre Mahlzeiten in Gesellschaft derjenigen unter ihren Landsleuten einzunehmen, die mit Christen gemeinsam gegessen haben. So streng sind, glaube ich, die Bewohner des westlichen China nicht, doch ist die Vorstellung der Verunreinigung unter ihnen gleichwohl sehr lebendig.

Aus diesem Grunde begegnet man in Lamaserien oder in chinesischen Tempeln häufig bekehrten Eingeborenen, die sich um den Segen des Lamas oder um ein paar Tropfen des von ihm geweihten Wassers bemühen, oder solche, die vor den Götteraltären Weihrauch verbrennen und Kerzen anzünden. Sie sind auf diese Weise bestrebt, die Unreinheit loszuwerden, die ihnen nach ihrer Meinung infolge ihrer Bekehrung anhaftet, und ihren unseligen Folgen zu entgehen. Vor allem aber wünschen sie, ihre Kinder mögen der »Reinigung« teilhaft werden, nachdem sie getauft wurden.

Häufig sieht man, daß die Kinder der »Bekehrten« schützende Amulette unter den Kleidchen oder ganz offen auf dem Häubchen aufgenäht tragen; besonders heiter ist es jedoch, die Erwachsenen zum Beweis, wie schlau sie auf ihrer Hut sind, erzählen zu hören, daß sie während der Predigt, der Messe oder des Kirchengesangs – je nachdem, ob sie einem katholischen oder einem protestantischen Gottesdienst beiwohnen – im stillen irgendeine geheiligte Formel vor sich hin sagen: »Om mani padme hum!«, wenn sie Tibeter, »Namo omito fu!«, wenn sie Chinesen sind, oder ähnliches. Sie sind richtig stolz, diesen schützenden Trick gegen die bösartige Macht der unsichtbaren Teufel gefunden zu haben, die in den Kapellen der Fremden spuken.

Sollten die Missionare von dieser List Kenntnis erhalten und aus diesem Grunde beim katholischen Gottesdienst die Anordnung getroffen haben, daß ihre Pfarrkinder während seiner ganzen Dauer die Gebete laut mitsprechen und die Litaneien aus voller Kehle mitsingen müssen? Das wäre kein schlechter Spaß, hätte aber sicher nicht den gewünschten Erfolg, denn die verschmitzten Eingeborenen würden andere Mittel und Wege finden, um sich zu »sichern«. Es gibt zu solchen Behuf geheimnisvolle Fingerhaltungen, ähnlich den Gesten, die die Neapolitaner mit Zeigefinger und kleinem Finger machen, wenn sie sich gegen den bösen Blick schützen wollen. Es ist sehr zu bezweifeln, daß die ehrwürdigen Fremden in diesem Wettstreit erfinderischer Schläue je den Sieg über ihre »bekehrten« Schäflein davontragen könnten.

Selbstverständlich rufen die angeblich christlichen Eingeborenen jeder Konfession, wenn sie krank werden, einen taoistischen Dämonenbeschwörer oder einen aus der Sekte der Bön und bestellen, wenn einer ihrer nächsten Angehörigen stirbt, Lamas, Bonzen oder Taosses, damit sie die dem Verstorbenen nützlichen Riten vollziehen. Ich habe die Glöckchen, die Trommeln, die Zimbeln, die üblicherweise ihre Zeremonien begleiten, sogar innerhalb der Mauern mancher Missionen erklingen hören, und wenn dem »Bekehrten« persönlich daran liegt, es sich mit den Missionaren nicht zu verderben, werden die »heidnischen« Riten in einem anderen Hause vollzogen, aber sicher nicht unterlassen.

Einer meiner Diener, der einer katholischen Mission angehört und dort als Chorknabe bei der Messe ministriert hatte, erzählte mir, wie ihn die kindliche Liebe bewogen habe, sich vom Katholizismus abzuwenden. Sein Vater war gestorben, und der Missionar hatte ihm verboten, die traditionellen chinesischen Zeremonien vorzunehmen: die Opferung von Nahrungsmitteln, die Verbrennung von Papierstreifen, die in diesem Falle Geldmünzen, Gold- und Silberbarren und so weiter vorstellen. Die Liebe des jungen Menschen zu seinem Vater hatte sich bei dem Gedanken empört, ihn der Wohltaten und Vorteile zu berauben, die ihm durch jene Opfer in der anderen Welt zuteil werden würden. »Keine von dem fremden Priester gelesene Messe könnte es an Wirkungskraft mit den chinesischen Bräuchen aufnehmen«, erklärte er, und um seine Behauptung zu bekräftigen, fügte er hinzu: »Die chinesischen Götter kennen die Chinesen und wissen, wie sie sie aufnehmen sollen und was für sie gut ist; die Götter des Schin-fu (des Missionspriesters) kannten meinen Vater nicht, noch auch er sie, und er wollte nach seinem Tode nicht unter Fremden sein.« Daher hatte der Junge die heimatlichen Bräuche vollzogen und war zum Glauben seiner Vorfahren zurückgekehrt.

Man ist versucht, über diese einfältigen Menschen zu lachen, die zwischen den verschiedenen Glauben hin und her schwanken, doch sie sind vielmehr zu bedauern.

Die Nüchternheit des protestantischen Gottesdienstes gibt der Einbildungskraft des niederen Volkes nicht viel Gelegenheit, sich zu betätigen, während hinwiederum manche Vorstellungen, die die katholischen Zeremonien in den Teilnehmern erwecken, in hohem Grade phantastisch sind.

Ein ausländischer Priester sagte mir einmal, die »Heiden« gingen mitunter nur deshalb zur Kommunion, weil sie glaubten, der Priester lege ein Geldstück in den Mund des knienden Kommunikanten.

Das schien mir kaum glaublich, und ich dachte, man habe dem biederen Missionar einen Bären aufgebunden.

Indessen erfuhr ich es kurze Zeit darauf durch eine direkte Mitteilung selbst: die Sache stimmte.

Ein Mann war zur Kommunion niedergekniet und hatte nachher einem seiner Freunde gegenüber seiner Enttäuschung Ausdruck gegeben: anstatt eines Geldstückes habe er – das waren seine Worte – einen »ganz dünnen Zwieback« im Munde gefühlt.

Diese Erfahrung hatte jedoch seinen Glauben an das Märchen von dem Geldstück nicht erschüttert.

»Vielleicht ist etwas in mir selber daran schuld, daß mir das passierte«, sagte er. »Vielleicht verwandelt sich der Zwieback manchmal erst in ein Geldstück oder vielleicht umgekehrt das Geldstück in einen Zwieback. Diese ausländischen Priester sind geschickte Zauberer. Macht nichts, ich werde es noch einmal probieren!«

Der Freund, dem er sich anvertraut hatte und der mir die Sache wiedererzählte, spottete über die Einfalt des falschen Kommunikanten. »Der Zwieback wird nicht zu Geld und das Geld

Säuberung eines Gräberfeldes in Ta-tsien-lu: Die menschlichen Gebeine werden von Frauen in Körben wegtransportiert.

nicht zu Zwieback«, erklärte er. »Der Priester steckt seinen Lieblingen Geld in den Mund und den anderen einen kleinen Zwieback. Mein Kamerad sagt, er werde es wieder probieren, und das tun die anderen auch, die so wie er genasführt wurden, aber trotzdem wieder in die Kirche laufen und dort den Mund weit aufsperren. Alle hoffen sie, daß sie eines Tages ein Geldstück bekommen, und so ist die Kirche immer voll. Und weil so viele Leute hingehen, sieht es aus, als wäre der ausländische Priester ein bedeutender Mann, und die Spitzen unserer Behörden laden ihn zum Essen ein. Aber das und nichts anderes ist es ja gerade, was er will.« Dies alles brachte er mit scharfsinnig-überlegener Miene vor, sichtlich überzeugt, er wisse es besser als die mindere Plebs, und das war das Amüsanteste daran.

Dieser Liste verschiedener Torheiten möchte ich die Geschichte eines Mannes anfügen, in dessen Kopf auch allerhand ungereimte Vorstellungen spukten, der jedoch ein Beispiel rührender Dankbarkeit bot.

Der Gute war ehedem von einem Missionar »bekehrt« worden und war sein Diener gewesen. Der Missionar war schon lange tot, doch sein ehemaliger Diener, der mittlerweile ein alter Mann geworden war, bewahrte ihm ein kindlich-frommes Andenken. Er wurde nie müde, die Güte des Paters zu rühmen, wie er ihn in der Jugend unterrichtet und ihm später bei verschiedensten Gelegenheiten geholfen habe. Gerade in seinem bleibenden Gefühl der Dankbarkeit beunruhigte sich der ehemalige Diener wegen des Schicksals seines Herrn in jener anderen Welt.

»Er war der beste, der wohltätigste Mensch«, pflegte er zu sagen, »aber er war ein Christ und infolgedessen mit bösen, unreinen Geistern in Verbindung. Er betete sie an. Einen hielt er in einem kleinen Schrank* eingesperrt, wie die Lamas das auch tun. Aber die Lamas verstehen etwas von Magie und können die Dämonen bändigen. Diejenigen, die sie in ihren Schränken eingeschlossen halten, sind ihre Sklaven und gehorchen ihren Befehlen. Die Lamas ernähren sie, wie man einen Diener ernährt, aber sie verehren sie nicht. Der liebe, arme, unwissende Fremde aber

* So nannte der Mann das Tabernakel auf den Altären der katholischen Kirchen.

machte immer seinen Kniefall vor dem Dämon in dem kleinen Schrank. Die Folgen davon müssen für seinen Geist nach seinem Tode schrecklich gewesen sein. Wenn ihm nichts Schlimmeres widerfahren ist, ist er sicher als ›Yidag‹ wiedergeboren worden.«

Die »Yidag«, von denen der Alte sprach, sind unglückliche Wesen, die zur Strafe für böse Taten dauernd Hunger und Durst leiden müssen. Sobald sie Speisen oder Wasser zum Munde führen, verwandeln sich diese in Flammen. Sie können nur Nahrung und Wasser genießen, die ihnen nach lamaistischen Riten dargeboten werden.

Die vielen Jahre, die der »Bekehrte« mit dem Missionar zusammenlebte, hatten den Glauben an dieses Märchen bei ihm nicht entwurzeln können. Daher rührte der wackere Mann, obwohl er dem Namen nach Christ geblieben war, jeden Morgen die kleinen Messingschlagbecken, mit denen man die »Yidag« ruft, sprach über einer Schale mit Wasser und mehreren Schüsselchen mit Speisen die vorgeschriebenen Segenswünsche und fütterte so den hungrigen Geist seines ehemaligen Herrn, des fremden ehrwürdigen Paters.

Auch die ausländischen Geistlichen und insbesondere die Nonnen erliegen teilweise dem Einfluß der abergläubischen Vorstellungen und Kulte der Eingeborenen. Die meisten glauben an die Existenz höllischer Heerscharen und Dämonen, die in Asien ihr Wesen treiben. Viele erzählen Geschichten von »Besessenen« oder von Einmischungen der Höllengeister in verschiedenste Angelegenheiten. Die Schwester Jorah von den Barmherzigen Schwestern des heiligen Vinzenz von Paul, die sich während des Boxeraufstandes durch ihre Tapferkeit ausgezeichnet hatte, behauptete, China sei das Lieblingsland des Teufels. Sie erzählte, ein ihr bekannter Missionar habe dies Satan selbst durch den Mund einer Besessenen sagen hören. Ich selbst hörte mehrere Nonnen versichern, alle chinesischen Götter seien Teufel. Sie zweifelten nicht im geringsten an deren Existenz.

Zur Illustration dieser Tatsache könnte ich zahlreiche Beispiele anführen, will mich jedoch auf ein einziges beschränken, das mir in seiner Art sehr charakteristisch erscheint und das ich außerdem persönlich erlebte.

Während des Chinesisch-Japanischen Krieges zwangen mich die Ereignisse, China zum vierten Male vom Norden bis zum Süden zu durchqueren, und ich kam schließlich nach Tscheng-tu, der Hauptstadt der Provinz Se-tschwan. Ich nahm in demselben Hause Aufenthalt, in dem ich vor fünfzehn Jahren gewohnt hatte, als ich auf dem Wege nach Lhasa war. Diesmal wurde ich dort von Doktor Béchamp aufgenommen, von dem ich im vierten Kapitel berichtete. Mein Gastgeber wohnte inmitten eines riesigen Parkes mit hohen Bäumen, Rasenflächen, großen Blumenbeeten, einem Tennisplatz und einem Teich.

Am Ufer des Teiches hatte Doktor Béchamp einen kleinen Pavillon errichten lassen, in dem die Badenden sich umkleiden konnten. Der Pavillon war in chinesischem Stil erbaut. Er war ringsum mit Drachen verziert, die Porzellanmauern zeigten in dichtgedrängten Gruppen Darstellungen von anmutigen Feen und zierlichen Genien auf phantastischen Reittieren. An der Vorderseite des kleinen Bauwerks stand eine groteske Götzenfigur mit schwarzem Gesicht in einer Nische.

Eines Tages photographierte ich dieses Phantasietempelchen, und mein Gastgeber ließ zur Erhöhung der malerischen Wirkung einen seiner Diener in der Haltung eines Betenden davor niederknien.

Ich verließ Se-tschwan und begab mich wieder nach Ost-Tibet, wo ich mehrere Jahre blieb. Bei meiner Rückkehr nach Tscheng-tu fand ich Doktor Béchamp dort nicht mehr, er war inzwischen gestorben; sein Wohnsitz war verlassen; der fratzenhafte Götze in der Nische des Pavillons am Ufer des Teiches war verschwunden.

Die Götzenfigur hatte den Kaplan und die Nonnen eines in der Nähe befindlichen Klosters höchlichst irritiert. Für den Diplomaten nur ein unterhaltsames Phantasiegebilde, war sie von jenen in den Rang einer chinesischen Gottheit und somit eines teuflischen Dämons erhoben worden.

Diese armen Menschen glaubten wirklich an die Existenz eines bösen Geistes, den die groteske Figur mit dem schwarzen Gesicht angeblich vorstellte, und fürchteten sich vor ihm.

Sie holten die Figur daher aus ihrer Nische und schlugen sie in

Stücke oder vergruben sie, nach einer anderen Version, im Garten des Klosters. Der Augenzeuge, der sah, wie sie fortgeschafft wurde, folgte jedoch den Leuten, die damit beschäftigt waren, nicht und konnte mir über ihr endgültiges Schicksal keine Auskunft geben.

Danach zerschlugen die törichten Bilderstürmer die Ornamente am Pavillon, die reizenden Feen und die spitzbübischen Genien, die durch die Wolken ritten. Einzig ein Drache aus gelbem Porzellan war übriggeblieben: Das Maul weit aufgerissen, blickte er mit großen, grünen, aus den Höhlen tretenden Augen starr auf das Bild sinnloser Zerstörung.

Das Komische war aber, daß man in der leer gewordenen Nische anstelle des »chinesischen Teufels« eine Statue der Jeanne d'Arc aufgestellt hatte. Die sah ich bei meiner Rückkehr. Gerade gegen sie gewendet, schien der Drache sie mit offenem Maul zu bedrohen, und so erinnerte die unglückliche Jungfrau von Orléans an die einem Seeungeheuer zum Opfer bestimmte Andromeda.

Damit ist die Geschichte jedoch noch nicht zu Ende. Der Porzellangötze, der am Ufer des Teiches ein obskures Dasein geführt hatte, wurde nach dem Strafgericht, das über ihn hereingebrochen war, erst berühmt. Die Beachtung, die ihm die Vertreter einer fremden Religion hatten zuteil werden lassen, erweckte das Interesse der unteren Schichten der Bevölkerung in der Umgebung. Es sprach sich herum, daß ein einheimischer Gott in der französischen Niederlassung geschändet worden sei, und da die Götter in der Regel rachsüchtig sind, sah man schwarz für die Zukunft.

Jene Okkultisten und Jünger der Parapsychologie, die daran glauben, daß die Konzentration der Gedanken vieler Personen auf den gleichen Gegenstand bestimmte wirksame Energien erzeugen und das ständige Denken an unheilvolle Ereignisse diese wirklich herbeiführen könne, werden in dem Folgenden eine Bestätigung ihrer Theorien sehen.

Mehrere Nonnen wurden krank, zwei starben. Auch drei Kinder starben in der französischen Niederlassung. Das war mehr als genug, die bösen Zungen der Chinesen in Bewegung zu setzen: Der Gott räche sich!

Dann begannen Gerüchte über allerhand Erscheinungen umzugehen. Der Gott sei gesehen worden, wie er über seiner ehemaligen Behausung schwebte. Armer entmaterialisierter Gott! Sein nackter Geist fühlte sich vielleicht unbehaglich und suchte seinen porzellanenen Körper, dessen ihn die Bösewichter beraubt hatten.

Später zog ein anderer Franzose in das Haus ein, das seit dem Tode Doktor Béchamps leerstand. Er war ein Mann in den besten Jahren und Junggeselle und hatte also keinen Grund, ein zurückgezogenes Einsiedlerleben zu führen. Eines Tages waren bei ihm mehrere Freundinnen zu Besuch, die Damen ergingen sich vergnügt im Park, und einige setzten sich auf die Balustrade, die rings um den entweihten »Tempel« lief. Sie konnten es an Schönheit vielleicht nicht mit den Stars von Hollywood aufnehmen, aber trotzdem boten sie in ihren chinesischen Kleidern aus schillernder Seide, die nicht nur die Arme, sondern auch die Beine bis hoch hinauf frei ließen, ein reizendes Bild. Ich weiß nicht, was die heilige Johanna von dem munteren Völkchen dachte, die Damen wandten ihr den Rücken; doch mein Blick fiel auf den Drachen zu ihren Häupten.

Sein Maul schien in sardonischem Grinsen noch weiter aufgerissen als sonst, und ein besorgniserregender Glanz funkelte in seien hervorquellenden Augen. Die Sünde strich um den harmlosen Pavillon, den purer Aberglaube zu einem »heidnischen Tempel« gemacht hatte, und der arglistige Geist des zertrümmerten Götzen lachte vielleicht im stillen über die Torheit dieser seltsamen Tiere, die sich Menschen nannten.

VIII

BEI DEN MOHAMMEDANERN DES WESTENS

Mischehen. Des Kaisers Traum. Glaubensstärke. Der kaiserliche Mönch. Tscheng-Ho, der Seefahrer, und seine Abenteuer in Ceylon. Mystik der Sufis. Der Flug der Vögel zu Gott. Mohammedanisches Schul- und Sektenwesen. Politisches.

Ein Bericht über die westlichen Gebiete Chinas wäre unvollständig, wenn man es versäumte, der mohammedanischen Bevölkerung darin einen Platz einzuräumen.

In China gibt es keine »muselmanische Frage« wie in Indien, aber die Mohammedaner sind im Nordwesten bei weitem kein zu vernachlässigender Faktor, und man kann heute noch nicht voraussehen, welche Wirkung die Gründung Pakistans, des auf die Forderung der Mohammedaner Indiens hin entstandenen muselmanischen Staates, auf sie ausüben wird.

Manche schätzen die Zahl der in China lebenden Mohammedaner auf 50 000 000; andere beziffern sie mit 70 000 000, also erheblich höher. Man Ying-Keng sagt in einem einschlägigen Aufsatz, die Mohammedaner stellten ein Prozent der Gesamtbevölkerung Chinas dar. Das wäre ein sehr niederer Prozentsatz, wenn die Mohammedaner ungefähr gleichmäßig über das ganze Land verteilt wären; doch das ist nicht der Fall. Obwohl man fast überall in China vereinzelten Mohammedanern begegnet, leben die meisten geschlossen in bestimmten Gebieten, die entsprechende mohammedanische Enklaven im Lande bilden.

Die bedeutendste ist die Groß-Provinz Sin-kiang*, das chinesische Turkestan, seinerzeit die Dsungarei genannt. Sie erstreckt sich vom äußersten Westen Kan-sus bis zum russischen Turke-

* Nicht zu verwechseln mit Si-kang.

stan und grenzt nordöstlich an die Mongolei, nordwestlich an Sibirien.

Auch in Jün-nan lebt eine große, geschlossene Gruppe von Mohammedanern.

Was Sching-hai betrifft, so war bereits davon die Rede, daß ein ursprünglich zu Kan-su gehöriger Distrikt aus verwaltungstechnischen Gründen dem dünn bevölkerten Gebiet um den Kukunor angegliedert wurde. Dadurch kamen 120 000 Mohammedaner zu der eingeborenen Bevölkerung des einsamen, grasbestandenen Hochlands.

Diese verwaltungstechnische Umgruppierung hat ihre Situation kaum verändert. Kein Mohammedaner lebt im eigentlichen Sching-hai, sie sind in den Städten und Dörfern geblieben, die sie vorher bewohnten; der einzige Unterschied ist, daß sie jetzt nicht mehr wie früher der Rechtsprechung des Gouverneurs von Kan-su unterstehen, der Chinese ist, sondern der des Gouverneurs von Sching-hai, eines mohammedanischen Generals, der ein mohammedanisches Korps befehligt. Dieser Umstand ist dazu angetan, sie nur noch stärker zu einigen und ihren Einfluß zu steigern.

Viele Beispiele, unter anderen das Indiens, zeigen, daß die Verschiedenheit der Religion innerhalb der Bevölkerung eines Landes schwerwiegende Folgen haben kann, selbst in Ländern, in denen die Bekenner der verschiedenen Religionen derselben Rasse angehören; das ist jedoch im chinesischen Westen, wo viele Mohammedaner der Rasse nach Chinesen sind, durchaus nicht der Fall.

Manche sind arabischer Abstammung; ihre Vorfahren kamen unter der Dynastie Thang (618–905) nach Sching-hai. Andere, die sogenannten Salar, sind türkischer Abkunft; ihre Ahnen wanderten bedeutend später, unter der Dynastie Ming (1368–1644), aus. Außer diesen beiden Gruppen ließen sich mongolische Mohammedaner, Kazaken und andere zu verschiedenen Zeiten im Westen Chinas nieder.

Im allgemeinen macht der Chinese keinen Unterschied zwischen ihnen, er nennt jeden Bekenner des Islams Hoëi-Hoëi. Anders die Gelehrten. So heißt es zum Beispiel bei einem:

»Mehrere chinesische Autoren verwechseln die mohammedanischen Hoëi-Kiao mit den Stämmen der Hoëi und meinen, letztere gehörten nicht der chinesischen Rasse (Han-tsü) an. Das ist ein Irrtum, den die Mandschu-Kaiser in ihrem persönlichen Interesse förderten.«

Sie hatten ein Interesse daran, die Vereinigung der Chinesen verschiedenen Glaubens zu verhindern, da eine solche Vereinigung ihre Herrschaft hätte bedrohen können.

Unser Autor fährt fort:

»Als im 7. Jahrhundert in Arabien der Islam aufkam, existierte der Stamm der Hoëi schon längst, er lebte schon einige Jahrhunderte vor Christi Geburt in China. Nach den Annalen aus der Zeit der Thang-Dynastie gehörten die Hoëi zum Stamm der Wiguren, die wieder von den Hiung-nu abstammten. Die Hoëi waren der erste der in China ansässigen Stämme, der sich zum Islam bekehrte. Heute sind die Nachkommen der Hoëi in Sin-kiang ansässig.«

Diese gelehrten Ausführungen beweisen keineswegs, daß die Chinesen und die Mohammedaner des Nordwestens gleicher Abstammung sind. Ganz im Gegenteil. Daß die schon in sehr früher Zeit in China ansässigen Hoëi von den viel später eingewanderten Hoëi-Kiao unterschieden werden müssen, ist von geringer Bedeutung, sobald wir hören, die Vorfahren jenes alteingesessenen Stammes seien nicht Chinesen, sondern Hiung-nu gewesen, das heißt Angehörige eines wildes Stammes der Hunnen, die im 3. Jahrhundert v. Chr. Einfälle in China unternahmen.

Wie dem auch sei, diese fachlichen Erörterungen sind im Alltagsleben der Bevölkerung ganz ohne Belang. Tatsache ist, daß die Mohammedaner des Westens von den Chinesen nie vollkommen assimiliert wurden, wie das bei den Nachkommen der Mandschu-Soldaten der Fall war, die unter der Dynastie Tsing – der letzten kaiserlichen Dynastie (1644–1911) – in die Gegend kommandiert wurden.

Die Mohammedaner des Nordwestens sind auf den ersten Blick unter den Chinesen herauszukennen. Sie sind hochgewachsen und robust in ihrer Erscheinung, ihre Gesichtszüge männlich, mitunter sogar hart. Sie lassen sich den Bart stehen oder beschneiden ihn nur leicht und tragen eine schwarze oder weiße, barettartige, sechseckige Kopfbedeckung. In Sin-kiang gehen sie vielfach in hohen Lederstiefeln nach russischer Art. Was ihre Sitten betrifft, so folgen sie den Vorschriften des Korans sowie den mohammedanischen Gesetzen und unterscheiden sich dadurch von den Chinesen. Kurz, sie bilden eine Gemeinschaft von rechtschaffenen, sympathischen Menschen mit kriegerischen Traditionen und Neigungen.

Ehen von Mohammedanern mit tibetischen, chinesischen oder mongolischen Frauen sind häufig, und man sollte meinen, die Blutmischung müßte die Gesichtszüge der fremdrassigen Mohammedaner verändern. Merkwürdigerweise geschieht das nicht oder nur selten, und selbst dann ist die Veränderung nur leicht. Die Kinder aus solchen Mischehen gleichen fast immer ihrem Vater; daher hat sich bei den Mohammedanern des Nordwestens der Typus ihrer Vorfahren erhalten.

Es ist schwer zu sagen, ob bei Kindern chinesischer Väter und mohammedanischer Mütter das Resultat das gleiche wäre, denn dieser Fall kommt kaum vor.

Obwohl die Mohammedaner nämlich gerne Chinesinnen, Mongolinnen oder Tibeterinnen heiraten und nicht einmal von ihnen verlangen, daß sie ihren Glauben abschwören und zum Islam übertreten, weigern sie sich andererseits, ihre Töchter Nicht-Mohammedanern zur Ehe zu geben. Ich hörte mehr als einmal Mohammedaner sagen: »Lieber würden wir unsere Töchter in den Fluß werfen, als sie einen Nicht-Mohammedaner heiraten lassen.« Manche Väter würden es sogar ablehnen, einen neu bekehrten Chinesen als Schwiegersohn anzunehmen.

Daraus folgt, daß der Islam, dem wir im Nordwesten Chinas begegnen, nicht nur eine Religion, sondern auch ein fremdes Volkselement ist. Die dortigen Mohammedaner sind sich ihrer Stellung als »Fremde« vollkommen bewußt. Eines Tages sagte mir einer: »Sie sind fremd in China und wir auch, wir sind Fremde genauso wie Sie.« Eine solche Äußerung wirft ein interessantes Licht auf die inneren Empfindungen der Mohammedaner in den westchinesischen Provinzen.

Wir haben keine sehr genauen Nachrichten darüber, auf welche Weise der Islam in China eindrang. Immerhin wissen wir, daß die mohammedanische Lehre kaum zehn Jahre nach dem Tode des Propheten (622) auf dem Wege über Persien nach China gelangte.

Im Jahre 637 wurden die Perser in der Schlacht bei Kadesiya von den Arabern vollständig besiegt, und die Sieger herrschten in Persien. König Jesdegerd floh und rief, allerdings vergeblich, die Hilfe der Chinesen und der Türken an. Schließlich wurde er ermordet.

Sein Sohn Firuz versuchte, an der heutigen Grenze Afghanistans Widerstand zu leisten, aber auch er mußte das Land verlassen und nach China flüchten. Im Jahre 674 kam er nach Tschangnang (heute Si-an), das damals die Hauptstadt des Reiches war.

Was die persischen Emigranten über die Araber, die sie aus der Nähe gesehen hatten, und über ihre Religion in China erzählten, wissen wir nicht. Wie so häufig finden wir anstelle ernstzunehmender Berichte nur Legenden vor. Eine von ihnen erzählt folgendes:

Im Jahr 628 träumte Kaiser T'ai-Tsung* von einem Manne, dessen Züge eine westliche Abstammung verrieten. Dieser Mann kniete nicht vor ihm nieder, wie es die chinesische Hofsitte verlangte. Am nächsten Morgen ließ T'ai-Tsung seinen Seher und Traumdeuter kommen und fragte ihn, was sein Traum bedeuten könne. Der Seher antwortete, der fremde Mann, den der Kaiser gesehen habe, könne ein Feind sein, der dem Reich schaden wolle, und riet T'ai-Tsung, Bündnisse mit benachbarten Herrschern abzuschließen, die ihm im Falle der Gefahr zu Hilfe kommen könnten.

Diesem Rat folgend, bat T'sai-Tsung den König von Khami (einer im heutigen Sin-kiang gelegenen Stadt), ihm Dolmetscher zu schicken, deren er sich bedienen könnte, um mit den im Westen Chinas gelegenen Ländern in Verbindung zu treten. Der

* T'ai-Tsung (627–649) gehört der Dynastie Thang an; nicht zu verwechseln mit T'ai-Tsu aus der Song-Dynastie (960–1279). Auch andere Kaiser trugen fast gleichlautende Namen, wie Tai-Tsu oder Tai-Tsung. Natürlich entsprechen ihnen im Chinesischen verschiedene Schriftzeichen. – Die angegebenen Jahre sind die Regierungsjahre.

König willfahrte seiner Bitte und sandte ihm drei Männer; zwei von ihnen starben unterwegs.

Als man T'ai-Tsung meldete, der dritte namens Kassem sei in Tschang-nang angekommen, wollte er mit ihm sprechen, ehe dieser noch wüßte, daß er der Kaiser sei, und verkleidete sich als ein Mann aus dem Volk. Doch als er zu ihm kam, erkannte er in ihm den Mann, den er im Traum gesehen hatte.

Er grüßte ihn ehrerbietig und kniete nach chinesischer Sitte vor ihm nieder, aber sein Erstaunen wuchs, als Kassem zu ihm sagte: »Ich bin nicht würdig, vom Himmlischen Kaiser auf solche Weise begrüßt zu werden.«

Da seine Verkleidung nutzlos war, blieb T'sai-Tsung nichts anderes übrig, als in den Palast zurückzukehren und Kassem mitzunehmen; das tat er auch.

Die Geschichte erzählt dann weiter, Kassem habe dem Kaiser die Lehre des Propheten erklärt. Als die Stunde des Gebets kam, hielt Kassem mitten in seinem Vortrag inne und verrichtete, ohne dem Herrscher weiter Beachtung zu schenken, seine Gebete mit den rituellen Gesten. Als er geendet hatte und der Kaiser ihm nach der Bedeutung der verschiedenen Gesten fragte, erklärte er sie ihm.

Selbstverständlich kürze ich ab; die Geschichte verbreitert sich weitschweifig über alle Einzelheiten.

Doch muß ich hinzufügen, daß die Mohammedaner des westlichen China im allgemeinen ihre religiösen Pflichten sehr genau erfüllen. Oft sah ich welche, die in einer Gesellschaft eine Unterhaltung abbrachen und sich zurückzogen, um ihr Gebet zur vorgeschriebenen Stunde zu verrichten. Einmal erlebte ich das bei mir zu Hause. Ein mohammedanischer Oberst, der unter meinen Gästen war, erhob sich während des Diners, ging in eine Ecke des Zimmers und nahm gelassen seine Andachtsübungen vor. Ich bewundere diese selbstsichere Gleichgültigkeit gegenüber der Meinung der Anwesenden sehr. Die Mehrzahl der Menschen ist schüchtern – fast möchte ich sagen: feig –, wenn es gilt, sich öffentlich zu ihren religiösen Überzeugungen zu bekennen . . . Es ist ebenso möglich, daß ihr Glaube nicht sehr stark ist.

Wie groß das Korn Wahrheit in der Geschichte von Kassem

und anderen ähnlichen auch sein mag, es ist schwer für uns, es aus der phantasievollen Einkleidung herauszuschälen.

Wahrheitsgetreuere Auskunft geben uns die chinesischen Annalen. Dort wird berichtet, im Jahre 713 sei eine arabische Gesandtschaft nach China gekommen. Ihre Mitglieder überbrachten dem Kaiser reiche Geschenke, weigerten sich jedoch, vor ihm niederzuknien, mit der Begründung, ihre Religion verbiete es ihnen, einem Menschen, und sei er selbst ein Kaiser, solche Ehrerbietung zu erweisen: Sie komme nur Gott allein zu.

Ein anderer arabischer Gesandter kam im Jahre 726 nach Tschang-nang. Diese diplomatischen Höflichkeitsbezeugungen konnten jedoch den Ausbruch von Konflikten nicht hintanhalten, und im Jahre 751 wurden die Chinesen in Turkestan von den Arabern geschlagen. Trotzdem scheinen die freundschaftlichen Beziehungen bald nachher wiederaufgenommen worden zu sein, denn im Jahre 756 schickten die Araber dem Kaiser Su-Tsang Hilfstruppen, als er bei einem Aufstand unterlegen war und die Rebellen sich seiner beiden Hauptstädte Tschang-nang und Lo-yang bemächtigt hatten.

Durch die Berührung mit diesen arabischen Mohammedanern hatten die Chinesen bereits Gelegenheit gehabt, den Islam näher kennenzulernen; außerdem hatten sich arabische Kaufleute, die über das Meer gekommen waren, in Kanton niedergelassen.

In dieser Stadt kam es im Jahre 758 zu dem ersten Aufstand der Mohammedaner in China. Seine nicht ganz durchsichtigen Ursachen dürften geschäftlicher Natur gewesen sein. Die Mohammedaner plünderten die Stadt, steckten sie in Brand und retteten sich dann auf chinesischen Schiffen, deren sie sich im Hafen bemächtigt hatten.

Der Islam verbreitete sich sehr schnell in China, und im 9. Jahrhundert waren die Bekehrten schon zahlreich.

Es ist schwer, zu ergründen, warum diese strenge Lehre die Chinesen sosehr anzog. Auf jeden Fall liegt eine unleugbare Größe in ihrem ernsten, unbeirrbaren Monotheismus, und die Nacktheit der großen Moscheen, die durch kein einziges Götzenbild gestört wird, ist wirklich eindrucksvoll.

In China sind sehr viele Moscheen in chinesischem Stil erbaut.

Sie unterscheiden sich von den taoistischen Tempeln durch ihre absolute Sauberkeit und selbstverständlich durch das Fehlen von Bildwerken, doch die chinesische Architektur entspricht dem Islam nicht, sie ist seinem Geist völlig fremd und kann ihm kein angemessenes Obdach bieten.

Doch nicht alle Moscheen Chinas sind im chinesischen Stil erbaut. Ich sah andere von echt arabischem Charakter: aus sorgfältig mit Kalk verputzten Steinen errichtet, strahlend weiß und mit einem stilechten Minarett. Sie erinnerten mich an die Moscheen von Tunis, weit weg von China, an den Ufern des blauen Mittelmeers . . .

Alle Völker lieben phantastische Geschichten. Sie schätzen sie um so mehr, wenn der Held der außerordentlichen Taten, die darin erzählt werden, eine historische Persönlichkeit ist. Die Chinesen machen hierin keine Ausnahme.

Ein berühmter Roman beschreibt die Reisen und Abenteuer eines Mohammedaners aus Jün-nan.

Er hieß Tschen-Ho und gehörte einer sehr geachteten Familie von gebildeten Mohammedanern an.

Er war am Hof Ming-T'ai-Tschus (1368–1398) zugelassen und lernte dort Prinz Ti kennen, der mit ihm Freundschaft schloß und ihn, als er König von Yen wurde, nach Peking mitnahm.

Nach dem Tode Ming T'ai-Tschus folgte ihm sein Enkel mit Namen Hoëi-Ti in der Regierung; seine Herrschaft war von kurzer Dauer (1399–1402). Der König von Yen lehnte sich, unterstützt von Tscheng-Ho, gegen ihn auf, er griff Nanking an, wo der Kaiser residierte. Hoëi-Ti wurde vollkommen geschlagen, und da er nicht lebend in die Hände seiner Feinde fallen wollte, befahl er seinen Leuten, den Palast in Brand zu stecken und ihn selbst in die Flammen zu werfen.

Ein verkohlter Leichnam wurde in der Asche gefunden, man hielt ihn für den des Kaisers und beerdigte ihn dementsprechend. Indessen äußern die chinesischen Chronisten Zweifel an der Identität der in den Flammen umgekommenen Person. Sie meinen, der verkohlte Leichnam könne der der Kaiserin gewesen sein. Was den Kaiser betrifft, so wäre er auf folgende romantische Art entkommen:

Als die Schlacht schon für verloren gelten mußte, brachte ein Hofmann Hoëi-Ti ein Kästchen und sagte: »Diesen Schrein vertraute mir Euer Großvater mit der Weisung an, ihn Euch im Falle eines Unheils einzuhändigen.«

In dem Schrein fand Hoëi-Ti ein buddhistisches Mönchsgewand, eine Bescheinigung darüber, daß der Träger rechtmäßig in den Mönchsorden aufgenommen worden sei, und eine Schere.

Die Bedeutung dieser Gegenstände war klar. Der treue Hofmann schnitt dem Kaiser mit der Schere die Haare ab, half ihm das Mönchsgewand anlegen, und Hoëi-Ti entkam mit seiner Bescheinigung.

Er lebte bis 1440 nacheinander in verschiedenen Klöstern. In diesem Jahre erklärte ein buddhistischer Mönch, der erkrankte: »Ich bin Kaiser Hoëi-Ti. Ich möchte an meinen Geburtsort zurückkehren, um dort zu sterben.« Der damals regierende Kaiser Ying-Tsung (1436 – 1449) wurde von diesem Vorfall in Kenntnis gesetzt; er ließ den Mönch in seinen Palast bringen und ihn, als er gestorben war, im stillen begraben, ohne daß jemand den Ort seines Grabes erfuhr.

All dies kann wahr sein oder auch nur ein Roman, aber es gibt daneben noch eine Legende über Hoëi-Ti, die die gebildeten Chinesen für reine Phantasie halten. Nichtsdestoweniger tragen die mohammedanischen Geschichtenerzähler gerade sie ihrem entzückten Publikum in den westlichen Provinzen vor.

Nach dieser Legende erfuhr der einstige König von Yen, der nun Kaiser Tscheng-Tschu (1403–1424) geworden war, drei Jahre nach dem Brand des kaiserlichen Palastes, daß Hoëi-Ti mit einigen seiner Minister entkommen sei und in einem südlichen Land Zuflucht gefunden habe. Tscheng-Tschu betraute nun seinen treuen Freund Tscheng-Ho mit der Aufgabe, Hoëi-Ti zu suchen. Auf diese Weise werden die sieben großen Reisen Tscheng-Hos begründet.

Man sieht, die Geschichte Hoëi-Tis muß einem, obwohl sie auf den ersten Blick hier nicht am Platz erscheint, bekannt sein, wenn man den Ursprung der Legende verstehen will.

Wenn aber der Zweck, den die Legende den Reisen unseres Helden unterschiebt, auch Phantasie ist, so wurde doch die Tatsache seiner Reisen selbst nie in Zweifel gezogen. Der mohammedanische Seefahrer aus Jün-nan ist einer der großen Forschungsreisenden der Epoche.

Er besuchte nacheinander Kochinchina, Java, Ceylon, Indien, Arabien und die Ostküste Afrikas. Es heißt, seine Flotte habe aus 62 Seglern mit einer Gesamtbemannung von 27800 Matrosen bestanden.

Tatsächlich war Tscheng-Ho beauftragt, politische und Handelsbeziehungen mit den fremden Ländern anzubahnen – mit den Ländern, die die Chinesen die Länder des Südens (Nan Yang) nennen – oder die schon bestehenden zu festigen. Es sind vollständige, authentische Berichte über seine Reisen vorhanden. Sie interessieren aber die breite Masse der Glaubensbrüder des Helden nicht; diese hält sich lieber an seine sagenhaften Abenteuer, die viel Ähnlichkeit mit denen Sindbads aus »Tausendundeine Nacht« zeigen.

Als Beispiel erzähle ich im folgenden eines; es soll sich in Ceylon abgespielt haben, das von den Eingeborenen Singhala, das »Land der Löwen«, genannt wird.

Der damalige König von Ceylon hieß Alagakkonara (man identifiziert ihn mit Vyaya Bahu VI.). Er haßte die Chinesen und die Buddhisten. Jeder Chinese, der den Fuß auf die Insel setzte, wurde übel behandelt, mancher sogar getötet.

Tscheng-Ho war vom Kaiser hingeschickt worden, um den König von Ceylon dazu zu bewegen, die Chinesen nicht mehr zu belästigen, und ihm, wenn er sich weigern sollte, mit Vergeltungsmaßnahmen zu drohen.

Alagakkonara wußte, daß Tscheng-Ho mit einer großen Flotte und vielen Soldaten gekommen war, und empfing ihn daher mit achtungsvoller Ehrerbietung. Während seines Aufenthaltes im Palast lud er ihn ein, einen Garten zu besichtigen, in dem verschiedene Tiere gehalten wurden: Löwen, Tiger, Leoparden, Elefanten und so weiter. Als sie an den Löwen vorbeikamen, versuchte der König seinen Gast zu erschrecken und sagte, es sei sein größtes Vergnügen, sie einen Menschen bei lebendigem Leibe verschlingen zu sehen. Und wie um sich zu entschuldigen, setzte er hinzu: »Es tut mir sehr leid, daß wir im Augenblick keinen zum Tode Verurteilten haben, den wir ihnen vorwerfen könnten; ich hätte Euch gerne dieses höchst aufregende Schauspiel geboten.«

Tscheng-Ho, als tapferer Mohammedaner, lächelte nur. Er dankte dem König für den liebenswürdigen Empfang und kehrte an Bord seines Schiffes zurück.

Am nächsten Morgen schickte Alagakkonara seine Minister zu Tscheng-Ho und ließ ihn einladen, einem Löwenkampf beizuwohnen. Der Seefahrer war etwas mißtrauisch, nahm aber die Einladung an; als er jedoch zum Palast unterwegs war, verriet ihm der Dolmetscher, ein Buddhist, daß Alagakkonara ihn ergreifen und den Löwen vorwerfen wolle. Durch diese Mitteilung in seinem Argwohn bestärkt, kehrte Tscheng-Ho um und begab sich wieder zu seiner Flotte.

Wütend über das Versagen seiner List, griff Alagakkonara Tscheng-Ho mit seinem ganzen Heer an und ließ auch seine wilden Tiere an dem Angriff teilnehmen.

Wir können uns allerdings nicht vorstellen, wie sich Löwen, Tiger, Elefanten und so weiter an einem Angriff gegen die auf der Reede verankerten Schiffe beteiligt haben sollten, doch die Unwahrscheinlichkeit ist gerade das Unterhaltsame an solchen Geschichten.

Der Erzähler fährt unbekümmert fort: Es kam zu einer fürchterlichen Schlacht, ununterbrochen schossen die großen Kanonen, und das Dröhnen der Trommeln glich dem Grollen des Donners; die ganze Insel Ceylon erzitterte wie bei einem Erdbeben. Die Singhalesen fielen zu Tausenden wie die Fliegen; die Löwen und die übrigen wilden Tiere nahmen, so schnell sie konnten, Reißaus und suchten Zuflucht im Dickicht der entlegensten Wälder. Der König und seine Familie wurden gefangen und nach China gebracht.

Diese Abschweifung ist nicht völlig belanglos. Sie zeigt, daß der Glaubensstrenge der chinesischen Mohammedaner eine Vorliebe für phantasievolle Geschichten ausgleichend gegenübersteht. Das ist ein kindlicher und sehr orientalischer Zug an ihnen.

Bei manchen mildern auch mystische Neigungen die allzu große Härte, die dem orthodoxen Islam vielleicht anhaftet. Die Sekte der Sufis hat im Westen Chinas zahlreiche Anhänger. Ihr Gottesbegriff weicht von der gangbaren Vorstellung eines majestätisch-strengen Gottes, der im Gemüt der Gläubigen keine herzlichen Gefühlsregungen aufkommen läßt, erheblich ab. Für die Sufis ist Gott Gegenstand der Liebe geworden, der Inbegriff des Liebenswerten schlechthin, in dem man völlig aufgehen muß, um den mystischen Durst nach ihm zu stillen.

In der symbolischen Legende von den Vögeln, die sich auf den Weg machten, diesen Gott zu suchen, spiegelt sich so recht die Geisteshaltung der sufistischen Mystiker. Durch unzählige Drangsale führt die Pilgerreise der Vögel, die einen erlahmen sehr bald, die anderen ein wenig später, weil sie Täuschungen erliegen oder weil es ihnen an Mut oder an Kraft gebricht. Ein einziger Vogel harrt aus, er überwindet alle Hindernisse, durchfliegt auch noch ein Flammenmeer und gelangt schließlich nackt und bloß, ohne Gefieder und mit zerfetztem Fleisch vor das Angesicht des höchsten Wesens.

Die Legende ist, wenn ich nicht irre, persischen Ursprungs oder enthält möglicherweise Elemente, die verschiedenen Märchen entlehnt sind. Sie ist in ihrer Art ergreifend und zugleich krankhaft (im medizinischen Sinne) wie alle Übersteigerung leidenschaftlichen Gefühlsüberschwanges.

Doch zurück zur historischen Wahrheit über die Reisen Tscheng-Hos. Ein mohammedanischer Gelehrter, Ma-Hoan, berichtet, Tscheng-Ho habe, als er zwischen 1416 und 1419 nach Java kam, dort etwa tausend chinesische Familien vorgefunden. In den Annalen der Ming-Dynastie heißt es, daß die Herrscher von Java seit der Expedition Tscheng-Hos dem Kaiser von China einen Tribut entrichteten.

Nebenbei sei hier erwähnt, daß die Macht und der Einfluß Chinas im Laufe der Jahrhunderte allmählich immer mehr abnahmen.

Der javanische Historiker Probonegore behauptet in einem 1941 veröffentlichten Aufsatz, die Stadt Samarang sei von Tscheng-Ho gegründet worden.

Wir wollen uns über Tscheng-Ho jedoch nicht weiter verbreitern und auch nicht bei nebensächlichen Einzelheiten über die Mohammedaner des westlichen China verweilen. Tscheng-Ho war übrigens nicht der einzige unter ihnen, der sich hervortat. Viele seiner Glaubensgenossen hatten wichtige Stellungen im chinesischen Reich inne.

Ihr Bildungsinteresse hat in moderner Zeit nicht abgenommen. Von der Tätigkeit der Islamitischen Gesellschaft von Sching-hai war im zweiten Kapitel die Rede. Sie bemüht sich, die Schulen für mohammedanische Kinder zu vermehren; in ihnen wird außer den Gegenständen, die in dem von der Regierung aufgestellten Lehrplan vorgesehen und obligat sind, auch die arabische Sprache und der Koran gelehrt.

Besonders fromme Eltern legen großen Wert auf diese Vergünstigung, denn die Kenntnis des Arabischen ist für jedermann unerläßlich, der mit der Lehre des Propheten vollkommen vertraut sein will. Lange Zeit war die Übersetzung des Korans nicht gestattet; erst in unseren Tagen wurde er in verschiedene Sprachen übersetzt, doch die wirklich rechtgläubigen Mohammedaner lesen ihn nur in der Originalsprache.

Eine Ausnahme von dieser Regel machen die östlichen Provinzen Chinas. Dort wird der Koran und werden die Gebete mitunter in persischer Sprache gelesen und gesprochen.

Die Mehrzahl der Mohammedaner im Nordwesten ist wirklich gläubig, doch auch die indifferenten bleiben der mohammedanischen Gemeinschaft stets fest verbunden, wodurch sich ein sehr starker Zusammenhalt unter allen Mohammedanern des ausgedehnten Gebietes ergibt. Diese Besonderheit darf man nicht übersehen. Wenn ich auch sagte, es gebe in China keine »muselmanische Frage« in dem Sinne wie in Indien, so sind doch die Mohammedaner im Nordwesten vor allem und in erster Linie Bekenner des Islams. Es hat während des Krieges an Beweisen ihrer Hingabe für China nicht gefehlt, doch steht ihr chinesischer Patriotismus sicherlich erst an zweiter Stelle, an erster ihre Treue zum Propheten und ihre Solidarität mit ihren mohammedanischen Glaubensbrüdern.

Bekanntlich haben die Mohammedaner trotz des starken Bandes, das ihr Glaube um sie schlingt, nicht durchwegs die gleiche Ansicht in religiösen Fragen und sind in verschiedene Sekten gespalten.

Das ist ein Ergebnis der Gedankenfreiheit, deren sie sich erfreuen, sowie ein Zeichen geistiger Lebendigkeit und Überlegenheit gegenüber anderen Gläubigen, die alle ihnen zugemuteten Dogmen akzeptieren, ohne zu prüfen, ob sie mit den realen, wohlfundierten Erfahrungstatsachen in Einklang zu bringen sind. Leider kam es mitunter, wenn der Fanatismus erwachte, zu bedauerlichen Kämpfen zwischen den Anhängern der verschiedenen Sekten. Heute gibt es in den westlichen Provinzen allerdings keine Kämpfe mehr. Die Verschiedenheit der Ansichten führt nur noch zu akademischen Auseinandersetzungen.

Der Hauptsache nach bestehen bei den Mohammedanern im Nordwesten drei Sekten:

die Sekte der älteren, ursprünglichen Doktrin,

die Sekte der neuen Doktrin,

die Sekte der reformierten neuen Doktrin, auch moderne Doktrin genannt.

Die Sekte der neuen Doktrin existiert seit mehr als hundert Jahren. Ihr Ziel ist, die schlichte, echte Lehre des Propheten wieder zur Geltung zu bringen.

Die Sekte der modernen Doktrin wurde vor etwa siebzig Jahren gegründet. Verschiedene Leute sagen, ihr Gründer habe von sich behauptet, er sei Mohammed der Prophet und wieder auf die Erde zurückgekehrt, um seine Lehre, die entstellt worden sei, noch einmal zu verkünden und um die Welt zu erlösen; andere leugnen, daß er sich für den Propheten ausgegeben habe. Lassen wir die beiden Gruppen ihren Streit untereinander austragen.

Eine gewichtige Stellung bei den Mohammedanern der westlichen Provinzen nehmen die »Ahung« oder »Akong« ein. Sie sind die Herren der Moscheen, sie rezitieren den Koran vor den Gläubigen in arabischer wie auch in persischer Sprache, erläutern die Texte, die sie gelesen haben, in der Landessprache, beziehungsweise im örtlichen Dialekt, und predigen. Als geistliche Berater haben sie großen Einfluß, und oft fungieren sie auch als Richter in den Streitigkeiten der Mohammedaner. Sie inspizieren die mohammedanischen Schulen und geben in den Dörfern, wo keine solchen Schulen bestehen, den Kindern selbst Unterricht.

In Jakyendo, einem vorgeschobenen Militärposten im Süden Sching-hais, wo ich mich längere Zeit aufhielt, unterzog sich der Ahung auch der Aufgabe, die Hammel für die Menage der in dem Marktflecken stationierten mohammedanischen Soldaten nach den Vorschriften des Korans zu schlachten.

Den Ahungs sind die »Imams« unterstellt: jeweils einer oder mehrere, je nach der Bedeutung der betreffenden Moschee. Fünfmal im Tag ruft der Imam von der Höhe des Minaretts die Gläubigen zum Gebet oder, wenn die Moschee in chinesischem Stil erbaut ist und kein Minarett hat, von irgendeinem anderen erhöhten Platz aus. Er spricht der Gemeinde auch die Gebete vor.

Dann folgen die »Manlas« (Studenten), die bei den Ahungs die Lehre des Propheten und die Gebete studieren.

Über den Ahungs stehen noch die Schriftgelehrten oder »Meister der Lehre«, auf chinesisch »Kiao-tschu«. (Handelt es sich um einen buddhistischen Schriftgelehrten, dann ist der chinesische Titel »Fa-sse«.)

Jeder Kiao-tschu ist das geistliche Oberhaupt mehrerer Distrikte. Die Ahungs, Imams und Manlas müssen mindestens einmal im Jahr vor ihm erscheinen.

Die Einkünfte der Ahungs sind je nach der Bedeutung der Moschee, der sie vorstehen, verschieden. Für ihren Lebensunterhalt sorgen die Mitglieder ihrer Gemeinde turnusweise oder weisen die erforderlichen Beiträge einem Verwalter an, der dann für alles weitere sorgt. Außerdem zeigen sich die Manlas dem Ahung für den Unterricht, den sie bei ihm genießen, mit Geld und Naturalien erkenntlich.

In Si-kang sind die Mohammedaner nicht sehr zahlreich. Viele sind zum Islam übergetretene Chinesen oder Abkömmlinge von Konvertiten. Daher unterscheiden sie sich der Rasse nach nicht von ihrer Umgebung wie ihre Glaubensgenossen in Sching-hai und vor allem in Sin-kiang. Die Mohammedanerinnen tragen in Si-kang keinen Schleier und zeigen sich frei in der Öffentlichkeit.

Die Moschee von Ta-tsien-lu ist ein einfacher Bau in chinesischem Stil. An der schlichten Halle, in der sich die Gläubigen versammeln, ist nichts weiter bemerkenswert als der Boden, der so wunderbar poliert ist, daß er einem dunklen Metallspiegel gleicht.

Im Gegensatz zu der Nachbarprovinz gibt es in Si-kang keine eigenen Schulen für die mohammedanischen Kinder; die Eltern schicken ihre Kinder in die allgemeinen öffentlichen Schulen. Legen sie Wert darauf, daß die Kinder Religions- und Gebetsunterricht erhalten, dann unterrichtet sie der Ahung der Moschee in diesen Fächern.

Während meines Aufenthaltes in Ta-tsien-lu besuchte einmal ein mohammedanischer Schriftgelehrter die Stadt, der sich auf einer Vortragsreise befand und überall predigte, um seine Glaubensbrüder anzueifern. Er ließ sie recht energisch, ja sogar hart an und tadelte sie wegen ihrer Laxheit in der Erfüllung ihrer religiösen Pflichten und im Kampf um die Verbreitung des »seligmachenden Glaubens«, des Islams.

Mag es nun die Folge einer gewissen Lauheit in Glaubensdingen sein oder andere Gründe haben, sicher ist, daß die Mohammedaner von Si-kang nicht jene kühle Reserviertheit und Selbstsicherheit zeigen, die an den Mohammedanern von Sin-kiang so sehr auffällt und bei ihnen zweifellos aus einer tiefen Überzeugung von der Vortrefflichkeit ihrer Religion stammt.

Während des Chinesisch-Japanischen Krieges legte die chinesische Regierung kein geringes Interesse für die Mohammedaner im Nordwesten an den Tag. Die Studenten erhielten Stipendien, und Industrie und Landwirtschaft wurden auf verschiedene Weise gefördert. Diese Maßnahmen entsprangen natürlich nicht etwa einer besonderen Liebe für die Mohammedaner, sondern waren geschickte politische Manöver.

Die zahlenmäßige Stärke und die gewichtige Rolle, die die Mohammedaner in den westlichen Provinzen spielten, entgingen auch der Aufmerksamkeit der Japaner nicht. Sie erleichterten muselmanischen Studenten den Aufenthalt in Japan. Eine Gruppe solcher Studenten gab nach Beendigung ihres Studiums an japanischen Universitäten ein Buch heraus mit dem Titel: »Mohammedaner erwachet!«, das die Muselmanen zum Widerstand gegen die chinesische Regierung aufforderte.

Nach der Besetzung der Mandschurei stellten die Japaner sogar den erst neu zum Islam bekehrten Chinesen die Mittel zur Reise nach Mekka zur Verfügung. Sie rechneten mit der Dankbarkeit der Pilger, die nach ihrer Rückkehr die Großzügigkeit der japanischen Regierung rühmen würden. Mehrere solche wurden als Propagandisten nach Sching-hai und Sin-kiang geschickt. Andere gingen nach Peking, als die Stadt in die Hände der Japaner fiel (1939), und einer von ihnen stand an der Spitze der »Vereinigung Chinesischer Muselmanen«, die in Japan gegründet worden war, was weiterhin zu Gerüchten über die bevorstehende Errichtung eines »Hoëi-Hoëi-kio« Anlaß gab, das heißt eines muselmanischen Staates.

Auf der jährlichen Weltkonferenz der Pilger (Hadschi) in Mekka im Jahre 1939 trafen zwei chinesische Delegationen zusammen. Die eine repräsentierte die von den Japanern geförderte »Vereinigung Chinesischer Muselmanen«, die andere war im Einvernehmen mit der chinesischen Regierung von der »Nationalchinesischen Islamitischen Vereinigung« delegiert.

Seither ist der leuchtende Stern Japans erloschen. Die Bedeutung des Einflusses, den Japan, wenn nicht für immer, so doch für lange Zeit im Nordwesten Chinas hätte ausüben können, steht außer Frage. Nun ist der Weg frei für die Russen.

In letzter Zeit hieß es, es würden auch außerhalb der westlichen Provinzen an den führenden Hochschulen Lehrstühle für islamitische Kultur errichtet werden. Mehrere chinesische Mohammedaner, Graduierte der berühmten Universität Azhar in Kairo, wurden für diese Lehrstühle in Aussicht genommen. Doch im Orient vergeht gewöhnlich geraume Zeit von der Bekanntgabe eines Projektes bis zu seiner praktischen Verwirklichung. Die geistige Oberschicht der Mohammedaner im Nordwesten wird diese Aussicht auf eine Verbreitung ihrer arteigenen Kultur sicherlich begrüßen, doch ist zu befürchten, daß die große Masse ihrer Glaubensgenossen die Intentionen der Regierung auf dem Gebiet des Bildungswesens mit Mißtrauen aufnimmt. Ohne Zweifel werden ihnen weiterhin ihre »Ahungs«, die zum größten Teil den Sinn der von ihnen rezitierten Texte nur mangelhaft oder gar nicht verstehen, als die festen Stützen erscheinen, die den Islam gegen alle Versuche, ihm seinen schablonenhaften Charakter zu nehmen, schirmen. In dieser Hinsicht gleichen sie vollkommen ihren tibetischen, mongolischen und chinesischen Mitbürgern, die auch in ihrem Aberglauben befangen und einem unwissenden niederen Klerus ausgeliefert sind.

Zweifellos wird noch viel Zeit vergehen, ehe es gelingen wird, die Bevölkerung der schönen Gegenden im äußersten Westen Chinas aus ihrem halb-barbarischen Kulturzustand auf ein höheres Niveau emporzuführen.

IX

ERWACHENDES CHINA

Die Gleichstellung der Fremden. »Wir können sie einsperren!« Ende alter Vorrechte. Der Besitz der Missionen. Auslandfeindliche Medizin. Der Doktor und die Magd. Der Traum von Gleichheit. Eine Lehre für die Großmächte. China und die Zukunft.

Die Reaktion der breiten Volksmassen auf politische Ereignisse zu beobachten, ist immer interessant. Ich versäume es nie, sooft ich dazu Gelegenheit habe, vor allem wenn es sich um ein Volk handelt, dessen Vorstellungswelt in den meisten Belangen von der unseren sehr verschieden ist.

Während meines letzten Aufenthaltes an der chinesisch-tibetischen Grenze war ich dazu besonders gut in der Lage. Ich lebte gerade zu jenem Zeitpunkt dort, da die letzten Nationen, die damals noch ein Exterritorialitätsrecht genossen, dieses Recht aufgaben. Das war allerdings ein gewagter Schritt, doch wenn man die Dinge aus unmittelbarer Nähe sah, war ihr Verzicht mehr oder weniger nur ein Sichabfinden mit einer Situation, die bereits gegeben war. Praktisch war es schon längst so weit, daß die Chinesen die privilegierte Stellung der Fremden nicht mehr anerkannten, und diese konnten mit Rücksicht auf den Krieg, mit dem sie selber beschäftigt waren, sowie aus anderen Gründen nicht noch einmal die Expeditionen von einst unternehmen, um China wieder zur Botmäßigkeit zu bringen. Diese Dinge gehören der Vergangenheit an.

Nun denn: Die Nachricht hatte sich im äußersten Westen Chinas bis in die letzten Dörfer verbreitet, und die gesamte Bevölkerung frohlockte. Den Chinesen der oberen Gesellschaftsschichten legte ihre Erziehung, ihre angeborene Höflichkeit eine gewisse Zurückhaltung auf; doch keine Worte vermögen den Freudentaumel zu schildern, der die vielen tausend Krämer,

Handwerker, Angestellten und alle die anderen kleinen Leute ergriff.

Ein lakonischer Satz, von allen ständig wiederholt, drückte die allgemeine Stimmung restlos aus: »Jetzt können wir die Fremden einsperren, wenn wir wollen!«

Das Vergnügen, das diese künftige Möglichkeit verhieß, verwandelte die für gewöhnlich teilnahmslosen Gesichter der Leute, ließ in ihren sonst immer ausdruckslosen Augen einen Glanz aufleuchten und sie stets von neuem wiederholen: »Wir sind ihnen gleich, wir können sie einsperren.«

»Sie einsperren« – das war übrigens auch vor der offiziellen Verzichterklärung auf die Exterritorialitätsrechte schon mehrmals vorgekommen; um so weniger darf man die Chinesen unter den gegebenen Umständen deshalb tadeln.

Sah man sich die Leute, die eine so kindliche Freude an den Tag legten, näher an, so konnte man unschwer erraten, daß viele von ihnen insgeheim wünschten, den oder jenen von den wenigen Fremden, die bei ihnen lebten, demnächst zwischen zwei Polizisten in den Arrest marschieren zu sehen.

Trotzdem wäre es falsch, zu glauben, die Chinesen, denen der Gedanke, die Fremden jetzt einsperren zu können, solches Vergnügen bereitete, wären durch und durch böse Menschen gewesen. Sie waren höchst friedliche, liebenswürdige, gutmütige Leute. Sie haßten die Fremden in Wirklichkeit gar nicht, wenn sie sie andererseits auch nicht gerade liebten; was sie bewegte, war im Grunde nur ein Gefühl gekränkten Stolzes und der Wunsch, an ihnen Vergeltung zu üben.

Die bevorzugte Stellung, deren sich die Fremden kraft ihrer Exterritorialität erfreut hatten, hatte die gebildeten Chinesen in den großen Städten schon immer verletzt, und die Abschaffung dieses Vorrechts stand denn auch an der Spitze des Programms Sun-Yat-Sens. Doch die Bevölkerung der an die Mongolei, an Tibet und an Zentralasien angrenzenden Randgebiete ließ die ganze Frage ziemlich kalt. Gewiß, sie durften das Gepäck der ausländischen Reisenden nicht visitieren und mußten ihnen gelegentlich für den Transport des Gepäcks Leute oder Tragtiere unentgeltlich zur Verfügung stellen. Allein letzteres war nur die

Erweiterung einer althergebrachten Verpflichtung, deren ausgiebige Nutznießer ursprünglich die chinesischen Beamten, Offiziere und einige vornehme Leute waren. Diesen waren die Fremden gleichgestellt, das war alles, und im Gegensatz zu den Chinesen, die von diesem Vorrecht unbeschränkt Gebrauch machten, pflegten die Fremden die Leute, deren Dienste sie in Anspruch nahmen, im allgemeinen zu entlohnen. Außerdem galt das Recht auf unentgeltlichen Gepäckstransport seit vielen Jahren nur noch in den Distrikten, die nicht von Chinesen, sondern von Tibetern, Lolo und so weiter bewohnt waren. Mit der Aufhebung der Exterritorialitätsrechte bestand es nun für die Ausländer nirgends mehr.

Irgendwelche Anlässe, Ausländer gerichtlich zu verurteilen, gab es in Zentralchina oder in den Randgebieten nur selten oder überhaupt nie. Die Züchtigung eines Dieners oder Maultiertreibers, der etwas angestellt hat, wird nicht bestraft und verstößt nicht weiter gegen die chinesischen Sitten, obwohl sich diesbezüglich in den letzten Jahren vieles geändert hat.

Die Exterritorialität der Fremden war also für die breite Masse der Chinesen ganz ohne Bedeutung. Ihre feindselige Einstellung gegenüber den Ausländern hatte andere Gründe. Erst die Aufhebung der Exterritorialität rückte diese Gründe richtig ins Licht, rief sie denen, die sie beinahe schon vergessen hatten, wieder in Erinnerung und enthüllte sie denen, die sie gar nicht kannten.

Alte Geschichten, die längst der Vergangenheit angehörten, wurden wiederaufgewärmt, von harter Unterdrückung, von militärischen Strafexpeditionen gegen die Leute, die versucht hatten, China den westlichen Völkern zu verschließen, so wie heute auch andere Nationen Ausländern die Einreise in ihr Land verwehren. Immer wieder hieß es, die Fremden hätten das Opium in China eingeführt, und obwohl die meisten Chinesen dem Opiumgenuß frönen und am Opiumhandel schwer verdienen, werfen sie den Ausländern ununterbrochen vor, sie hätten ihre Macht dazu mißbraucht, sie zu vergiften.

Man wies auch auf verschiedene Fälle von Anmaßung, auf das mitunter hochmütige Benehmen der Fremden hin, auf ihre manchmal vielleicht unbewußte Gewohnheit, sich als die »Bevorrechteten« zu gebärden.

Es sind noch keine dreißig Jahre vergangen, seit die Fremden, selbst solche, die nur untergeordnete Stellungen bekleideten, sich von Trägern in luxuriösen Sänften durch die Städte tragen und ein oder zwei manchmal mit Stöcken bewaffnete Diener vor sich her laufen ließen, die das niedere Volk aus dem Weg jagten. Die Fremden hatten diese und ähnliche Gepflogenheiten nicht selbst eingeführt; sie ahmten nur die Mandarine nach. Doch die Mandarine waren Chinesen, und das war ein großer Unterschied.

Diese romantisch-protzige Sitte sieht man übrigens jetzt nirgends mehr. Auch in Städten, die auf hügeligem Gelände erbaut sind, wie zum Beispiel in Tschung-king, der Hauptstadt während des Krieges, wo es noch Tragsänften gibt, ist es laut Verordnung des Magistrats verboten, und zwar selbst für ausländische Diplomaten, sich von mehr als zwei Männern in jener Art Hängematte tragen zu lassen, die den Tragkörben in Madagaskar ähnelt, den sogenannten Filanzanen; diese Beförderungsmittel haben auch nichts mehr mit den gewöhnlichen geräumigen, mit Damast ausgeschlagenen Sänften zu tun, deren Dach, wie ich an anderer Stelle erzählte, mit Seidenfransen geschmückt war und mit Glasperlen, die im Wind klingelten und in der Sonne glitzerten.

Heutzutage haben die reichen Fremden ein Auto, ebenso wie die reichen Chinesen; die weniger wohlhabenden lassen sich in Rikschas fahren und die noch ärmeren gehen zu Fuß, verlieren aber so alles Ansehen in den Augen der chinesischen Proletarier und müssen sich von ihnen auf der Straße umherschieben und stoßen lassen.

Doch auch diese ganz gewöhnlichen verachteten Fußgänger hatten noch immer etwas vor allen Chinesen voraus: Sie unterstanden nicht der chinesischen Gerichtsbarkeit, die chinesische Obrigkeit hatte nicht das Recht, sie einzusperren. Damit ist es jetzt vorbei. Ausländer und Chinesen sind nunmehr vor dem Gesetz gleich, soweit es ein Gesetz gibt; das ist jedoch selten der Fall, vor allem in den westlichen Grenzprovinzen, wo der Wille der jeweiligen Amtsperson jeweils souverän ist.

Nun ist das Gedächtnis der Chinesen mit einem Male sehr rege geworden, und all die Proletarier und Kleinbürger, die so lange Zeit höchst gleichgültig an den Wachtposten rings um die Gesandtschaften in Peking vorübergingen und nicht minder gleichgültig die Kanonenboote auf dem Yang-tse vor Anker liegen sahen, fühlen sich plötzlich nachträglich durch deren Anwesenheit, in der sich ihre Abhängigkeit von den fremden Mächten bekundet, beleidigt.

Im Prinzip haben sie recht. Sich gewaltsam bei einem andern einnisten, ist ein räuberischer Akt. Im konkreten Fall läßt sich zu der Frage jedoch allerhand sagen. Die Frage selbst ist, in wenigen Worten, folgende: Ist die Erde das gemeinsame Eigentum der gesamten Menschheit, nach den Worten des Psalmisten: »Der Himmel ist des Herrn, doch die Erde gab Er den Menschenkindern*«; oder ist jeder, der ein bestimmtes Gebiet besitzt – gleichgültig, wie er es erworben hat –, auf Grund dieser Tatsache absoluter Herr seines Gebietes und berechtigt, jedermann nach seinem Belieben den Zutritt zu verwehren?

Diejenigen, die die Nationen mit dem Ziel eines dauernden Friedens zu einigen versuchen, werden sich für einen der beiden Gesichtspunkte entscheiden müssen.

Das Exterritorialitätsrecht, das die Fremden genossen, hatte auch seine Kehrseite. Unterstanden sie einerseits nicht der chinesischen Gerichtsbarkeit, so war es ihnen andererseits auch verboten, außerhalb der »Fremdenkonzessionen« Liegenschaften oder Land zu besitzen. Einzig die christlichen Missionen hatten das Recht, überall in China Grundbesitz zu erwerben. Zu diesem Zugeständnis hatten die fremden Mächte China gezwungen, und China war nicht in der Lage gewesen, es ihnen zu verweigern. Die Missionen machten von ihrem Recht Gebrauch; die Chinesen sagen, sie hätten es mißbraucht.

Nach der in China gangbaren Meinung – die jedoch vielleicht nicht dem genauen Text der Verträge entspricht – bezog sich die den Missionen eingeräumte Ermächtigung nur auf Grundbesitz für Schulen, Spitäler, Kultstätten und Wohngelegenheiten für das Personal der verschiedenen Missionen. Es sei aber nicht beab-

* Psalm 115.

sichtigt gewesen, daß sie Großgrundbesitzer werden und das Land weiter verpachten, und noch weniger, daß sie auf ihrem Grund und Boden ganze Dörfer ausschließlich für die bekehrten Eingeborenen anlegen sollten.

Hinsichtlich dieser Frage herrschte in China ein starkes Ressentiment, und an vielen Orten haben die Chinesen die von den Missionen erworbenen Ländereien wieder in Besitz genommen. Im allgemeinen zahlten sie dafür wohl Entschädigungen an die Missionen, doch in vielen Fällen erklärten diese die Beträge als unzureichend. In Si-kang zum Beispiel verfügten die Behörden, die früheren Eigentümer dürften ihren ehemaligen Besitz wieder antreten, sobald sie die seinerzeitige Kaufsumme zurückzahlten. Demgegenüber machten die Missionare geltend, wenn man sie schon enteigne, wogegen sie allerdings entschieden protestierten, dann müsse man sie mindestens auf der Basis der gegenwärtigen Bodenpreise entschädigen, die viel höher seien als vor fünfzig Jahren oder noch früher, zur Zeit, da sie die Gründe gekauft hatten.

Dagegen wandten verschiedene Chinesen ein, die fremden Missionare hätten lange Zeit hindurch die Erträgnisse der Felder eingeheimst, und zwar in vielen Fällen, ohne Steuern zu zahlen. Andere erklärten noch brüsker, die Erwerbungen oder wenigstens manche davon seien mit chinesischem Geld bezahlt worden, das als Sühnegeld für die Ermordung einiger Missionare habe entrichtet werden müssen. Die ungute Bezeichnung »Blutgeld« fiel des öfteren.

Wenn die Ausländer das Exterritorialitätsrecht verloren haben, wäre es logisch, daß sie – und zwar alle – nunmehr berechtigt wären, überall in China Ländereien und Liegenschaften zu besitzen. Der Text der Verträge gesteht das jedoch nicht zu. Das ist bedauerlich. China ist ein äußerst angenehmes, in landschaftlicher und klimatischer Hinsicht wunderbar abwechslungsreiches Land. Gar mancher Fremde könnte versucht sein, sich dauernd dort niederzulassen.

Ich wage nicht hinzuzufügen, daß die Fremden außerdem das Recht haben müßten, sich frei und unbehindert in China zu bewegen. Es wäre schwer, von China zu verlangen, es solle sich in diesem Punkte liberaler zeigen als die europäischen oder amerikanischen Nationen.

Alle diese Fragen einer gleichmäßig gerechten Behandlung mögen einzelne chinesische Politiker interessieren, die breite Masse kümmert sich nicht darum; das vorherrschende Gefühl, das der Verzicht der Großmächte bei ihr ausgelöst hat, ist ein Revanchegelüst. Die Fremden haben uns gedemütigt, mißhandelt, mit Füßen getreten, denkt der Mann der Straße, jetzt ist es an uns, sie in unserem Land zu demütigen, zu mißhandeln, sie unsere Macht fühlen zu lassen.

Das seinerzeitige Auftreten der Fremden in China und in ganz Asien erklärt diese Einstellung. Sie haben sich dumm benommen, und die Chinesen brennen darauf, es ihnen an Dummheit gleichzutun, jeder auf seinem persönlichen Geistesniveau.

Da dieses Niveau nach einer ausgedehnten Gradskala jeweils verschieden ist, handelt es sich nicht einzig nur darum, die Fremden »einzusperren«; die ausländerfeindliche Stimmung nimmt auch allerlei andere Formen an, die mitunter höchst überraschend und herzlich komisch sind.

Ein einheimischer Arzt in der Provinz Si-kang lieferte mir ein Beispiel dafür.

»China wird sich nun von jeglichem fremden Einfluß frei machen«, erklärte er. »In Zukunft wird kein ausländischer Arzt in China eine Praxis ausüben dürfen. Was jene verirrten jungen Leute betrifft, die in Europa oder Amerika medizinische Studien betrieben haben, so werden sie nun die chinesische Medizin lernen müssen. Wir werden alle fremde Ausbildung abstreifen und zur reinen chinesischen Wissenschaft zurückkehren.«

Ein Patient des biederen Mannes, der zufällig zugegen war, beeilte sich, die geäußerten Ansichten zu unterstützen.

»Wie weit ist es denn auch mit der Wissenschaft dieser ausländischen Doktoren her?« sagte er verächtlich. »Wenn man sie konsultiert, verlangen sie von einem, man solle ihnen die Art des Schmerzes beschreiben, den man empfindet. Man muß ihnen sagen, ob es der Kopf ist oder das Bein oder sonst ein Körperteil, der einem weh tut. Von selber wissen sie es nicht!

Unsere chinesischen Ärzte haben es nicht nötig, so dumme

Fragen zu stellen. Sie sehen einen kurz an und erklären sofort: »Sie haben Schmerzen im rechten Bein, in der Brust, im Ohr oder an irgendeiner anderen Stelle, die sie eben herausgefunden haben. ›Sie haben diese oder jene Krankheit!‹ Das nenne ich wahre Wissenschaft!«

Wir wollen deshalb nicht gleich über die chinesischen Jünger des Äskulap lachen. Wenn ihnen auch allerlei medizinische Kenntnisse mangeln, besitzen manche doch ein sehr umfangreiches Wissen von zahlreichen vegetabilischen und mineralischen Medikamenten und wenden sie in vielen Fällen mit Erfolg an. Andere wieder sind furchtbar schlau und gerissen. Sie wissen, wes Geistes Kinder ihre Patienten sind, und behandeln sie darnach oft auch mit Erfolg.

Meine Magd zum Beispiel hatte sich einmal erkältet und klagte über Halsweh. Sie wollte unbedingt von einem einheimischen Doktor behandelt werden. Der Arzt im Ort gab ihr eine Medizin, die sie einnahm. Als ihr nach drei Tagen der Hals noch immer weh tat, ging sie wieder zum Doktor und sagte ihm bei dieser Gelegenheit auch, sie leide außerdem an Verstopfung. Der Chinese sah ihr ganz aus der Nähe fest in die Augen, erhob den Zeigefinger und erklärte: »Morgen werden Sie auf den gewissen Ort gehen!« Dann fügte er so nebenbei hinzu: »Für den Hals gebe ich Ihnen eine andere Medizin.«

Am nächsten Tag traf die Voraussage des Wundermannes ein, die Verstopfung war behoben.

Voller Bewunderung kam die Magd zu mir. »Ist der Doktor nicht großartig?« sagte sie. »Er hat mich angesehen und den Finger erhoben, und schon ist mein Bauch in Ordnung.«

»Dummes Geschöpf«, erwiderte ich, »errätst du denn nicht, daß dir der Doktor ein Abführmittel in deine Medizin für den Hals gemischt hat?«

Sie war nicht zu überzeugen; das seltsam Unbegreifliche, das vermeintliche Wunder nahm sie ganz gefangen. Aber schließlich war sie geheilt, und das war ja die Hauptsache.

Im westlichen Grenzland Chinas sagten auch manche Tibeter ihren chinesischen Mitbürgern die oft wiederholte Redensart nach: »Von jetzt ab sind wir ihnen gleich.« Wem gleich? Darüber gaben sie sich nicht genau Rechenschaft, doch das hinderte sie nicht, die allgemeine Begeisterung zu teilen.

Eines Tages traf ich bei einem chinesischen Kaufmann einen reichen tibetischen Großhändler. Die beiden tranken ihren heimischen Branntwein und unterhielten sich miteinander. Ihr Gesprächsthema war die neue Ausländerverordnung, und der Tibeter wiederholte mit nachdrücklicher Genugtuung die Worte, die sein Kollege eben ausgesprochen hatte: »Wir sind ihnen gleich!«

Da wandelte mich die boshafte Lust an, den biederen Mann ein bißchen zu necken.

»Gleich?« sagte ich, »wirklich? Sind die Tibeter aus Kham den Chinesen gleich geworden? Kann ein Khampa in China Minister werden oder Präsident der Republik?«

Der Einwurf ließ den Tibeter verstummen, sein Traum von Gleichheit war dahin. Ich war für ihn traurig. Der chinesische Kaufmann lächelte überlegen und sarkastisch. Er allerdings dünkte sich wohl den Europäern oder Amerikanern gleich, doch daß ein Mensch von tibetischer Abkunft sich ihm gleich dünken könnte, das erschien ihm als der Gipfel des Widersinns.

So ist es mit den Angehörigen aller jener Nationen, die Kolonien besitzen. Der Gedanke, sich Leuten eines fremden Landes unterordnen zu sollen, empört sie, doch halten sie es für vollkommen in Ordnung, sich selber über die Eingeborenen jener Gebiete, deren sie sich bemächtigt haben, Rechte anzumaßen, und sehen die alteingesessenen Bewohner des Landes als minderwertige Wesen an.

Es mag nicht der Mühe wert erscheinen, den kindlich-primitiven Kundgebungen der volkstümlichen chinesischen Mentalität nähere Beachtung zu schenken. Und doch täte man unrecht daran, sie schlechthin von sich zu weisen, denn sie lehren uns die geheimen Empfindungen der Massen kennen, und solche Kenntnis ist keineswegs ohne praktische Bedeutung.

Die Großmächte haben auf ihr Exterritorialitätsrecht verzichtet. Hätten sie weiter darauf bestehen können? Sicherlich nicht. Ihr Verzicht war kein Akt der Gnade oder Großmut, sondern lediglich ein Sichabfinden mit einer Situation, die praktisch schon ziemlich lange gegeben war und sich bereits auf mancherlei Art und bei vielen Gelegenheiten deutlich bemerkbar machte. Das wissen die Chinesen sehr gut und sehen sich daher uns gegenüber zu keinerlei Dank verpflichtet. Man kann ihnen daraus keinen Vorwurf machen, ihre Haltung ist nur logisch.

Wenn wir, seien wir nun Europäer oder Amerikaner, in den Beziehungen, die wir mit den Chinesen unbedingt unterhalten müssen, schwere Fehlrechnungen vermeiden wollen, dann werden wir alle oder die meisten von uns nicht darum herumkommen, die Vorstellunngen, die wir uns von ihnen machen, zu revidieren.

Man darf sich keiner Täuschung darüber hingeben: Die Chinesen, selbst die bescheidensten Kleinhändler und die Bauern auf dem Land, sind durchaus nicht die indolenten Leute, als die man sie uns immer hinstellte. Sie verfügen über eine starke Portion von innerer Energie, realistischem, gesundem Menschenverstand und Scharfsinn. Ihr ganzes Wesen hat sich in den letzten zwanzig Jahren erheblich geändert.

Die Japaner, die ein künftiges »Großasien« unter ihrer moralischen und materiellen Vorherrschaft errichten wollten, waren dazu nicht geschickt genug und verloren das Spiel, doch die Asiaten erhielten durch ihre anfänglichen Siege eine Lehre, die sie nicht wieder vergessen werden: Die Weißen, die bis dahin immer und überall mühelos triumphierten, sind nicht absolut unbesiegbar! Ein weitaus größeres und volkreicheres Land als das kleine Japan kann eines Tages mit mehr Aussicht auf Erfolg einen ähnlichen Traum wiederaufnehmen und sich zum Herrn jenes »Großasien« machen.

China ist da. Ist es heute bereit, diese Rolle zu übernehmen? Manche werden über eine solche Vorstellung lächeln. Möglicherweise ist es heute noch nicht dazu bereit, vielleicht aber morgen. Jedenfalls jedoch ist es lächerlich und unangebracht, die Chinesen so zu behandeln, als wären sie kleine Kinder, und sich ihnen gegenüber mit einer gewissen Herablassung als Führer aufzuspielen.

Die Revanchegefühle, die der vollständige Verzicht auf die Exterritorialitätsrechte bei den Chinesen erweckt hat, machen sich mitunter auf etwas absonderliche Art Luft, doch das Gefühl selbst ist im Grunde ganz natürlich. Wir müssen bereit sein, es zu verstehen, und selbst für jene Sympathie aufzubringen, die sich offen dazu bekennen.

»Gleich« sind wir ihnen geworden; wichtig ist, daß wir nicht eines Tages hinter ihnen zurückstehen müssen.

Die Chinesen können noch viel von uns lernen, doch wir von ihnen ebensoviel. Wir können ihnen nützlich sein, sie uns ebenso. Sobald wir von dieser Tatsache wirklich durchdrungen sind, wird es uns auch möglich sein, kulturelle, diplomatische und geschäftliche Beziehungen mit ihnen zu pflegen – »zu unserem beiderseitigen Vorteil«, wie der chinesische Philosoph Me-Tse dies schon vor mehr als zweieinhalb Jahrtausenden predigte.

Die westlichen Provinzen Chinas
1 : 5 000 000

NACHWORT

Unter den Namen der großen Reisenden und Erforscher Asiens, insbesondere Hochlandasiens, ist der von Alexandra David-Néel einer der klingendsten. Diese bedeutende Frau hat Wesentliches zur Entschleierung der »Geheimnisse« und zur Weckung des Interesses an den Kulturen Asiens im Westen beigetragen. Auch die romantischen Vorstellungen mancher Europäer mögen – von der Forscherin freilich ungewollt – durch ihre Arbeiten genährt worden sein.

Louise Eugénie Alexandrine David wurde am 24. Oktober 1868 in Saint-Mandé, nahe Paris, geboren. Ihre Eltern, Alexandrine und Louis David, waren nicht mehr die Jüngsten, als sie die Tochter bekamen. Das mehr als gespannte Verhältnis zu ihrer Mutter, deren Vorfahren übrigens auch in Sibirien nachweisbar sind, und ihre Zuneigung zu ihrem Vater mögen seit frühester Kindheit sehr prägend für Alexandra gewesen sein. Ein fehlendes inniges Verhältnis der Eltern zueinander und die Kluft zwischen Tochter und Mutter erklären ein besonderes Verhalten des kleinen Mädchens, das dann zu einer Art Markenzeichen ihres Lebens wurde – die Flucht. Die große Forscherin meinte später, daß sie weglaufen konnte, noch bevor sie zu gehen vermochte. Die kleine Alexandra war und wurde eigensinnig. Ihre intensive Beziehung zur Natur, ihr wacher Geist und ihre Aufgeschlossenheit, wann immer und wo immer es etwas zu entdecken gab, wurden durch die von ihr als unerfreulich empfundene Kindheit zweifellos stark gefördert. Dies zeigt sich auch in ihrem späten Bekenntnis: »Die wahren Freunde sind die Bäume, die Gräser, die Sonnenstrahlen, die Wolken, die in der Dämmerung oder im Morgengrauen am Himmel schweben, das Meer, die Berge.« (Zitiert nach: Chalon, Jean: Alexandra David-Néel, Berlin 1991,

Ullstein Buch 30366) Der Enge und Bedrücktheit, in der sie sich als Kind gefangen fühlte, trachtete sie zu entfliehen. Alexandra war von Reisewut besessen, eine unbändige Neigung, der sie dann in ihrem langen Leben reichlich nachgab.

Die zweifellos exzentrische junge Dame mit ihrem überschwenglich-romantischen Hang, das Asiatisch-Exotische zu erleben und in sich aufzunehmen, mit ihrer berechtigten Kritik an europäischen Mißständen, mit ihrem falschen Verständnis abendländischer Werte und mit ihren damals wie heute nicht tolerierbaren Fehlhaltungen dazu, setzte ihre ganze Intelligenz und enorme Energie dafür ein, das Ziel ihrer Sehnsucht – Asien, Indien, den Osten – zu erreichen. Vorerst hatte sie aber für ihren Lebensunterhalt zu sorgen, wurde auf Grund ihrer schönen Stimme zunächst Sängerin, wechselte dann aber zum Journalismus über. Mit 36 Jahren heiratete sie den Ingenieur Phillippe-Francis Néel. Diese Ehe wurde eine der seltsamsten, über die berühmte Ehefrauen berichtet haben. Nach nur fünf Tagen (!) trennte sich das Paar, das dann jedoch vierzig Jahre hindurch bis zu Phillippes Tod oft über Tausende von Kilometern hinweg guten Kontakt zueinander pflegte, ja es war sogar Phillippe, der die großartigen Reisen und Aufenthalte seiner Frau finanzierte und der sich auch um die Verwertung ihrer Arbeiten und Forschungsergebnisse kümmerte.

David-Néels Studien des Tibetischen und Sanskrit in Paris bildeten eine ausgezeichnete Grundlage für ihre spätere Forschungstätigkeit in Süd- und Zentralasien. Sie unternahm ausgedehnte, lange Reisen (so 1891, 1911–25, 1936–46), wobei sie sich zeitweise auch längere Zeit an den sie faszinierenden Orten niederließ. Sri Lanka, Indien, Burma, China, Korea und andere Länder mehr waren Ziel und Studienobjekt. Das für sie wichtigste Ziel lag aber im zentralasiatischen Hochland. Es war Tibet, dessen Hauptstadt Lhasa sie als 55jährige zusammen mit dem jungen Mönch Yongden aus Sikkim, ihrem späteren Adoptivsohn, in der Verkleidung einer pilgernden Bettelnonne mit Sohn, nach unglaublichen Strapazen als erste weiße Frau 1923 erreichte. (Harrer und Aufschnaiter trafen 23 Jahre später auch als heruntergekommene Bettler unerkannt in der Hauptstadt Tibets ein.) Eingehende Studien der Landeskunde, der tibetischen Sprache und Religion sowie lange Aufenthalte in Klöstern ließen David-Néel zu einer hervorragenden Kennerin Tibets bzw. der lamaistischen und buddhistischen Geisteswelt werden.

Dieses intime Detailwissen über Zentral-, aber auch Süd- und Ostasien hat sich die große Forscherin also nicht nur durch intensives Literaturstudium, sondern eben durch ihre oft Jahre dauernden Aufenthalte und ihre engen Kontakte mit allen Schichten einheimischer Bevölkerungen, insbesondere aber mit Gebildeten und Gelehrten erworben. Eine beachtliche Anzahl von Büchern – in verschiedenen Sprachen – erschien im Laufe ihres langen Forscherlebens. Ihre wissenschaftlichen und publizistischen Arbeiten brachten ihr höchste Ehrungen ein. Sie wurde sogar Ritter der Ehrenlegion. So gewann sie auch ihre große internationale Anhängerschaft. David-Néels Bücher waren »Bestseller nach damaligem Maßstab, erschienen zu einer Zeit, als das Interesse an östlicher Mystik und dem Okkulten auf dem Höhepunkt angelangt war«. (Hopkirk, Peter: Der Griff nach Lhasa. Die Erschließung Tibets im 19. und 20. Jahrhundert, München 1989, S. 250) Auch in deutscher Sprache erschienen zahlreiche Werke:

Ariopa – die erste Pilgerreise einer weißen Frau nach der verbotenen Stadt des Dalai Lama, 1928
Heilige und Hexer – Glaube und Aberglaube im Lande des Lamaismus, 1931
Mönche und Strauchritter, 1933
Im Schatten des Himalaya, 1953
Altes Tibet, neues China, 1955
Wanderer mit dem Wind, 1979
Ralopa – Der Meister geheimer Riten, 1980
Liebeszauber und Schwarze Magie, 1983
Leben in Tibet – Kulinarische und andere Traditionen aus dem Lande des ewigen Schnees, 1984
Mein Weg durch Himmel und Hölle – das Abenteuer meines Lebens, 1986

Noch als Hundertjährige war Alexandra David-Néel voller Pläne und ließ ihren Paß verlängern, da sie an eine Reise in die damalige

Sowjetunion dachte. Sie starb am 8. September 1969 in Digne, wo heute in ihrem Haus ein kleines Museum eingerichtet ist.

Das Buch ›Land der Is. In Chinas wildem Westen‹ (erstmals im Ullstein Verlag 1952 erschienen, aus dem Französischen übersetzt – ›A l'Ouest barbare de la vaste Chine‹, Librairie Plon 1947), ist sowohl einer jener faszinierenden Reise- und Erlebnisberichte, die der älteren Generation sehr bekannt und bei ihr sehr beliebt waren, als auch in guter Kombination der spannenden Erlebnisse mit einer Fülle von Informationen ein Sachbuch von hohem Wert. Darum ist es sehr begrüßenswert, daß sich der Ullstein Verlag entschlossen hat, diesen Bericht rund 50 Jahre nach seiner Ersterscheinung in Französisch wieder neu in Deutsch aufzulegen.

Der geographische Raum, der hier in seiner ganzen kulturellen Vielfalt beschrieben und bewertet wird, war damals reichlich unbekannt und ist es auch bis heute geblieben, denn auch wir verfügen heute nur sehr spärlich über gesicherte Erkenntnisse, und die Berichte in den europäischen Medien aller Art weisen viele Lükken auf. Es handelt sich um den Osten Tibets bzw. den Westen Chinas, dort, wo die beiden Kulturräume seit altersher ineinanderfließen, wo aber auch andere Völker und deren Kulturen im Laufe der Zeit Fuß faßten. Die Autorin führt in die Geographie, in die Ethnographie, Geschichte, Religionen, sozialen Verhältnisse, in den Aberglauben dieses Raumes in sachlicher Art und Weise ein, ohne dabei je langweilig zu werden, und sie würzt den sachlichen Teil laufend durch eigene Erlebnisse oder spannende Berichte und Erzählungen aus zweiter Hand. Sie selbst bezeichnete dieses Buch als Tatsachenbericht, in dem sie sich bemühe, Selbsterlebtes zu schildern. So entsteht ein sehr lebendiger und sehr informativer Bericht, wenn er auch oft in Einzelfragen kaum tiefer eindringt. Die Autorin, als profunde Kennerin Zentralasiens, scheint dies auch gar nicht bezwecken zu wollen. Das Buch ist in erster Linie für ein aufgeschlossenes, breites Publikum, nicht für Tibetologen, Sinologen, Historiker oder Ethnologen geschrieben. Bei einer Reihe von Themen geht die Autorin aber weit über den behandelten geographischen Raum hinaus oder bringt Vergleiche und Hinweise auf bestimmte Erscheinungen in Nachbargebieten wie zum Beispiel Indien, aber auch weltweit.

In mancher Erwähnung, Formulierung und Wortwahl zeigt sich allerdings, daß das Werk vor einem halben Jahrhundert geschrieben wurde. So spricht die Autorin zum Beispiel von »einem kleinen Staat im Himalaja, der auf den Karten den Namen Bhutan führt«, von einem Land also, das heute jedem Schüler bekannt ist; oder sie erklärt den Namen Yogi, der zu ihrer Zeit keinen solchen Bekanntheitsgrad hatte wie heute; es finden sich Feststellungen, die überholt klingen: »Zweifellos wird noch viel Zeit vergehen, ehe es gelingen wird, die Bevölkerung der schönen Gegenden im äußersten Westen Chinas aus ihrem halb-barbarischen Kulturzustand auf ein höheres Niveau emporzuführen.« Oder es tauchen Bezeichnungen wie das »Götzenbild«, die »Wilden«, »Barbaren«, »Neger«, »fremdrassig« und anderes mehr auf, was den heutigen Leser etwas stutzig macht. Im ›Land der Is‹ ist aber auch heute noch besonders wertvoll, daß David-Néel in klarer Sprache Übel- und Mißstände, negative Erscheinungen und Abzulehnendes aller Art nicht nur auf seiten der Europäer, sondern auch bei den beschriebenen Völkern sieht und geißelt. Es mag den Leser unserer Tage überhaupt überraschen, wie eine so profunde Kennerin der Sprachen, Lebens- und Denkweisen, der Religionen usw., das heißt der Kulturen Zentral-, Süd- und Ostasiens, einen Standpunkt vertritt, der sich der Schwärmerei oder peinlichen Anbiederung an das Exotische enthält sowie in nüchterner Betrachtung ihr Europäertum deutlich werden läßt, ohne je auch nur den Hauch von abendländischer Überheblichkeit anzudeuten. Diese Sichtweise unterscheidet sich erfreulich von manch anderen Werken über Völker der – wie wir heute zu sagen pflegen – dritten Welt, in denen immer wieder in der einen oder anderen Richtung Verzerrungen deutlich, ja aus ideologischen Gründen oft direkt gepflegt werden.

Für den Leser unserer Tage sind die historischen Gegebenheiten von besonderem Interesse, auf die im ›Land der Is‹ wiederholt eingegangen wird. Sind doch die gewaltigen Probleme und

Schwierigkeiten, die in dieser Weltregion durch die gewaltsame Besetzung Tibets durch das kommunistische China entstanden sind, ein Dauerbrenner der Weltpolitik. China war seit Jahrhunderten bemüht, Einfluß auf Tibet zu nehmen, hatte verschiedentlich militärischen Druck ausgeübt und einen Repräsentanten in Lhasa etabliert, pflegte »enge« kulturelle und wirtschaftliche Beziehungen und übte bis 1912 formell eine Art Oberhoheit aus. Tibet blieb aber dennoch ein unabhängiger Staat, in dem der Dalai Lama religiöses und weltliches Oberhaupt war. Für die Chinesen waren (und sind wohl noch immer) die Bewohner des kalten Hochlandes Barbaren, sie verstehen deren Welt nicht. Auch konnten sie trotz aller Bemühungen durch die gesamte Geschichte hindurch bis zur ersten Besetzung 1950 nie im zentralen Tibet Fuß fassen. Praktisch kamen sie nur als reisende Kaufleute oder als Beamte ins Land. »Die Eingeborenen in vielen tibetischen Gegenden, durch die ich reiste, versicherten mir, es hätten sich niemals Fremde, weder Weiße noch Chinesen, bei ihnen sehen lassen.«

Ursprünglich war Tibet kein hermetisch abgeschlossenes Land. Erst im Laufe des 19. Jahrhunderts, als es in den Sog der Interessenkonflikte der Großmächte Rußland und England geriet, schloß es aus Sicherheitsgründen seine Grenzen für Abendländer, nicht aber für Chinesen. China war – bei all den wechselnden positiven und negativen Beziehungen zum Hochland von Tibet – dessen engster Nachbar, was sich schon aus der Geographie ergab, denn während das Dach der Welt nach Westen, Norden und Süden durch nur schwer überwindbare gewaltige Gebirgsmassive abgeschlossen ist, ermöglichen die Randgebiete im Osten einen unvergleichlich leichteren Zugang.

Diese besonders enge Verflechtung von China und Tibet wird im ›Land der Is‹ sehr treffend dargestellt, ja, vereinfacht ausgedrückt, könnte behauptet werden, dieses Buch von David-Néel hat die Verflechtung der beiden Völker und Kulturräume der Tibeter im Osten und der Chinesen im Westen zum Zentralinhalt. So wird das »Chinesische« und das »Tibetische« in den behandelten Provinzen ständig nebeneinandergestellt und außerdem noch durch die Berücksichtigung anderer Kulturerscheinungen, beispielsweise des mongolischen, islamischen oder europäischen Anteils ergänzt. Das Zusammenspiel all der unterschiedlichen Komponenten in den Grenzprovinzen zwischen Tibet und China in den rund 25 Jahren zwischen dem Ende des Ersten und des Zweiten Weltkriegs, das die Autorin darlegt, ist auch heute noch mindestens von derselben Bedeutung wie ihr Detailwissen zu Ethnographie, zu wirtschaftlichen, sozialen, religiösen und anderen Belangen dieser Zeit; und dazu gehören auch besonders ihre Bemerkungen am Schluß des Buches im Kapitel »Erwachendes China«.

David-Néel ergeht es nicht anders als allen älteren Forschern – und Menschen ganz allgemein –, die darüber glücklich sind, in ihren Forschungsgebieten kulturelle Verhältnisse vorgefunden und dokumentiert zu haben, wie sie heute nicht mehr existieren. »Ich will gewiß nicht leugnen, daß die Anlage von Straßen quer durch China und Zentralasien einen Fortschritt bedeutet. Indessen bin ich glücklich, daß ich zwischen Ceylon und der Mongolei noch zu einer Zeit unterwegs war, da es nur malerische, schmale Pfade gab und der Reisende mitunter auch ohne gebahnte Straßen selbst einen Weg durch die einsamsten Gegenden suchen mußte. Das Land damals zu durchstreifen, war von einem zauberhaften Reiz, den keine Autostraße je wird bieten können.

Abgesehen von meinem persönlichen Geschmack in dieser Hinsicht werde ich jedoch nie müde werden, mit der größten Beharrlichkeit den Widersinn anzuprangern, daß man einerseits mit vieler Mühe immer neue Verbindungswege schafft, während andererseits sämtliche Länder ebenso intensiv darauf aus sind, den Verkehr der Menschen überall auf der Erde zu behindern oder zu unterbinden.«

Aber – David-Néel sieht die Veränderungen nicht romantisch, sondern nüchtern. Sie verweist, und dies praktisch durch das ganze Buch hindurch, auf die Verbesserungen, Erleichterungen, die positiven Wirkungen, die die abendländische Welt für die Einheimischen doch mit sich brachte, trotz vielerlei negativer Erscheinungen beim Zusammentreffen mit der Kultur des Ostens. David-Néel, die tief in die Kultur, tief in das Wissen, in die Gelehrsamkeit, in die Religion und Philosophie Asiens eindrang, die jahrelang in buddhistischen Klöstern und als Einsiedlerin verbrachte, war keine Aussteigerin. Sie sah die Werte des Ostens *und* des Westens, sie bemühte sich, das Positive und Negative auf beiden Seiten zu beachten. Sie steht weit über manchem Kulturideologen unserer Tage, der in den Kulturen des Ostens nahezu nur das Glück sieht. So begrüßt sie auch die Abschaffung der Vorrechte der Europäer in China durch Sun-Yatsen, was eine klare Stellungnahme gegen den Kolonialismus bedeutet. Zugleich warnt sie aber auch vor einem Kolonialismus der Entkolonisierten. »Der Gedanke, sich Leuten eines fremden Landes unterordnen zu sollen, empört sie, doch halten sie es für vollkommen in Ordnung, sich selber über die Eingeborenen jener Gebiete, deren sie sich bemächtigt haben, Rechte anzumaßen, und sehen die alteingesessenen Bewohner des Landes als minderwertige Wesen an.«

Und wie recht hatte leider die große Kennerin fremder Menschen und Kulturen! Nur drei Jahre nach dem Erscheinen ihres Buches in Paris verleibten sich die kommunistischen Machthaber in Peking ganz Tibet ein; und weitere neun Jahre später unterjochten sie nach dem Versuch der Tibeter, die chinesischen Fesseln wieder loszuwerden, das kleine Volk am Dach der Welt auf brutalste Art und Weise. Was sich seither die chinesische Kolonialmacht trotz Einführung technischer Errungenschaften und westlichen Fortschritts auf vielerlei Gebieten an Unterdrückung und Vernichtung tibetischer Kultur leistete und wie viele Tibeter dabei getötet wurden, das gehört zu den grausamsten Kapiteln der Kolonialgeschichte.

Walter Raunig